絕版李鴻章

本書榮獲
上海
圖書獎

二百幅罕見歷史圖片
六十段百年前西方史料
多國視角換位看晚清
從頭到腳細說李鴻章

張社生／著

絕版李鴻章

第一章　李鴻章小像

第二章　中日之爭

目錄

第三章　帶血的黃馬褂

第四章　驚心動魄賢良寺

第五章　「李鴻章雜碎」

第六章　庚子年李鴻章

第七章　最後的歸宿

序　李鴻章舊影

孫郁

自從洋人敲開古中華的大門，在國人記憶裡，恥辱之跡遍地，可記的片段多痛楚的行影。像李鴻章這樣的人物，讓人一言難盡，如今思之，不禁為之隱痛不已，我們過去只是從國人的視角看李氏的一生風雲，史家的情感多少滲透在價值筆法裡。其間也不免民族主義的成分漸多。但洋人怎樣看這個歷史人物，他們筆下的李氏的形象如何，卻知之甚少。在真正通曉歷史的人看來，李鴻章給世人呈現的往往是半個臉面。

終於在張社生的《絕版李鴻章》裡，讀到了那麼多鮮為人知的圖片和史料，才知道先前我們對洋人世界的模糊程度。書中的圖片和繪畫都有實錄性，是西洋人為我們留下的中國印象記，這個大清王朝的風雲人物的內心苦樂，文化衝突裡的恩怨，總算有了另一種鏡頭。中土社會「被近代」的足跡，在根基上動搖著我們的舊有文明。作為這個文明的官僚使者，李鴻章唱的不過是日薄西山的淒涼之曲。

洋人文化的大規模入侵，對清朝的遺老遺少而言，沒有精神的準備。專制社會下的愚民對此也只是阿Q般地呆看著。張社生藉著大量的史料圖片還原著當年的形影，像一部電影，婉轉起伏之間，散落著人間的舊事，但我們的作者不像以往的談史的文人那麼嚴肅的道學氣，他的輕鬆的筆觸下自嘲的調子，把我們內心的沉重轉換成智慧的內省。只有自信的讀書人才會有類似的筆法，也只是自今天這個語境裡，我們看人看事，比前輩多了一種灑脫，雖然其間也不免淡淡的憂戚。畢竟，我們的前人在巨變之際，還沒有一個多維的語境。也恰恰是那時種下的苦果，在後人的咀嚼裡，才有了擺脫舊夢的掙扎，這掙扎直到現在，還在延續著。

李鴻章一生難以用一個尺子衡量，從不同角度看他，結論自然不同。他走了那麼多國家，視野要比國內的官僚開闊得多，也因此搞起洋務運動，派遣留學人員出國，改造舊的外交路線，都是中國現代意識的萌動。只可惜他不能像日本的啟蒙前輩從制度結構的層面深入思之，加之在官僚社會久浸，思想自然是籠子裡的東西。先前學界爭論，近代中國的開化是「被近代」還是「自改革」呢？如果是「自改革」，那麼李鴻章是個代表無疑。不過就我看來，「近代化」是被迫的結果。你看，李中堂與洋人談判，一步步退讓，一步步妥協，又一點點討價還價，還不是被迫的時候居多？因為是「被近代」，就一面是保守地面對世界，一面為了江山社稷而做小規模的修補，根底還是孔孟的舊夢，大清政權問題遠比民生與文化復興更重要。官僚下的走卒，能做的事情，畢竟有限的。

在劇變的時代，國人能應對棘手的國際糾紛者不多。李鴻章是個漸漸掌握通變本領的人，他知道，皇宮的那套思路不行，民間的義和團也是胡鬧，至於孔老夫子的遺訓也是失靈的。他身上的江湖氣與痞子氣，加上官僚相，在此雜然相交，於是形成了特有的智慧。在良知與世故之間，他選擇了另外一種道路，二者雖不能得兼，可是卻應對了一個大的變局。榮辱一身，善惡相兼，這在此後的官僚世界裡，形成了一個小小的傳統。面對現代西方強勢文化，想要使中華古國有點面子地斡旋，李鴻章對人的警示作用在正反兩方面都是不能忽視的。

講近代中國的變遷，日本、俄國是很好的參照。可是我們對此的深入打量，還不太夠。同樣是被近代，日、俄的路就與我們不同，大概是深層的文化起了作用也未可知。李鴻章是一個失敗的群落裡在安頓自我，及重建他人關係的象徵性的人物。他走過世界許多地方，內心的體味一定複雜是無疑的了。他知道大清帝國衰微的結局，但一面又在修補著那個世界，竭力掙扎在東西方文化之間。他在受辱和自尊間的平衡點裡，重複了古中國廟台文化與市井文化的精巧的東西。但那些還沒有現代意味的閃光所在。所以梁啟超對他的微詞也是自然的了，不過他的價值也許在另一個層面更有引力。那就是在讀書人看來，改良與革命是必然發生的事，因為重複李鴻章模式的代價，實在是太大了。

這一本書的圖錄對讀者是個刺激。那個大變動的圖景不幸多是洋人記錄著。那些銅版畫的韻味，都暗示著人的命運。可惜我們看不到中國的畫家對那個時代的描繪，那時候中國的文人還睡著，對不幸的國運似乎沒有應對的力量，藉著外人的圖片，我們不僅感到精神的隱痛，還有審美的自責。直到現在，我們的畫家對域外的事件很少反映，還囚禁在自己的天地。可是那時

候日本的浮世繪對李鴻章世界的描摹，已透出研究異類存在的好奇心。當今天我們看到前輩被漫畫地呈現出來的時候，才知道我們許久是沒有「他人的自我」的概念的。這不僅是李鴻章那代人的悲劇，也是今天許多人的悲劇。李鴻章還不能說是過時的人物，現在人們常常談及於他，變成不衰的話題，是因為我們還在歷史之中，「被近代」還沒有化為句號的緣故。

前記

張社生

這叫什麼。錯？

去夏，本擬為中央電視台製作一部紀錄片《李鴻章出洋記》。誰知，一頭扎入文字和畫面資料收集中，掉了七斤肉，聾了半個耳朵，動用了美國讀書期間積累的一些人脈關係，最後居然收集來1000多個G的珍貴歷史資料（光百年以上的晚清畫面資料就有數萬張）。正準備坐下來寫紀錄片劇本，央視的馬導帶來一位出版界的朋友上門看圖。這麼著就「錯」出一個「絕版晚清系列」出版計劃。《絕版李鴻章》是其中之一。

說是書，其實是「圖」書。我本是滬上一好「色」之「圖」，屬「圖」登子之流。這十年來，幾乎很少有勇氣讀大部頭的純文字「磚頭」。竊以為，好的書應該半圖半文：文給人間接的啟迪，屬於作者的強項；圖給人直接的視覺衝擊，可由讀者參與再創作。兩者相加才能珠聯璧合。

少時聽人講道理，感到都是至理名言，還娘娘腔地抄了一些唬鄰桌的女同學。後來，大概是抄多了撐的，審美疲勞起來，常常把名言顛三倒四亂用，發現「至理名言」這樣用過之後居然還是至理名言！比如大學時總喜歡裝哲學家引用沙特名言「存在有其合理性」。一日，不小心說「不存在的也有其合理性」和「存在不存在都有其合理性」，發現都可成名句供入廟堂之上。依此類推竟然發理大半名言都可隨意組裝！從此就不大相信文字這個「二手貨」的描述性工具了。

「圖」不然，對視一張歷史圖片三十秒，你往往會有一部自己的歷史。有些歷史人物，你可以通過讀臉就能判斷個大概。相信你自己的讀臉功能吧，那是娘胎裡帶來的，是經過千千萬萬代的進化才得來的一種高級遺傳特質。相比較，文字算什麼，百年瞬間就幾乎把字面的意思換了個遍。文字並不是什麼「千秋萬代永不變色」的東西。而且，文字記錄從來就沒有100％的真實，大多是一時一地壓力下的「委屈小媳婦」。

《絕版李鴻章》有圖近500幅，85％來自百年以上的英、德、俄、日和法

文報刊雜誌。一不小心就有「1856年」、「1872年」字樣出現。想想心冷，中國人的歷史影像，需借麻省理工、康乃爾大學和東洋文庫才得以保存，這是不是另一種錯？

李鴻章的話題眼下有點兒「顯學」的味道，冠以「李鴻章」三字的書不在百本以下。《絕版李鴻章》以什麼為「撒手鐧」，堂而皇之地屹立於我中華書林？又何敢掀起你歷史情感的七天漣漪？……謂獨家絕版的歷史珍貴圖片，謂獨家絕版的歷史史實（一些直接來自於國外事發當天的報刊報導），謂換位重看這段被電視劇糟蹋了的歷史，將李鴻重從「一國的審視」提升到「多國的審視」中去。為你著想，這回作者絕不裝思想家、文學家或歷史學家，絕不用「至理名言」矇你，絕不用書袋「吊」你，絕不用「老段子」昏你，絕不用偽情操「拔高」你。如果看了還算滿意，不要忘了支持一下不日拍攝的本書電視紀錄片版本。

《絕版李鴻章》不是一個人的產物，助理劉圓圓為這本書拋灑了兩月汗水。美國LEHIGHT大學商學院的Arthur Zhang為本書多段百年前的「古英文」提供語言翻譯幫助。央視《探索・發現》製片人盛振華為李鴻章題材的深度挖掘提供了方向性的意見。央視的馬偉平導演為本書的出版提供了不可或缺的幫助。上海證券報王鳴鋒先生不僅為本書的創意提供了建設性建議，而且還提出了15處圖文修改意見。

本書特別感謝美國賓夕凡尼亞州克拉克思莎瑪的瑪琳太太多年來的幫助和支持，感謝美國國會圖書館資料中心等35家歐、美、日、澳大學提供的資料幫助。

2008年7月3日於北京朗琴園

第一章

李鴻章小像

李鴻章小像題跋

李鴻章叱吒晚清風雲三十多年，是是非非一世紀。這小像絕不是中國畫幾筆能勾勒出的，必加之西洋畫法、浮世繪畫法才能寫其真之一二。

李鴻章檔案

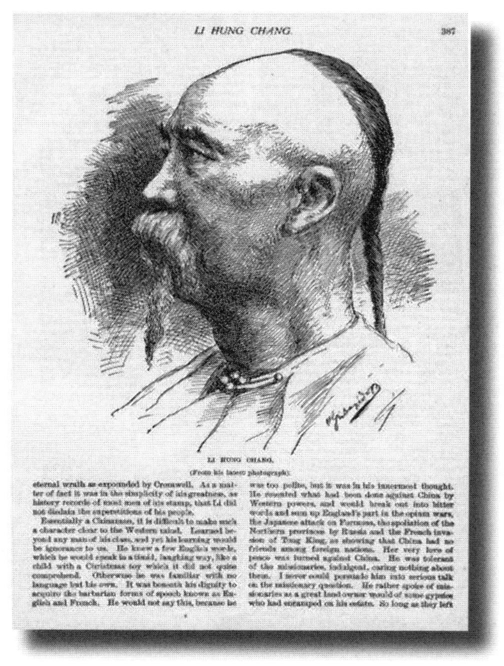

LI HUNG CHANG. 387

LI HUNG CHANG.

(From his latest photograph).

eternal wrath as expounded by Cromwell. As a matter of fact it was in the simplicity of his greatness, as history records of most men of his stamp, that Li did not disdain the superstitions of his people.

Essentially a Chinaman, it is difficult to make such a character clear to the Western mind. Learned beyond any man of his class, and yet his learning would be ignorance to us. He knew a few English words, which he would speak in a timid, laughing way, like a child with a Christmas toy which it did not quite comprehend. Otherwise he was familiar with no language but his own. It was beneath his dignity to acquire the barbarian forms of speech known as English and French. He would not say this, because he was too polite, but it was in his innermost thought. He resented what had been done against China by Western powers, and would break out into bitter words and sum up England's part in the opium wars, the Japanese attack on Formosa, the spoliation of the Northern provinces by Russia and the French invasion of Tong King, as showing that China had no friends among foreign nations. Her very love of peace was turned against China. He was tolerant of the missionaries, indulgent, caring nothing about them. I never could persuade him into serious talk on the missionary question. He rather spoke of missionaries as a great land owner would of some gypsies who had encamped on his estate. So long as they left

說明：查該員免冠側面照極少，又因當時照相機尚未普及，故用英國老報上的插圖代之。西洋畫畫風重寫實，故此圖與本人之體貌極似。

姓名：李鴻章

字：漸甫　**號**：少荃

綽號：李大架子、雲中鶴

性別：男

身高：1米83

職務：直隸總督，北洋通商大臣，文華殿大學士。

出生日期：清道光三年正月初五（西元1823年2月15日）

戶籍所在地：大清國安徽省廬州府合肥縣東鄉磨店

家庭成分：富農、職員

祖籍：江西。本姓許，明末清初遷到安徽。

文化程度：大清國進士（相當於博士）、翰林院編修（相當於博士後，不過查國外並無「博士後」一級的學位頒發，據說「博士後」，是博士待業的委婉語）。

民族：漢族

政治面貌：洋務派首領，「后黨」要員，半個「康黨」。

教育經歷

私塾（相當於小學）：6歲進父親開辦的私塾——棣華書屋讀書，後轉學「費氏墨莊」私塾。

秀才（相當於初中畢業）：1840年（道光二十年），18歲時中秀才。

選為優貢（相當於高中畢業）：1843年21歲時被廬州府學選為優貢。

舉人（相當於大學畢業）：1844年22歲時應順天恩科鄉試，中第48名舉人。

進士（相當於博士）：1847年，25歲被點為二甲第十三名進士。殿試三十六名改翰林院庶吉士。

在李鴻章故鄉合肥磨店有一口古井，當地人稱「熊磚井」，為明朝熊姓大官開挖，後為李家所有。據說李家喝了這井水，一門出了三進士（文安、鴻章，還有瀚章是賜進士出身）。後來有位廬州知府也想好運，還偷偷從井欄上鑿下一塊石頭刻了顆官印。現在的井欄上，還留有一個明顯的豁口。

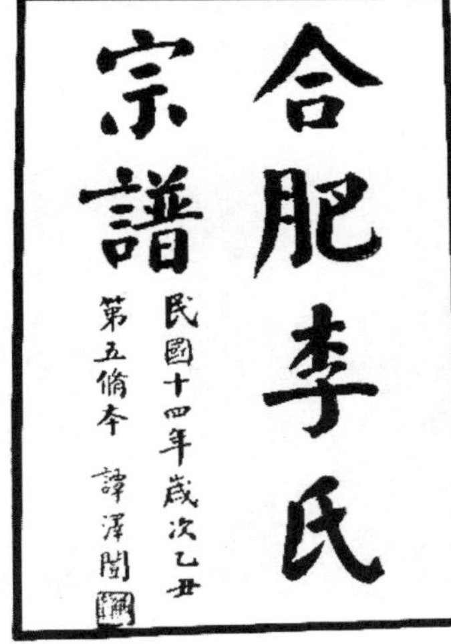

合肥李氏宗譜

民國十四年歲次乙丑

第五脩本

譚澤闓

道光二十七年（1847）的殿試成績小皇榜上記載著李鴻章的殿試成績：「第三十六名，李鴻章。」這個小皇榜不對外張貼，只供皇帝自己查看。

	父親	母親	哥哥	弟弟				妹妹	
家庭關係	李文安	李氏	李瀚章（兩廣總督）	李鶴章	李蘊章	李鳳章	李昭慶	不知名兩個	
婚姻狀況	元配	續配	側室						
	周氏	趙小蓮	莫氏						
子女狀況	女	女	兒	兒	兒	兒	兒	兒	女
	鏡蓉	瓊芝	李經毓（早夭）	李經方（過繼為嗣）	李經述（親生大兒）	李經遠（早夭）	李經邁（莫氏生）	李經進（十五歲病卒）	李經璹（菊耦）

左圖 李鴻章（左）和大哥李瀚章（右）老哥倆的照片。李瀚章（1821-1899）字筱泉，以拔貢朝考出曾國藩門下，初為湖南知縣。及曾國藩建湘軍之初，即奏調瀚章至江西南昌綜理糧秣。後升至湖南巡撫、浙江巡撫，任過湖廣總督、四川總督、兩廣總督。一生無大的跌宕坎坷，也無二弟李鴻章那樣的名氣。

右圖 大哥李瀚章（右）和李鴻章（左）的兒子們。

夫人趙小蓮和她的女兒李經璹（菊耦）：趙小蓮（1838—1892），籍隸安徽太湖縣，道光進士、廣東高廉道署按察使趙畇之次女。同治四年封一品夫人，後封一品伯夫人，晉贈一品侯夫人。女菊耦後嫁給清流領袖張佩綸，是張愛玲的祖母。

李經邁：李鴻章小兒子（莫氏生）。清光緒三十一年（1905）任出使奧地利大臣。次年授光祿寺卿。歷任江蘇、江南、浙江等地按察使。宣統二年（1910）以隨員往日本、歐美考察軍事。次年署民政部右侍郎。辛亥革命後退居上海，密與宗社黨人往來。1917年張勳復辟時被授外務部左侍郎。

大兒李經方（右）和二兒李經述（左）隨李鴻章訪歐美時在德國拍的照片：李經方：李鴻章過繼的大兒子，外交家（後面有詳細介紹）。李經述（1864—1902），李鴻章的二兒子，實為親生的大兒子，為趙氏夫人所出。曾國藩見了經述對李鴻章說：「此公輔器也。」可是李經述後來既無其父之壽，亦無其父之名，只是作為一個著名的孝子留名清史孝友傳。1896年李經述加三品銜，以參贊官的名義隨父訪問歐美。

照片上的李鴻章孫子

李鴻章的兒子不多，但是孫子輩人數不少（國字輩）。從右頁這張李鴻章「全家福」照片看，光二兒子李經述就有大兒李國傑、二子李國燕、三子李國煦和四子李國熊。

李鴻章將爵位傳給親生兒子李經述，後由李國傑襲爵。李國傑18歲，以弱冠之年晉封二品大員，並以誥封通議大夫、建威將軍、一等肅毅侯充欽差大臣出使比利時，後做了輪船招商局的董事長。

李國煦從小患眼疾，故戴墨鏡。有人說張愛玲《金鎖記》寫的其實是李國煦家裏的事，書中「長白」即是李國煦的兒子李家瑾，「長安」則是女兒李家瑜。《金鎖記》裏的曹七巧丈夫姜二爺就是以李國煦為原型創作的。

李國熊小時候長得可愛乖巧，這裏的幾張李鴻章和孫輩合影的照片裏都有他的身影。張愛玲《金鎖記》故事中的三爺姜季澤的原型即張愛玲的弟弟張子靜的乾爹李國熊。李鴻章有一枚德皇頒發的「紅鷹大十字頭等寶星」勳章，後來傳給了李國熊，李國熊1952年去世前，又傳給了他的大兒子李家瓏，一直到「文革」爆發。「文革」中古代的東西都被視為「四舊」，何況是外國人發的。那時李家瓏一家住在北京後海後河沿，在抄家風颳起來的時候，為確保一家安全，在一個漆黑之夜，像避瘟神一樣把它扔到什剎海裏去了。

李鴻章和兒孫們：由左至右（中排）兒李經邁、兒李經述、李鴻章。（後排）孫子李國傑的夫人（張氏）、李經述的女兒、李鴻章小女兒李經璹（菊耦）、李經邁的夫人（卞氏）、李經述的夫人（朱氏）。前排為李鴻章的孫子們（國字輩）經述四子李國熊，經述三子李國煦（從小患眼疾，故戴墨鏡，長大後就成了張愛玲筆下曹七巧的丈夫姜二爺），經述二子李國燕，經述大兒李國傑。

工作經歷

1850年（道光三十年）28歲，授翰林院編修，武英殿編修。

1853年（咸豐三年）31歲，隨同侍郎呂賢基回籍辦團練。

1858年（咸豐八年）36歲，赴江西建昌入曾國藩幕府。

1862年（同治元年）40歲，率13營淮軍抵達上海。3月署江蘇巡撫，12月改為實授。

1863年（同治二年）41歲，正月兼五口通商大臣。12月攻入太平軍控制的蘇州。

1867年（同治六年）45歲，授湖廣總督，仍在軍營督辦剿捻事宜。

1869年（同治八年）47歲，2月兼署湖北巡撫，12月被任命赴貴州督辦苗亂軍務。

1870年（同治九年）48歲，7月開始辦理天津教案，8月調任直隸總督，後又兼任北洋通商大臣。

1872年（同治十一年）50歲，6月授武英殿大學士，11月設輪船招商局。

江蘇巡撫李鴻章率所部淮軍在戈登洋槍隊「常勝軍」支持下，由上海西進，於1863年12月攻陷太平天國的東南屏障蘇州、無錫。

「天津教案」發生地──望海樓（「火燒望海樓」）：1870年6月21日，「天津教案」發生。1870年6月天津民眾聞教堂殺嬰，20日萬人聚集育嬰堂前，要求入內檢查。法國駐天津領事豐大業開槍恫嚇，後被擊斃。隨後人們焚毀法國領事館、各國教堂、育嬰堂等，打死外國教士、商人多人，其中法人17名，俄人3人，英、比、義各1人。史稱「天津教案」。直隸總督曾國藩先辦，接著又派李鴻章會同辦理。

1874年（同治十三年）52歲，10月與日本簽訂《北京專條》，結束日本出兵臺灣的事件。12月調文華殿大學士。

1876年（光緒二年）54歲，6月被任命為全權大臣赴煙臺談判，11月派福州船政學堂學生出洋學習。

1880年（光緒六年）58歲，開始創設海軍，設立天津水師學堂。

1885年（光緒十一年）63歲，設立天津武備學堂，4月與法國簽訂《中法新約》。

1891年（光緒十七年）69歲，2月校閱北洋海軍，奏請籌辦關東鐵路。
1894年（光緒二十年）72歲，被賞戴三眼花翎，因為黃海戰敗，又被拔去了三眼花翎。

1895年（光緒二十一年）73歲，被授予全權大臣赴日議和，簽訂了《馬關條約》。

1896年（光緒二十二年）74歲，赴俄參加沙皇的加冕典禮，順帶周遊歐美列國。6月與俄國簽訂《中俄密約》。

1898年（光緒二十四年）76歲，分別與德國、俄國簽訂膠州灣租借條約和旅順、大連租借條約。

1901年（光緒二十七年）79歲，與八國簽訂《辛丑合約》，同年病逝於北京，詔贈太傅，予諡文忠，晉封一等侯爵。

Le Petit Journal

SUPPLÉMENT ILLUSTRÉ

Huit pages : CINQ centimes

DIMANCHE 26 JUILLET 1896

LES HOTES DE LA FRANCE

Le vice-roi Li-Hung-Chang, ambassadeur extraordinaire de Chine

1896年李鴻章訪法期間，法國雜誌上登載的李鴻章畫像。

上圖　日本浮士繪：描繪中日1894年9月17日的黃海大海戰。此戰歷時5個多小時，北洋水師損失致遠、經遠、超勇、揚威、廣甲5艘軍艦，來遠受重傷，死傷官兵千餘人；日本艦隊松島、吉野、比睿、赤城、西京丸5艦受重傷，死傷官兵600餘人。這類日本浮士繪大多揚己貶人，並不能真實地再現當時的場景，僅供參考。

下圖 1896年，李鴻章訪問美國，與美國總統克里夫蘭（左二）在紐約會面。

「政績」或曰「科研成果」：

第一家大型綜合軍工企業
（江南機器製造局）

第一個譯學機構
（江南機器製造局翻譯館）

第一個官費派出留學生
（1872年官派幼童赴美）

第一家輪船航運企業
（1873年成立輪船招商局）

第一次設立電報局
（1880年在天津成立中國電報總局）

第一所陸軍軍官學校
（1885年設立天津武備學堂）

第一支近代遠洋海軍
（1888年成立北洋海軍）

第一部海軍軍制
（1888年制定《北洋海軍章程》）

第一面中國國旗
（奉改原兵船旗為國旗，稱龍旗）

第一個海軍基地
（1890年竣工的旅順海軍基地）

上圖 江南機器製造局炮廠炮房
中圖 1880年在天津成立的中國電報總局
下圖 江南機器製造局翻譯館外景

1901年的上海外灘輪船招商局大樓。

美國雜誌根據1878年李鴻章在天津的照片（左圖）製成的銅版畫（右圖）

李鴻章素描

鴻章者，一江淮儒生也，十年修成封疆大吏之身。朝廷倚為「中流砥柱」，西人奉為「當世三傑」，日人稱之「世界五偉人之三」。可謂八面威風，十分成功。然，組成李鴻章之成分終究和他人無甚兩樣，為：一分痞氣，二分底子，三分運氣，四分才智，五分努力，六分熱忱，七分悟性，八分應酬，九分忍耐，十分做事。

鴻章者，一漢員是也。二十年為滿清朝廷辦外交，成了「國人皆曰可殺，萬口一詞」，成了「楊三已死無昆，李二先生是漢奸」。

其實這個「殺」，那個「奸」的，李鴻章還不配享用。因為晚清走到這一步，整個國家都在患十種病：一曰惰性，二曰愚昧，三曰封閉，四曰固執，五曰敗俗，六曰遲鈍，七曰自大，八曰鎖國，九曰落後，十曰貧窮。

罵也好，讚也好，歷史上的真實人物本沒有什麼「大奸」、「大忠」之說。大多是三七開、四六開的「中間人物」。後人的「大奸」、「大忠」觀，其實是諸多因素影響的產物：一曰：史官不直筆。往往將個人的好惡摻了進去。張三已經不是那個張三，李四也不是那個李四了。二曰：文學性的添油加醋。經過演義的歷史人物都是假人物，《三國演義》中的諸葛亮就是半個神仙，最後蜀國還不是第一個滅亡？三曰：教科書式的「簡約歷史」。真實的歷史人物往往有無數個細節構成，但是教科書那種黑白分明的定論，雖然應付了考試，卻難免會流於武斷，害人不淺。四曰：人的好惡不是永恆的，今天對的，明天可能是錯的。拿一時一地的標準去套幾千年的歷史，一定可笑。所以說到底，「大奸」、「大忠」之說都是書本闖的禍。

日本人出版的明信片上有「世界五大偉人之（第三位）（清國）李鴻章」字樣。

西人之「當世三傑」聖殿：從左至右：德國首相俾斯麥，清國李鴻章，英國首相格萊斯頓。

給李鴻章畫素描就不能簡單地套「大奸」、「大忠」。這張素描一定是寫實風格的，我們給你的只會是李鴻章的幾個角度，幾個細節，幾筆速寫。結論由你自己得出。

李大架子1米83

首先咱們從外形上來觀察李鴻章：

李鴻章身高至少是1米83。何以見得？西人書上大多說他「6英尺以上」。6英尺換算為米是1.8288米。有人還說他「6.4英尺」，1米95！這有點不可能。

縱觀李鴻章照片，我們可以看到：李鴻章青壯年時帶有五分江淮「武氣」，人到中年微顯三分勞累狀，60歲後有點發福。晚年為多顆右牙掉落所困，面頰呈左滿右陷狀。而且他老年喜戴老花眼鏡，可能和青壯年時用眼過度有關（此公年輕時是個職業寫奏摺的祕書型人才）。生命的最後六年，左頰眼睛下方一寸處又添大日本帝國的浪人所贈之「禮物」——一處槍傷的疤痕。疤痕略出，因為子彈尚遺留在皮下。槍擊後，他的身體狀況一日不如一日。「雲中鶴」腰也彎了，氣也洩了，眉骨也突出了，眼袋也大了，頭髮稀疏了，鬍子全白了。壯士暮年，人比黃花瘦。

各個時代的李鴻章：（從左至右）第一張：1871年的李鴻章，經過八年奮戰剛進入權力頂峰，人到中年微顯三分勞累狀。第二張：60歲後的（大約1892年）李鴻章有點發福。他的「熊腰」須納根皮帶才顯勻稱。第三張：晚年李鴻章（1896年）為多顆右牙掉落所困，面頰呈左滿右陷狀。第四張：生命最後一年的李鴻章，（大約1900—1901年）身體狀況一日不如一日。「雲中鶴」腰也彎了，氣也洩了，眉骨也突出了，眼袋也大了，頭髮稀疏了，鬍子全白了。

1米83的身高在當時普遍缺少營養的大清國裏算是鶴立雞群。中部地區走出來的李鴻章即使在北國滿人中也是「雲中鶴」。以前總以為關外滿人人高馬大，其實不然。查滿清貴族和洋人站在一起的照片，傳說中的滿人大漢其實大多呈「矮胖型」，不信請看下頁兩張親王照片。

1米83的個子，站在國際舞臺上給清國人的形象加分不少。觀察當時的西人漫畫，中國人普遍被畫得高一些，日本人大多「倭」點。這其中難道沒有在國際舞臺上頻頻亮相的李鴻章的功勞？人這個生物大概還沒有完全進化好，看人還是以生理上的尺寸論英雄狗熊。也許視覺上的「偉岸」就是能震人。日本人就深受這種「視覺論英雄」的影響，人家也將自己畫成李鴻章似的1米8。不信請看28頁日本的一張浮士繪。

當時大清國在國際上並不「高大」，但是有著高大身軀的李鴻章卻能給傲慢的英國人一個先「身」奪人的印象。濮蘭德在《李鴻章》裏記載了74歲的李鴻章在一個英國人眼裏的形象：「我從議院出來時，突然與李鴻章打了個照面，他正被人領入聽取辯論。他像是來自另外一個世界的身材奇高、容貌仁慈的異鄉人。他的藍色長袍光彩奪目，步伐和舉止端莊，向他看到的每個人投以感激優雅的微笑。從容貌來看，這一代或上一代人都會認為李鴻章難以接近，這不是因為他給你巨大成就或人格力量的深刻印象，而是他的神采給人以威嚴的感覺，像是某種半神、半人，自信、超然，然而又文雅和對苦苦掙扎的芸芸眾生的優越感。」

1892年，英國一位青年政治家寇松勳爵曾來華旅行。他在兩年後出版的《遠東問題：日本、朝鮮和中國》一書中，記述了會見李鴻章的場景，並稱這是他「畢生最美好的回憶」。寇松近距離觀察了李鴻章。看到他「有六英尺多高，身著灰色絲長袍，戴黑絲帽，很有威儀」，「唇上的大鬍子將嘴巴遮住一半，下巴上也留著中國式鬍鬚。頭髮是正在變白的深灰色」。

何天爵是一個美國傳教士，也是一個駐華外交官，1895年何天爵寫了一本《中國人本色》（The Real Chinaman）。在書中他對李鴻章是這樣評價的：「……他的儀態舉止和思維方式更像一名戰士，而不是政治家。他的身材要比一般的中國人高大，聲音粗啞而充滿飽滿的精神，給人的感覺非常平民化，易於接近。」

上圖 去德國大使館的親王們大多身材不高（前排中間三人）。

下圖 「矮胖型」的肅親王（左一）。

美國作家斯特林．西格雷夫對李鴻章無甚好感。他給當時76歲的李鴻章畫了張素描：「他看上去就是個偽善的傢伙，穿著一雙厚底緞面朝靴，站著的時候，身高在6英尺4英寸以上。他中過一次風，這使他的臉有一部分不能動彈，於是看上去總是面帶微笑——一個危險的男人卻有著一張純潔的笑臉。因為這時候已經很熱，李鴻章戴著一頂篾底紗面的帽子，頗似燈罩，一隻孔雀

1894年倫敦雜誌上的日本人形象，小小的、矮矮的。「小傢伙」跑到瓷器店裏欺負中國人。

翎被一根緬甸翡翠做的管子緊緊扣住。他的袍子外面罩著一件絲綢補褂，朝服的兩側各開著一個口子，這樣以便於騎馬，前後補子則依照他的官品而繡著白鶴，這是文一品的標誌。補褂的外面，齊腰繫著一根皮製腰帶，上面掛著錢包和一些小袋，袋子裏裝著他的扇子、鼻煙，以及諸如此類。」

左圖：從日本浮士繪看伊藤博文，身高至少有1米9左右。
右圖：坐在籐椅上的伊藤博文。這才是真實的他。大約1米7上下。

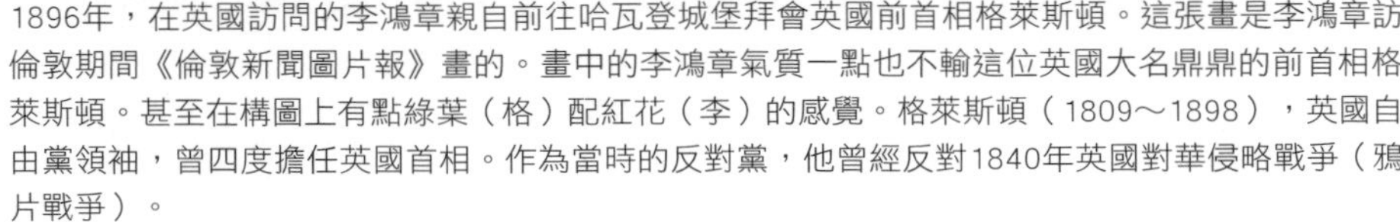

1896年，在英國訪問的李鴻章親自前往哈瓦登城堡拜會英國前首相格萊斯頓。這張畫是李鴻章訪倫敦期間《倫敦新聞圖片報》畫的。畫中的李鴻章氣質一點也不輸這位英國大名鼎鼎的前首相格萊斯頓。甚至在構圖上有點綠葉（格）配紅花（李）的感覺。格萊斯頓（1809～1898），英國自由黨領袖，曾四度擔任英國首相。作為當時的反對黨，他曾經反對1840年英國對華侵略戰爭（鴉片戰爭）。

通過這幾位英美人的話，可以看到李鴻章的「大架子」之一端，而且這「大架子」的確為他贏得了「威儀」、「威嚴」的感覺。

1896年8月，李鴻章在英國訪問期間又會見了以外交副大臣身分陪同英國首相接待他的寇松（右邊年輕英國人）。瞧，李鴻章比他們兩人還高。要知道這時的李鴻章已經74歲了，身高正在「縮水」呢。寇松在1892年近距離觀察了李鴻章。說他「有六英尺多高，身著灰色絲長袍，戴黑絲帽，很有威儀」。寇松後曾任英屬印度總督、英國外交大臣，以強硬著稱。

李鴻章的喜好

李鴻章愛抽煙。有人說他愛抽水煙。但是從他在天津拍的照片來看，他茶几上放的是旱煙。有照為證。

李鴻章喜歡抽煙，痰就多。「地球人都知道」他的這個毛病。他每到一個國家，人家就為他特別準備一個痰盂。馬關談判時伊藤博文就想到了這個細節。有圖為證。

他一直為「多痰」所困。仔細觀察李鴻章的服飾，你會發現在他的腰部有一個小錦袋。那是錦囊妙計袋嗎？美國作家斯特林·西格雷夫揭穿了這個秘密：（李鴻章的）「補褂外面，齊腰繫著一根皮製腰帶，上面掛著錢包和一些小袋，袋子裏裝著他的扇子、鼻煙，以及諸如此類。有一隻袋子裝的是一個袖珍痰罐，他不時地伸手取過來向裏面吐痰（總督大人清理喉嚨和鼻竇時所發出的嘰哩咕嚕的聲音，聞之者無不後脊樑發冷）。」都怪那時候科學不發達，我們的總督大人不知道「抽煙危害健康」。

當時西方發達國家在正式場合，特別是有女賓在場的情況下是不抽煙的。李鴻章不管，這個老煙槍到哪兒都愛吞雲吐霧。精明的比利時國王討厭他抽煙，但是為了「銷售」比利時槍炮，人家靈機一動說：「李總督不在此

左圖 1872年李鴻章在天津的照片證實了他是抽旱煙，而不是傳說中的水煙。

右圖 這是日本馬關春帆樓裏陳列的李鴻章座位牌。注意這只花磁痰盂，這是日本總理大臣、李鴻章的老對手伊藤博文特別為他擺放的。

列」。說的時候，國王臉不紅心不跳。俄國人就沒有這麼好的修養，俄國財政大臣維特看到李鴻章抽煙吐痰，當時不便發作，晚上回來全記了下來。後來，這個俄國的「中國通」在自己的回憶錄中狠狠地「直筆」了一下李鴻章這個惡習：「用過茶點，我問李鴻章是否想吸煙。他於是喊了一聲，頗有點像馬的嘶叫。兩個中國人立刻從隔壁屋子裏跑來，一個拿著一個水煙袋，另一個拿著煙草，於是開始吸煙的儀式。李鴻章靜坐著吞雲吐霧，他的侍者們很肅敬地替他點煙，端著煙袋，從他的口裏拿出來，又放回去。很顯然，李鴻章是想拿這種種隆重的排場來使我對他的尊嚴有一個深刻的印象。不過在我這方面，我也使他相信，我對於所有這些排場絲毫沒有在意。」

李鴻章雖然抽煙，但是他對鴉片十分感冒。據說咱們的翻譯家嚴復不知道迴避，他在北洋水師學堂教書的時候經常吸食鴉片，搞得這個文職軍官萎靡不振，為此他經常受到李鴻章的痛斥。

於私於公，他都反對鴉片。《倫敦每日新聞》曾有報導：李鴻章1894年8月27日會見世界禁煙聯盟執行秘書英國人亞歷山大時：「……他以最強勁的語言聲稱，中國政

維特：曾任俄羅斯總理大臣、財政大臣，是兩朝當紅要臣，影響力極大。其間積極參與遠東外交決策，和李鴻章多次談判。是對華外交的靈魂人物，所謂「中國通」。

美國作家斯特林．西格雷夫揭密李鴻章腰間的一些小袋袋（注意照片中白圈裏的小袋）：在眾多的錦囊中，「有一隻袋子裝的是一個袖珍痰罐，他不時地伸手取過來向裏面吐痰（總督大人清理喉嚨和鼻竇時所發出的嘰哩咕嚕的聲音，聞之者無不後脊樑發冷）。」

鴉片一覽圖：1881年11月24日紐約《哈帕週刊》上的《中國人吸食鴉片圖》。以這一普遍存在的社會現象作為中國風俗向他們的讀者介紹，將吸食鴉片的方方面面都入了畫。於是西人的「東亞病夫」印象更深。

府一如既往地強烈反對鴉片貿易。這種貿易是列強通過戰爭強加給中國的，中國政府根據條約不得以允許印度鴉片進入大陸。……李總督最後明確宣稱：『你們也許明白，如果你們停止毒害我的人民，我們就會立即禁止他們獲得鴉片。』我（約瑟夫）告訴他，英國議會已經通過投票，將指定一個專門委員會來華調查鴉片是否真的像有人指控的那樣有害時，他氣憤地回答：『荒謬絕倫！』似乎十分的憤怒和蔑視，緩和了一下語氣又說：『任何人都知道，鴉片是有害的。』當我起身告辭時，他仍很善意地用熱情的語言讚揚了英國公民為使中國擺脫鴉片所表現出來的仁慈。」

除抽旱煙外，李鴻章還喜歡喝點紅酒，特別在就餐時喜歡喝上兩杯。1896年8月29日的《紐約時報》就三次講到他的喝酒：晚上李「飲了少量的酒後，早早就歇息了。」接著在另外一段報導中寫了記者的提問：「他喝什麼呢？」（李的隨從說）「他只在飯後飲一點葡萄酒，是產於法國的紅葡萄酒。」然後又在另外一篇報導中提到：李的飲食中「還有一杯淡葡萄酒。」（瞧，《紐約時報》一天之內有如此多的李鴻章報導，都快成了「專刊」

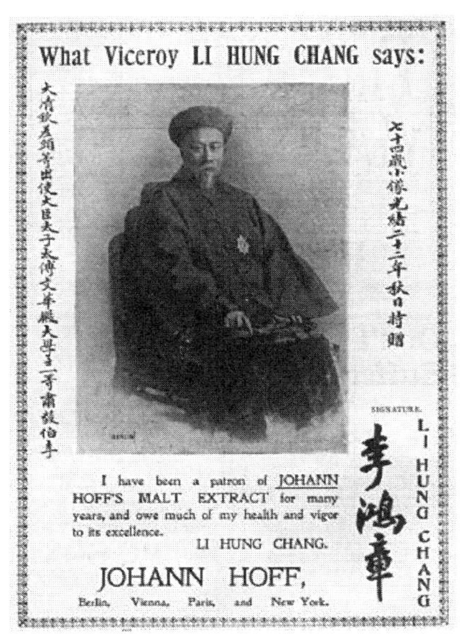

李鴻章的保健品廣告：李鴻章在紐約還為人家保健品做了廣告。聽！李鴻章說：「我是JOHANN HOFF公司麥精的長期用戶，吃了麥精後身體特棒、精神特好。」還大剌剌地打上了自己的名字。李鴻章知道這事兒嗎，拿到代言費了嗎？不得而知。我們只知道那會兒「李旋風」颳得猛，誰都想在李鴻章的盛名下得點兒利。這本沒有什麼，奇怪的是李鴻章去年剛打了敗仗，老美還崇拜這樣的「狗熊」。

了。）「會吃的老壽星李總督」一下子享譽美國，於是有保健品商人便想到將李鴻章包裝成自己商品的代言人。無意間，李鴻章這會兒又成了中國第一個商品代言人。

因為牙齒不好，年邁的李鴻章飲食多以「燉菜」為主。《紐約時報》報導中透露說：「李吃了燕窩、魚翅、烤雞、炒飯。」「當他被問及：『你所稱的適量飲食對一位清國的政治家意味著什麼呢？』這位發言人說：『是指魚翅、燕窩、烤雞和炒飯，這也是今晚總督所吃的。他每頓飯幾乎都這麼吃，他的生活極為簡單。』」

除了飲食外，李鴻章的個人愛好是對「新玩意」極其感興趣，用現在的話來說就是個「科技迷」。哈佛大學學術泰斗費正清主編的《劍橋晚清史》說：當李鴻章和他的淮軍乘著從英國商行租來的輪船通過太平軍控制區沿長江順流而下時，他在船上待了三天，因而有機會思考西方技術的價值。李鴻章從上海不斷地寫信給曾國藩，讚揚外國軍隊遵守紀律和外國槍炮的巨大破壞力。他在評論一次戰役時說，「洋兵數千槍炮併發，所當輒靡。其落地開花炸彈真神技也！」

他迷「高新科技」可不是心血來潮，而是窮其一生的愛好。如果有心之人對他的奏摺稍加整理，那就是一篇科技論文。李鴻章曾寫過一份中國最早的科普文章──「蒸汽動力運轉奏摺」：「鏇木、打眼、絞鏍旋、鑄彈諸機器，皆綰於汽爐，中盛水而下熾炭，水沸氣滿，開竅由銅喉達入氣筒，筒中絡一鐵柱，隨氣升降俯仰，拔動鐵輪，輪綰皮帶，繫繞軸心，彼此連綴，輪轉則帶旋，帶旋則機動，僅資人力以發縱，不靠人力之運動。」在那個「科盲」時代，這樣的「科普」奏摺算是鳳毛麟角了。

李鴻章的這個愛好，一定為他贏得不少「實利」。當時朝廷因為知道他「識貨」、「懂行」，很多公務採購大單都讓他經手辦理。據說他在天津的住處周圍就像一個喧鬧的萬國商會，各色人等都來推銷：比國的槍、德國的炮、英國的船、美國的西洋參、義國的洋布、法國的聖經以及荷蘭的船運等等。如果真像某些人說的，他的財產等於現在的10億人民幣，那麼，這中間有不少應該來自於這些「交易仲介費」。他不收有人也會代收，此事古難全。

李鴻章愛好「科技產品」的故事一籮筐，如某年某月李到英國，對英國的一架縫紉機看呆了，李老不惜重金，給老太后購回一台！某年某月李老坐到剛發明的X光機上拍了張照片，成了中國第一個使用X光設備的人。

1887年香港西醫書院籌建，邀請李鴻章做「名譽贊助人」，李鴻章欣然接受並親筆回信（信的內容載於1887年香港《德臣西報》），清國第一篇「在職幹部」醫學博士論文誕生了：「我認為，醫學同化學是姊妹科學，應給以同樣的重視，不但應該了解它們的組合，而且必須明瞭該如何分析，因為不這樣，就不能在診斷和治療上發揮精確的作用。永遠關注於科學原理以行診斷的收穫，能夠補救在解剖學及化學的理論上的不足，而其最終的結果，是將智識由黑暗變為光明。天津醫學館就是一個很好的例子，因為他們把先進的西方科學，運用到中國醫學的實踐裏。」

這段話出自一個封閉的年代，出自於一個民智不開的社會裏，真乃不可思議。西太后當時真該讓他去管「中科院」或「社科院」，可惜那會兒還沒有。

李鴻章創辦的金陵製造局仿製的加提林輪回機關槍。

「科技迷」李鴻章還是個「克虜伯大炮迷」。1866年7月27日，中國代表團參觀了克虜伯。李鴻章接到報告：「他（克虜伯的創始人阿爾費雷德．克虜伯）熱情、好客，不像英國

人、法國人那樣藐視我們的長衫、馬褂和長辮，他彬彬有禮地用盛宴款待我們這些中國人！」

阿爾費雷德·克虜伯：當時的德國克虜伯公司老闆，1896年他熱情地接待了李鴻章的到訪。

1871年，李鴻章一口氣向克虜伯買下了328門各種口徑的大炮，佈防在大沽口、北塘、山海關等炮臺，首先穩固北京城的防務安全。

看他1874年的奏摺，這個「克虜伯大炮迷」對克虜伯後膛炮相當精到：「後膛裝藥槍炮最為近時利器。查格林炮一宗不能及遠，僅可為守營牆護大炮之用。惟德國克虜伯四磅鋼炮可以命中致遠，質堅體輕，用馬拖拉，行走如飛，現在俄德英法各國平地戰陣皆以此器為最利，陸軍炮隊專用此種，所需子彈之價格與炮價相等。」對克虜伯大炮的偏愛，使李鴻章在1877年率先於淮軍中裝備了19個炮營，共有克虜伯大炮114門。每營有正勇144名，有克虜伯四磅後膛

又一門克虜伯重型大炮起吊，準備運往中國。

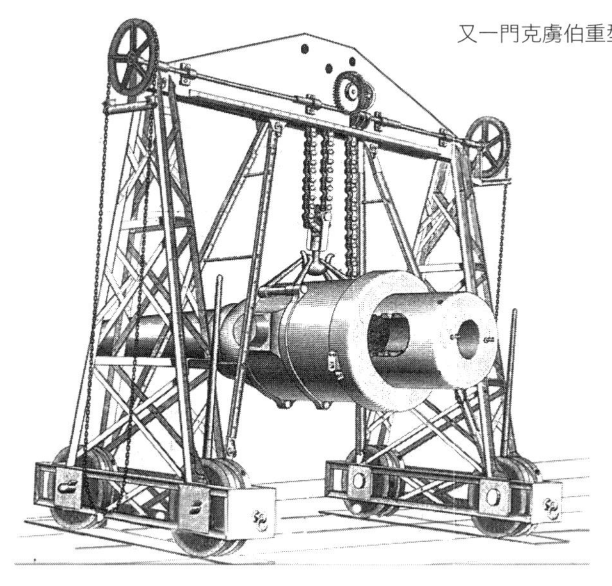

1879年清政府批准德國克虜伯大炮入關的文件。

1863年左右，西人報紙上的淮軍炮隊圖片。可以看到炮隊中的教官是洋人。淮軍的炮營是中國歷史上第一支真正意義上的炮兵部隊。

1870年在德國埃森的克虜伯梅噴射擊場上進行軍事培訓的中國軍官。

1890年，中國留學生在德國埃森梅噴射擊場實彈發射280毫米的克虜伯大炮。段祺瑞應該在本期培訓名單上，他是1889年到，一年半後學成回國。

左圖 克虜伯150毫米後膛炮：德國克虜伯公司製造的155毫米大炮，北洋水師「定遠」、「鎮遠」、「濟遠」、「經遠」、「來遠」、「平遠」以及日本艦隊的「高千穗」、「浪速」等艦都裝備了這種火炮。

左下圖 1896年7月1日，李鴻章在自己的照片上題寫「奉贈好友克羅卜」字樣（「克羅卜」即「克虜伯」）。克虜伯公司歷史展覽館裏至今還保留著這張照片。

鋼炮6門、馬150匹、車19輛。一不小心，李鴻章又成了中國炮兵的鼻祖。

1877年春，阿爾弗雷德·克虜伯同意了李鴻章的要求，第一批中國留學生卞長勝、查連標等七人到德國埃森接受免費培訓。

在克虜伯的暗示下，中國軍事代表團與德國甫自德軍艦廠家簽了北洋水師的「定遠」、「鎮遠」、「濟遠」艦的建造合同。之所以選擇這家軍艦廠，主要原因是李鴻章認為該廠生產的軍艦配有克虜伯的龍骨、護甲

1896年，李鴻章到了德國克虜伯炮廠參觀訪問。這是1886年德國克虜伯兵工廠的全景。

1896年，李鴻章訪問德國埃森梅噴射擊場，了卻了平生一大夙願（坐輪椅者為李鴻章）。

鋼板厚度和艦面的30.5毫米的克虜伯雙管巨炮。

1886年8月，「定遠」、「鎮遠」、「濟遠」從德國千里迢迢遠航歸隊威海衛。

1888年12月17日，北洋海軍正式成立。在成立慶典上，李鴻章和前來祝賀的克虜伯特使一起走向戰艦旁，指著「定一」、「定二」等魚雷艇說：「結識克虜伯先生是我一生莫大的榮幸，十二年前他贈送我多個火車模型，今天，又是他幫我們的駐德公使（李鳳苞）和留學生得到魚雷德磷銅秘煉之法，使我北洋的軍力大增啊！」克虜伯在1877年到1896年之間共得到了清政府約2000門大炮的訂單。

1896年，李鴻章到了德國克虜伯炮廠。克虜伯人熱情地接待了這個公司幾十年的大主顧，還為他專門出了一套紀念冊。第二天，克虜伯親自陪著李鴻章去梅噴射擊場看望中國留學生。李鴻章對留學生們說：「克虜伯新式大炮最為精奧，只要苦心研究，操練、演放、修整諸事趕緊苦學，必得其秘。中國沿海南至瓊州，北至營口，具有建置禦敵之炮臺。我之老矣，不能效力國家，將來伐謀制敵、禦侮保國之重任皆落諸位雙肩！」

愛沾個洋氣兒

李鴻章的這個「科技迷」特質又引出了他的另外一個特徵：愛沾個洋氣。

晚清時代，皇家貴族愛沾個仙氣，大臣清流們愛沾個清氣，李鴻章不！這人眼睛向外看，做事兒愛沾個洋氣：人家讓子女學八股文，他卻在家裏請來美國駐天津領事館的畢德格在家教兒子習洋文：「公子伯行（李經方）從之習英文，」「季皋（李經邁）朝夕與遊，亦從問學。」不但孩子學，他自己也學。《李鴻章家族》裏說：（畢德格）「還為他（李鴻章）用中文朗讀了不下八百部英文、法文和德文的書籍，使李鴻章對這個世界上發生的一切，都不再生疏。很難設想，當時中國還有哪一位高官像李鴻章這樣，用這樣的方式讀了如此豐富的外國書籍！」這是大事兒，小事上，就連女兒孩子的餵奶問題，李鴻章也在信中這樣吩咐：「乳姆既可，啜食一年後，照西法餵牛乳。」

最有意思的是李鴻章辦西醫院：1878年的冬天，他的夫人突發病症，郎中說是中風，外邪入侵導致半身不遂。吃了不知多少服藥，然病就是不見

李鴻章資助的天津馬大夫醫院（1880年成立）電化室。

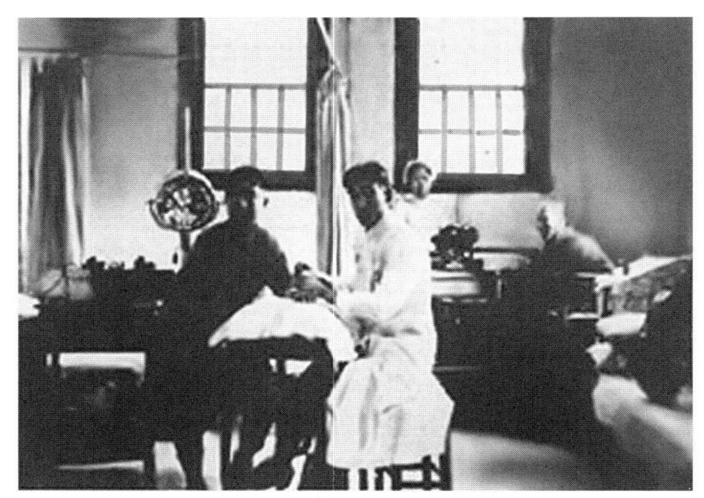

李鴻章和曾國藩聯名上奏摺，選送幼童留美。這是一群身穿緞袍、拖著長辮的清國孩子，他們算是中國歷史上最早的留學生。他們是大文豪馬克·吐溫的朋友，曾受到美國總統格蘭特的接見。他們是哈佛大學、耶魯大學、哥倫比亞大學、麻省理工學院的學生。他們中有多人在戰爭中陣亡。他們中有人後來成為中國電報業、礦業的開山鼻祖。他們中出現了鐵路工程師詹天佑……

好。無奈之下，李鴻章讓英國傳教士馬根濟博士來府一試。六天中，馬根濟大夫採用了「手搖電機診治法」，終於挽回了李夫人的性命。李鴻章從此開始相信西醫，由興趣竟引申出了一個想法——能不能在天津建一所西醫醫院？他開始做天津的官僚士紳工作，甚至安排了一場由馬大夫操刀的「手術秀」。當一個比拳頭還大的頸部腫瘤被馬大夫順利摘除時，官紳們都嘖嘖稱奇。在李的積極宣導下，社會人士募集了六千銀兩，再加上他親自捐贈的四千兩，共計一萬兩銀子。光緒六年（1880）十一月一日，新建醫院正式落成，即後來的馬大夫紀念醫院。《天津通志》有這樣的記錄：這是近代中國第一所規模完整的私立西醫醫院。

這樣的事還有很多：李鴻章在江南製造總局裏辦「翻譯處」，送幼童進美國學校，在自己的身邊安排數十位洋員，重用三個「海歸派」：馬建忠、羅豐祿和伍廷芳。聘用外國人作幕友，任用外國人作顧問、教習、海軍軍官、艦長、倉庫管理員、製造局幫辦、軍事教習，甚至他的外交談判代表。李鴻章的幕僚裏有大量的洋員。其中最突出的有兩人：德國人德璀琳和美國人畢德格，德璀琳是工商企業中的外國人聯絡官。畢德格則負責管理在北洋海軍任職的外國人員並總管外國人。以地域和語言為基準，他們兩人之間還有一個不太嚴格的分工：德璀琳支配著在李鴻章手下任職的歐洲人，畢德格則吸引著美國人，有時還有英國人。

李鴻章還愛交洋朋友，有時在家裏和他們高談闊論，晚了就留他們下來一同吃飯。何天爵說：「除了身為高官，李鴻章身上帶有東方式的架子和儀容外，他非常容易接觸。任何一個外國人都可以通過他的幕僚，求見這位總

南北戰爭和格蘭特：尤利西斯·辛普森·格蘭特（1822—1885），美國內戰後期聯邦軍總司令、陸軍上將、第18任總統。1864年格蘭特被任命為陸軍總司令。1865年，南軍總司令李將軍和格蘭特將軍在阿托克馬展開了惡戰。最後，李帶領手下的28000名饑寒交迫的士兵投降，這標誌著歷時將近5年的殘酷廝殺終於停止了。憑著戰功格蘭特贏得了後來的總統選舉，成為第18任美國總統，後又連任一屆（1869—1877）。格蘭特卸職後曾周遊世界，他花了三年多的時間，遊遍了英格蘭、比利時、德國、瑞士、義大利、丹麥、法國、埃及、巴勒斯坦、挪威、俄羅斯、印度、暹羅（泰國）、中國和日本。1885年，由於長期吸雪茄而導致喉癌去世。

督。許多人見過這位看似粗魯的老總督，都從其身上得出了他知書達禮的印象。我們的一位前州長就受到過李鴻章極其客氣的接待。當時這位州長和總督、翻譯相距不遠。州長事後告訴美國的朋友說：「好樣的，我根本不認為這位總督是那種不開化的老頑固。」

不同於他的同僚「怕和洋人打交道」的自卑心理，李鴻章的天津北洋通商大臣衙門就像個小聯合國，中外賓客日日盈門。何天爵自己就在1879年5月28日陪同美國前總統、南北戰爭英雄格蘭特陸軍上將去天津見了李鴻章。他當時充當兩人的翻譯。這段李格神交的故事，讓李鴻章徹底征服了美國讀者的心。

據記載，格蘭特卸任離職後，攜妻子周遊世界。1879年5月28日格蘭特到達天津之日，李鴻章曾予接待，兩人一見如故。李格此番會面並非尋常應酬，其時正好發生日本吞滅琉球、置為沖繩縣的重大事件，中國力爭不成，清政府與李鴻章於是希望格蘭特勸說日本放棄前議。格蘭特的調停自然毫無結果，琉球併入日本版圖已是無可挽回。

據說李鴻章在會面時看到格蘭特的名貴手杖後，反覆賞玩，愛不釋手。格蘭特見此情此景，知道李鴻章的心意，就說：「中堂既然喜歡這根手杖，我本當奉送。但這根手杖是我卸任時，全國工商界贈給我的，這代表著國民的公意，我不便私自轉贈。等我回國，徵得大家同意後，才奉寄致贈。」李鴻章立即致謝道：「不必不必，我不過隨便玩玩而已。」

1879年北洋大臣李鴻章設宴款待美國離任總統、南北戰爭英雄格蘭特將軍，兩人一見如故。格蘭特攜有一支鑲鑽手杖，手杖柄處鑲有一塊大過拇指的鑽石，周圍為小鑽石環繞，璀璨奪目，通體雕刻裝飾十分精美。

手握格蘭特總統手杖的老年李鴻章，格蘭特總統的遺孀朱麗亞在李鴻章訪美期間，當眾將丈夫的手杖雙手奉贈給李鴻章。李鴻章深受感動，回國後，視同至寶，須臾不離身。這張手持格蘭特手杖的照片拍攝時間應該在1896—1900年之間。

1896年，李鴻章在紐約訪問時，格蘭特過世已經十年了。他特地探望了格蘭特的遺孀朱麗亞。朱麗亞設宴款待李鴻章。朱麗亞即把丈夫的手杖立於臺上，向出席者講述了丈夫與李鴻章的交往和友誼，也和盤托出這根手杖的故事。然後，朱麗亞面向大家說：「今天適逢李先生來訪，故特懇問大家：諸位是否同意把這根手杖轉贈給李先生？」她說罷，滿堂的出席者一致鼓掌贊同。於是，朱麗亞當眾雙手舉杖，奉贈給李鴻章。李鴻章深受感動，回國後，視同至寶，須臾不離身。

關於手杖相贈的事，對李鴻章來訪事無巨細都報導的《紐約時報》上並沒有明說。但是我們卻在李鴻章拜謁格蘭特將軍陵的照片中，看到了一根李鴻章拿在手裏的手杖。

而《紐約時報》描述是，拜謁陵後，李鴻章才第一次見到格蘭特夫人，相見時才相互贈送禮物。《紐約時報》說：「當尊貴的清國賓客進入將軍安息地時，場面非常感人。……他很虔誠地站直了身體，用極其悲傷的聲音低吟道：『別了。』他的思緒回到17年前與將軍親切會晤的場面，當時他們相談融洽，因為他與將軍一樣都曾為了拯救祖國而久歷沙場。」

1896年，李鴻章出使美國。時格蘭特已故去十年。8月30日，李鴻章親至紐約的格蘭特墓園憑弔。注意，李鴻章坐在轎椅上，手裏拿著手杖。

格蘭特死後，美國為了紀念這位歷史人物，建造了格蘭特將軍國家紀念堂（General Grant National Memorial）。這座建築有46米高，花費了600萬美元，於1987年建造。這是竣工典禮場景。

「他的這一告別儀式使他的隨從人員和美方陪同人員始料不及。然而這卻是飽含敬意的最真誠的悼詞和最意味深長的告別：『別了，我的兄弟！』」

「結束這天的國務活動後，這位清國使臣造訪了格蘭特的寓所，在那裏他見到了這位卓越將軍的遺孀，這是他到美後第一次帶有社交性質的活動。」

「專程從喬治湖趕來的格蘭特夫人見到李總督非常高興。他向她充分表達了問候之情。離別時留下了紀念品，並接受了夫人回贈的珍貴禮物。」

「這是李總督訪問紐約期間最引人注目的一天，有50萬紐約人目睹了他身著長袍代表國家尊嚴的形象。」

優點就是「不學無術」

人人都說李鴻章「少文」。其實有關李鴻章的很多「壞事」大多有兩個消息來源：一個是保守派的「清流」。「清流」實際是「不流」，大多思想僵化，食古不化，喜歡賣弄過時的「大道理」，空話連篇，在朝廷上又不具體負責實際工作，早就脫離了社會，成了死水一潭的「大儒」。這些人攻擊李鴻章：上不守祖制，下不厚文。還有一個來源是「康黨」，「康黨」放出的消息大多攻擊的是「后黨腐敗」。「康黨」一支筆梁啟超雖然心裏「敬」著李鴻章，無奈李鴻章是「后黨要員」，而且手握大權。屁股決定腦袋，「黨性」很強的梁啟超曾經寫出很多「后黨傳奇故事」。

比如1898年10月20日的《紐約時報》刊登了標題為《李鴻章結婚了嗎？》的報導稱：「來自香港、橫濱的『日本皇后』號郵輪，帶回了一批東方的報紙，說李鴻章與慈禧太后已秘密結婚。」雖然第二天《紐約時報》又闢謠：「這是一則東方玩笑。」但是還忍不住在細節上描繪了一番，說：「據《中國郵報》（China Mail）報導，西太后與李鴻章在9月22日上午在一個叫「Sinfa」廟的地方成婚。隨後，這對新婚夫妻乘火車前往天津，為了防止他人尾隨，他們還將經過的鐵

辛亥革命前的「康黨」宣傳畫《大清國高貴御肖像》：光緒帝、康有為、梁啟超「三聖圖」，這明顯的是「康黨」的傑作，估計當時也只能在海外流傳，進不了國門。

金陵製造局的產品：「不學無術」的李鴻章在創辦上海洋槍三局（後改為蘇州洋炮局，最後搬到南京成為金陵製造局）時算過一筆賬：一發英國的普通炮彈在市場上要賣到30兩銀子，1萬發銅帽子彈要賣到19兩銀子。大清國憑什麼要把白花花的銀子給了洋人？

路予以拆除。新婚夫婦將到旅順港歡度蜜月。光緒皇帝為此暴怒不已。」這類有關「后黨」「傷風敗俗」的新聞來源，明眼人一看就知道。這是後話。

「清流」罵李鴻章「少文」還情有可原，梁啟超也說：李鴻章為數千年中國歷史上一人物，為19世紀世界史上一人物，不學無術，不敢破格，是其短也。」「不學無術」？梁啟超自己就反對「食古不化」，他這麼說就有點不厚道了。

不錯，李鴻章是「不學無術」，他帶淮軍入上海，提拔人的標準是「會抓老鼠就是好貓。」這又怎麼啦？依「八股文」取來的士，「學問」很高，帶兵打仗卻屢戰屢敗。

「不學無術」的李鴻章是真的「不學無術」，這在他不太迷信風水上可見一斑。這在當時的官場，是很罕見的「晦氣」。那一年李鴻章為自己選百年後的墓地，在給哥哥李鶴章的家信中說「弟本不知堪輿，亦不甚信風水，但喜鄰近包公墳，又濱大河」。後李鴻章的墓在大躍進時代給挖了，接著又被捆在拖拉機後拖撒一地，100年後的後人想必定會因此歎息：「李鴻章終為風水所害。」嗚呼！人和人，這差距怎麼這麼大呢！100年都沒長進！

「不學無術」不壞，因為這個「術」是沒用的「術」，是和當時的世界脫節的「術」，甚至還有點「巫術」之感。這個「術」聽上去頭頭是道，其實是似是而非之道。

說到底，李鴻章是個實用主義者。「實用主義」歷朝歷代都不是一個褒義詞，獨獨晚清。為什麼？因為晚清遇上了「三千年未見之大變局」。本本

主義用了三千年，一朝面對開放的外部世界，「洪水猛獸」早將這最後一根中國稻草沖得體無完膚。在這個大破大立當口，實用主義就是「和國際接軌」，就是「與時俱進」。

其實實用主義就是沒有主義，李鴻章這人就是沒主義。沒主義也不錯，連胡適都呼籲：少一點主義。「少文」就是少吊書袋。李鴻章痛恨「中國士大夫沉浸於章句小楷之積習」。

這麼說「不學無術」真是他的優點。後來，李鴻章的「不學無術」又繁衍出另外一個「毛病」：「痞子氣」。

「痞子氣」還真管用

李鴻章的痞子氣傳說久矣，然打開歷史一看，無非是一些談判策略一類的小動作：比如某年某日李某對某洋大人持「不理不睬狀」。和洋人打馬虎眼，用拖延術，施搪塞法，使掛羊頭賣狗肉伎倆，裝糊塗，這恰恰是弱勢晚清一代為官的精明之處。試想，洋人強勢，如果不用「蘑菇法」和他們「搗漿糊」，搗到哪兒算哪兒，那不是國將不國，民將不民，體無完膚嗎？！李鴻章也有不「痞子氣」的時候，當我大清比日本強大的1871年6月，李鴻章仔細看了日本帶來的草案後立刻拉下臉來說：「此次章約，全改為一面之辭，而且綜合西方各個條約擇優採用。這豈非自相矛盾，將前稿作為廢紙不成？未訂交先失信，以後的事怎麼辦呢？」瞧，人家該說的一個字兒不落，全說透了。

「痞子氣」的中年李鴻章。所謂「痞子氣」其實就是裝糊塗，愛答不理的，不按照常理出牌，打馬虎眼，用拖延術，施搪塞法，使掛羊頭賣狗肉伎倆。誰叫那會兒咱們是「被壓迫民族」呢。正所謂「聰明難，糊塗更難」。

左圖 西人老圖（1876）：中國巷子裏的剃頭。整個世界都在急速地變化，但是大清國的社會基本還是「中古社會」。落後的社會，落後的國家不可能有強勢的外交。

右圖 鴉片戰爭後，英國人長期在香港等地駐有艦隊，一和清廷發生矛盾，就讓「炮艦政策」說話。這是1856年游弋在中國沿海的英國南京號戰艦，有50門火炮。

外交講的就是後面的軟硬實力。痞子外交說白了就是弱勢者的外交，就是「第三世界」和強人打交道時的一種武器。下面選了幾張李鴻章接手外交前後的西人圖片，看看中國那時候到底處在何等窘迫的境地。

「清流」的危害處就在這裏，只談自己的「立身」，不說江山社稷的「安危」。「清流」高歌的曾國藩一生光明磊落，卻在「天津教案」處理上兩面不討巧。最後只好招來學生李鴻章三下五除二，施點「痞子氣」，用點掉包計就把本案搞得八面玲瓏。你說這件事上，是曾國藩對朝廷貢獻大還是李鴻章大？有人說李鴻章手段卑鄙，洋人跑到人家地盤上喧賓奪主，這已經沒什麼好講的，這時還和人家講宋襄公的「仁慈」就是對「江山社稷」的不仁。

李鴻章最「痞子氣」的就是簽訂《煙臺條約》。這事堪稱晚清弱勢外交上的傑作，前前後後充滿著賞心悅目的「痞子氣」，讀來讓人在總體痛心疾首下產生局部揚眉吐氣：1874年2月21日「馬嘉理事件」發生。英國駐上海領事館翻譯官馬嘉理進入雲南後被當地人殺了，英國公使威妥瑪大鬧起來。其時，英國人的軍艦開入煙臺，日本軍隊開始向朝鮮武裝挑釁，這些都對大清國構成戰爭威脅。醇親王主張與英國人決裂開戰，而李鴻章的思路是：大清國不能再在外交上走一貫的老路，即事端一出，動輒開戰，戰則必敗，敗則

「炮艦政策」就意味著艦隊北上，經過「白河」攻入北京。大沽炮臺就在「白河」的入海口處，是第一道屏障。這是1860年，英法聯軍攻入北炮臺後拍攝的屍橫遍野的慘狀。注意，當時的防禦工事就是土壘的牆，怎麼經得住連番的炮擊？

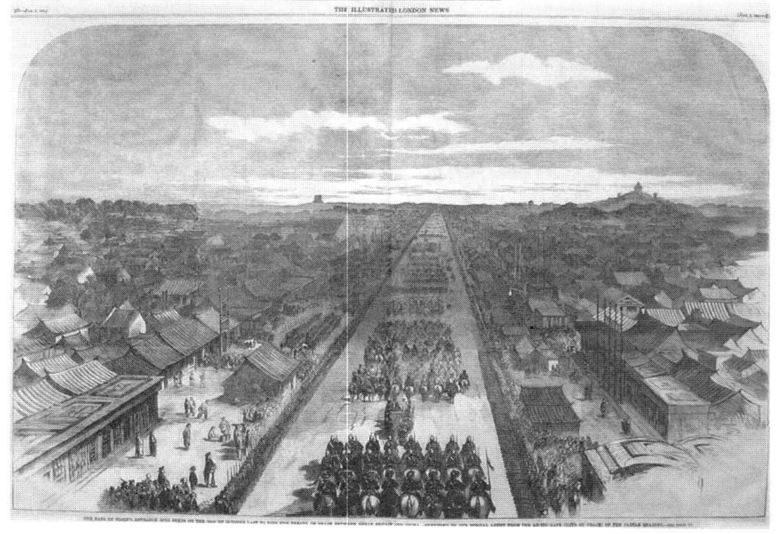

1861年《倫敦新聞圖片報》上刊登的銅版畫：1861年英法聯軍在《北京條約》簽訂後，列隊走在北京的大街上炫耀武力。

議和，和則割地賠款。朝廷把這個難題推給李鴻章去處理。李鴻章就請所有的大使攜夫人到山東煙臺去避暑，讓威妥瑪也到煙臺去談判。他每天晚上宴請駐華公使和夫人吃飯跳舞，讓他們非常滿意。白天，李鴻章一面和威妥瑪談判，一面將消息通報給所有的駐華公使。慢慢地，那些公使和夫人都認為威妥瑪沒有紳士風度，說他得理不讓人。夫人們產生了憐憫之心，就做威妥

1861年《倫敦新聞圖片報》上刊登的銅版畫：1861年英法聯軍攻入北京後，很快控制了局面，閒來無事，侵略者還不時地騎馬去大柵欄溜達溜達。

下圖 1876年上海英商修築上海到吳淞間的一段小鐵路，叫吳淞鐵路。全長約14.5公里。當時國人看見這個冒著黑煙、「嗚嗚」作響的怪物都不能接受，認為破壞了傳統的寧靜秩序，影響農作物生長和禽畜養殖。特別是8月3日一名行人被火車輾死後，民憤更加強烈，民眾鳴鑼聚眾數百人將吳淞鐵路公司辦事處的傢俱等搗毀。清廷讓李鴻章辦理此事。李鴻章委派盛宣懷、朱其詔赴滬與英商談判，最後以白銀28.5萬兩贖回拆除。中國最早的鐵路運營不到一年就這樣壽終正寢了。

瑪的工作，使他不得不做出讓步。

1876年9月，《煙臺條約》簽訂。明裏看，這個條約是個不平等的條約，但是英國人事後說：「這個文件既不明智也不實用，毫無意義，是一堆冗言贅語而已。」不錯，李鴻章著實地和洋人「腐敗」了一回，用掉了一些交際費，卻辦成了一件讓對手啞巴吃黃連，「好看不中用」的事，這就是李鴻章

「痞子氣」的可愛。

李鴻章的這個「痞子氣」讓他受益無窮。後來，慈禧太后知道他有辦法，就把一件「燙山芋」的事交給他辦。這又是一件「痞子」外交的範例。

蠶池口教堂，俗稱北堂。它位於北京皇城西安門內的蠶池口，靠近中南海。這座教堂高達八丈四尺，規模宏大，歸巴黎天主教會管理。中法戰爭爆發之後，慈禧老覺得這個教堂可以直接窺視到皇宮內院，是一種潛在的威脅。中法戰爭結束後，1885年慈禧就把這個難辦的差事交給了李鴻章。

李鴻章首先任命了一個英籍傳教士敦約翰為特別代表前往羅馬和巴黎處理此事，並再三強調不要讓法國政府知道。因為當時法國在中國享有特殊的「保教權」，李鴻章暗示羅馬教皇可以商討互派使者問題。敦約翰和教皇見面之後，教皇對派人駐華很感興趣，他同意遷移教堂，要往中國派駐公使，並派人專門去巴黎協調此事。

法國政府表示反對。其他列強本來就不滿法國在中國的「保教權」，得知此事後紛紛對法國

中老年的李鴻章：（大約1879年）這是西人畫家根據李鴻章和格蘭特會面時的照片畫的銅版畫。也是李鴻章處理「馬嘉理事件」，簽訂《煙臺條約》和處理蠶池口教堂那段時間的形象。這個時期朝廷上的大事不多，算是晚清中一段比較順的時期。所以這個時期的李鴻章比較胖。

今天的北京西什庫教堂。

八國聯軍進北京時的西什庫教堂：1885年李鴻章用策略成功地將蠶池口教堂搬到皇城西北角的西什庫，所以民間後來叫它西什庫教堂。

政府的做法進行抨擊，並支持教皇往中國派駐使者。法國政府不甘心失敗，提出停發對國內教士的俸銀50萬兆法郎並撕毀法國和教皇的條約。教皇迫於經濟壓力，停止了派駐華使者的事。他們那裏吵成一團，但是遷移教堂一事已經成為定局。9月，法國教會正式同意遷移教堂到皇城西北角的西什庫。這就是現在北京的西什庫教堂的來歷。慈禧得知此事後，笑顏逐開，感歎這樣的事情只有李鴻章才能辦好。

其實，所謂「痞子氣」就是一個政治家處理各種關係的老到和圓滑。用「清流」的理論套，李鴻章什麼都不是，棋路沒出處，但他能在不利的棋局中將你一軍。慈禧能用「痞子氣」的李鴻章，說明她不似「康黨」說的那麼蠢。

後來，這個集「不學無術」和「痞子氣」為一身的李鴻章差點當了中國的首任總統。

「總統」李鴻章

李鴻章是想報答慈禧知遇之恩的，但是天有不測風雲，一片丹心向「明月」的李鴻章差點當了照「溝渠」的「總統」。

北國義和團和八國聯軍一鬧，慈禧抽風（注：人的行為不正常，讓人難以理解）了，山東抽風了，直隸抽風了，山西抽風了，半個中國都抽風了。但是南國的魚米之鄉卻出奇的平靜。封疆大吏如湖廣總督張之洞、兩江總督劉坤一、閩浙總督許應騤、四川總督奎俊、鐵路大臣盛宣懷以及兩廣總督李鴻章等搞了個「東南互保」，公開地不執行「亂命」。

隨著事情的越發不可收拾，暗地裏冒出個「李鴻章大總統」的策劃方案。湖廣總督張之洞的方案是，一旦北京不保，太后與皇上死於非命，到時就共同推舉李鴻章出任中國「總統」以主持大局。

李鴻章如果想當這個首任大總統是有他的實力的。張之洞、劉坤一、袁世凱等都是手握兵權、坐鎮一方的實權人物。可是洋人呢？洋人可是當時中國的「隱形執政黨」啊。據說李鴻章以北上議和經過香港的機會，還向英國港督卜力打探。他問道：「我聽說如果義和團把北京的所有公使全殺了，那

1900年7月李鴻章在香港會見香港總督卜力：這次會面，卜力竭力要求李鴻章不要北上。李鴻章回答說，他不能違抗皇帝的意旨，並且堅持說這個命令是由慈禧和光緒簽署。卜力敦促他改變主意，「以保證維持南方的和平與安寧」。

戈登像：英國職業雇傭軍的戈登是上海「常勝軍」第三任司令。為李鴻章蘇州殺太平天國降將，兩人幾乎鬧翻。後來，李鴻章用計謀將其人馬解散。戈登又去了蘇丹打仗，最後被蘇丹人殺死。1896年李鴻章到英國還念念不忘當年的這位老朋友，特地到他的墓地上祭拜了一番。一打一拉，這就是李鴻章的手段。

麼列強就有權進行合法的干預，並宣佈『我們要立一個皇帝』。如果是這樣，你們將會選擇誰？」他推測列強將選擇「一個漢族人」。在這裏，李鴻章暗示，如果列強決定用一個漢族統治者來代替滿族統治者，他本人是願意的。卜力回答說，列強「大概會徵詢他們所能找到的中國最強有力的人的意見，看怎樣做最好」。

到了上海，李鴻章不走了，這一個多月裏，前來拜訪的人，上帖子的人很多。各種觀點的都有。每天的電報多得來不及翻譯。李鴻章的親信翻譯馬建忠這天收到一封來自英國政府背景人士的來電，主張李鴻章不要失去此千載良機，擁兵自立。李鴻章置之不理，急忙讓馬建忠把那電文燒掉。

李鴻章這時的心理活動誰也不知道，或許他動了心，甚至他可能想到1863年洋槍隊首領戈登說過的話（注：這個故事來自於梁啟超，可能也屬於「后黨傳奇故事」一類的。）：「中國今日這個樣子，不可能在世界上成氣候。除非您自己來做，掌握全權可以對中國的事情大加整頓之。您如有意，我當執鞭效犬馬之勞。」當時的李鴻章只是一個江蘇巡撫，聽了覺得不著邊際，沒有言語。現在想想這不是「受制於人」的自己日日所思的嗎？由此他又想到了1896年和德國前首相俾斯麥在密室裏訴苦的話：「與（慈禧）婦人（光緒）小孩子共事，亦是不得已啊。」

「總統」、「皇帝」對寄生於政治的人來說，的確是如雷貫耳的詞。但李鴻章老矣，想想自己夜夜咳嗽，痰堵時氣都上不來，夏天怕冷，冬天離不開火爐。這麼一想，他的「總統」欲火便敗了五分，再想想慈禧太后將自己

母親大人膝下：

前因六弟病勢日重，未敢詳細稟聞，恐煩遠慮。不料其竟已永訣！傷痛之下函告大兄，頃接來信，轉稟吾母。雖覺過慟，尚能看開，男聞之欣頌莫名。此間，京外親朋紛紛唁弔，皆謂恐傷慈心，請勿遽報。六弟病中及臨危時總云對不住老母，勿使過悲以重地下罪責。然思吾母雖慈愛而明達，實倍常人。天氣炎熱，幸勿因此感傷致損身體，千萬禱祝！我兄弟六人年皆四五十內外，豈能一無損失，先人數世皆有此事，人、家皆不能無此事。六弟命運雖舛，而病歿於津署毫無遺憾，易簀時亦甚灑脫，似有來因者也！劉孫媳分娩無信，須俟此事定妥再令方孫扶櫬回肥。六弟家事，大兄、四弟自能料理周妥，盡可放心！男於其病時頗為焦悶，至其逝世，念命壽之不可強，人力之無能為，亦坦然也。小九姐能在署久侍否？念 念！事此稟慰，叩問萬福！兒鴻章叩頭！閏月初五夜。

李鴻章和母親李氏感情很深。小時候一個紡紗，一個看書，兩人共用一盞菜油燈。這是李鴻章在他的六弟死後寫信勸慰母親節哀。六弟李昭慶1873年死在二哥李鴻章的天津衙門裏，只活了39歲。

從一個「苦大仇深」的江淮李小二子一路扶搖，提到一品大員，頂戴三眼花翎，賞黃馬褂。有清一朝有哪個漢員有此殊榮？不僅這樣，連老母李氏也被追賜一品夫人，晉封為一品伯夫人，晉贈一品侯夫人。皇恩浩蕩，李某何德何才，還敢吃著碗裏的想著鍋裏的？「李總統」可能就在這一念之差下給「差」沒了。

是個幹事兒的主

為官之道，就是無道可循：有明哲保身者，有八面玲瓏者，有不出事就是最好之事者，有為官一任造福一方者，有「三年清知府，十萬雪花銀」者，等等。

李鴻章的官其實並不大，連個軍機處都沒進，其實嚴格說來都不能稱他「李相」，老外開口閉口「總理」、「首相」和「副國王」，那是根本沒譜的事。甚至他想當個總考官都那麼遙不可及。可是他這個官，幹的事多，伸的手長，攬的事不少，居然成績也多，壞事的絕對數也大。他的「政績」就是在一百多年後的今天，還讓你我爭得臉紅脖子粗。

上圖 俄陸軍大臣庫羅派特金（最近者）在東北：1900年7月6日，沙皇宣佈自任俄軍總司令，庫羅派特金為參謀總長，作戰部隊共約13.5萬餘人，火炮328門，進攻東北。所以，李鴻章面臨著兩個談判，這兩個談判都有俄國人的參與。讓俄國從東北撤兵是其中的一個談判。

下圖 八國聯軍中的俄軍：同時沙俄的軍隊作為八國聯軍的一部分攻進了北京。這是1900年俄國士兵繳獲的清軍大炮。李鴻章和11國談判中，俄國也是一個參與國。

這個人其實是個勞碌命，只要有事做就心滿意足，往好的說是勇於任事，從不挑剔，知難而上；往壞裏說就是曾國藩的話：「李少荃（鴻章）拼命做官，俞蔭甫（俞樾）拼命著書。」1895年，只在賢良寺裏閒了八個月，他就渾身不自在。寫的詩裏不是「秋風」就是「孤臣淚」，看什麼都是灰的。還說：「半生名節，被後生輩描畫都盡。」看他這個時候的照片，珠也黃了，人都老多了。一旦讓他坐上面對11國的談判桌，他就像打了興奮劑一樣，容光煥發。一會兒去俄國公使館，一會兒上英國公使館。兩場世界上最複雜的談判他同時擔著（另外一場和俄國談），有了病還不讓人知道。他這是為誰而戰？其實是為他自己。道理簡單得不能再簡單：有事幹就是最大的樂趣。其實人家老佛爺那兒什麼也沒許願給他，只說了「朝廷不為遙制」六個字，就能讓他「蠟炬成灰淚始乾」。

帶著棺材滿世界跑

訪問歐美八國時，李鴻章其實一身的病。傳聞他老不聲不響地帶著口棺材滿世界地「誤國」，讓人家看了還以為我中華四萬萬里無人。前面的那張參觀訪問克虜伯埃森梅噴射擊場的照片，我們看到這位老人是坐著輪椅披著厚呢披風去的。（天不冷，披什麼厚呢披風？只能解釋此翁病了。）可是人家樂意。74歲的年齡如今算不了什麼，當時可是「古來稀」啊，相當於現在94歲的年齡吧。「百歲」老人還滿世界地跑，到處展望「願景」，說回來以後要這樣那樣幹，這般那般地學，權當自己54，真乃返老還童是也。在俄國，他秘密簽了《中俄密約》，雖然結果不佳，可是「聯俄抗日」，那是滿朝文武達成共識的事。有人說，他這麼賣力是因為有「回扣」。這「回扣」的事，查當事人俄國財政大臣的書，是一口否定，只說給了張蔭桓一些關節錢。

到德國，他會見了德皇威廉二世，跑老遠去視察克虜伯大炮，交通不便的年代這不是一件容易辦到的事。他還去了德國前首相、赫赫有名的俾斯麥家鄉，東西兩個「俾斯麥」進行了一次交心密談。

西人老漫畫《降服中國龍》：揭露了1900年列強侵略中國、瓜分中國的野心。

德國發行的李鴻章明信片：介紹李鴻章訪問歐美八國，但是卻將他的出生年1823年錯寫成1821年。

李鴻章說：「在我們那裏，政府、國家都在給我製造困難，製造障礙，我不知該怎麼辦。」

俾斯麥回答說：「反朝廷是不行的。如果最高層完全站在您這一方，有許多事情您就可以放手去做。如果不是這樣，那您就無能為力了。任何臣子都很難反抗統治者的意願。」

李鴻章問：「如果皇帝一直受其他人影響，接受他人的意見，那我怎麼辦？每天都有一些麻煩，讓做臣子的很難開展工作。」

俾斯麥伯爵忽然用了一句法文：「Toutcom-mecheznous（跟我們這裏一樣）。」接著又用德語說：「在我當首相的時候，也常遇到這種情況，有的時候來自女人方面……」

李鴻章笑笑說：「但您有一個堅強的性格，難道都能夠平和地化解這些矛盾嗎？」

俾斯麥說：「對貴婦們我一直是很有禮貌的……怎樣能夠把上面的旨意貫徹到下面，而讓下面服從呢？軍隊決定一切，只要有軍隊就行。」「兵不在多，哪怕只有五萬人，但要精。」

李鴻章回答說：「我們有的是人，就是缺少受過訓練的部隊。現在我終於看到了德國優秀的部隊。即使以後我不在任上，我仍將在能力範圍之內根

1896年「東方俾斯麥」李鴻章拜訪俾斯麥：兩人站在俾斯麥家的陽臺上接受當地人的歡迎。這時的俾斯麥因為和新德皇威廉二世政見不同，辭職在家。李鴻章從漢堡坐了一個小時的火車，特地趕到小鎮來拜訪俾斯麥，兩人密談了很長時間，話題很敏感。這是當時德國畫家根據當天的照片製成的銅版畫。

據閣下的建議施加影響。我們需要聘用普魯士軍官，以普魯士軍隊為榜樣來訓練我們的軍隊。」

俾斯麥說：「問題不在於把軍隊分散在全國各地，而在於你是否能把這個部隊掌握在自己手中，自如地調動他們，使他們很快地從一地到另一地。」

離開德國，李鴻章又上路了。荷蘭、比利時和法國這裏暫且不說，接著老人又橫渡英吉利海峽去英國，談了對中國至關重

拜訪結束後，年邁的俾斯麥親自送年邁的李鴻章出門。兩年後俾斯麥去世。五年後李鴻章去世。

要的海關加稅問題，在這個問題上所有的國家都說聽英國的，英國人堅決不答應（可悲啊，一個主權國家想加點海關稅都要去和別人商量）。然後橫渡大西洋去了美國。

李鴻章到達英國：這是1896年8月的《倫敦新聞圖片報》上刊登的水粉畫，描寫李鴻章搭乘的船到達倫敦南漢普頓港時的一幕。

老人家在美國倒是風光了一回，人家把他看成是「地球上的老大哥來看地球上最年輕的小弟弟」。他像個電影明星一樣。50萬紐約人上街看他那「著名的黃馬褂」。他對西方報紙大談「我們計畫將來在國內建立更多的學校」，「呼籲廢除排華法案」。他說：「你們不像英國，他們只是世界的作坊。你們致力於一切進步和發展的事業。在工藝技術和產品品質方面，你們也領先於歐洲國家。但不幸的是，你們還競爭不過歐洲，因為你們的產品比他們的貴。這都是因為你們的勞動力太貴，以致生產的產品因價格太高而不能成功地與歐洲國家競爭。勞動力太貴，是因為你們排除華工。這是你們的失誤。如果讓勞動力自由競爭，你們就能夠獲得廉價的勞力。華人比愛爾蘭人和美國其他勞動階級都更勤儉，所以其他族裔的勞工仇視華人。」李鴻章這一拍一拉，罵得美國人舒舒服服，服服帖帖。薑還是老的辣啊。

接著李鴻章說了一段超前了100年的話，他說：「只有將貨幣、勞動力和土地都有機地結合起來，才會產生財富。清國政府非常高興地歡迎任何資本到我國投資。」李鴻章一不小心又創了一個中國第一——「招商引資」。然

上圖　1896年8月李鴻章訪美期間，美國畫家為其製作的木刻畫。

右圖　李鴻章訪問歐美八國的時候，到處發自己的題字照片。那時候，以照片送人就像如今我們發名片一樣，既普遍又時尚。

李鴻章1896年9月訪問加拿大：主要是旅遊，參觀了尼加拉大瀑布、多倫多市和溫哥華市，最後從溫哥華坐船經日本回國。這是李鴻章到達多倫多時的場景。

李鴻章訪美期間，曾接受紐約多家報社的聯合採訪，《紐約時報》登載了這次訪談記錄。李訪歐美八國期間，《紐約時報》幾乎天天詳細報導他的行蹤。特別是李鴻章在美國期間，甚至一天出現五六條李鴻章新聞。這是當時《紐約時報》上李鴻章的畫像。

後他從加拿大回國，在日本過界時，這個老頭相當倔，為了履行自己的誓言「終生不履日本」領土，老人冒著生命危險讓人在兩隻搖搖擺擺的船之間，顛顛簸簸地抱他過了踏板，這樣他的腳就沒有碰過日本陸地。

這次，李鴻章全程萬里，一氣呵成，並沒有馬革裹屍而歸。早過了退休年齡的他，如果沒有一個工作狂的心是挺不過這次遠行的。

為官之道在於「拼」

大家都說李鴻章會做官，還說他能把官位來坐穿。實際上他的為官成功之道非常簡單，就是拼命地幹，拼命地提新建議，拼命地提拔人（當然是他欣賞的人），拼命地儲備各色人才「為我所用」，拼命地寫信與同僚溝通，拼命地巴結對他工作前途十分重要的人物。

首先是拼命地幹：大概是大器晚成吧，李鴻章40歲才真正地幹實事，所以他特別珍惜幹事情的機會。《劍橋晚清史》說：「從1870年隨著李鴻章成為北洋通商大臣以來，自強新政的領導權就被這個強有力的人物所掌握。」

在跨入20世紀的時候，德國人畫了這張《20世紀中國各族之典型人物》，李鴻章坐在訪問歐美時用過的轎椅上，安詳地看著遠方。沒想到進入20世紀的第二年年底，他就過世了。

這人什麼瓷器活兒都敢攬，聽不得朝廷說聲「這件事滿朝只有您老能幹，」再苦他都認了。您說這義和團的事和您這78歲行將就木的兩廣總督有何相干？可是人家榮祿推託了的事，他半推半就的就接了，死之前還「嘔心瀝血」地簽了一個晚清賠款數目最大的條約，事後被榮祿痛心疾首地罵為「誤國」。

這個人從沒成功地推託過一件棘手的事。查他的記錄，似乎只有《馬關條約》簽字後，去臺灣和日本人交割一事讓他以「槍傷未癒」成功地金蟬脫殼了（但是還是他的大兒子去了）。大多數情況下，朝廷最後說：世沐恩澤，不得推託！他便乖乖地去了。你可以說他是「我不入地獄，誰入地獄？」你也可以說他是「聰明一時，糊塗一世」。可人家要的只是幹事兒的快感！

接著是拼命地提新建議：查該大學士的奏摺，很少搬弄是非的參奏，也沒有空洞乏味的講經，大多為一些積極「進言」的「肺腑之言」，多為「自強」、「洋務」之事，尤以「外須和戎，內須變法」的進言最精到。這些內

參式的「進言」有些思想超前得連恭親王和文祥都拍案叫絕。他辦了一系列的新式實業，這是大家看得見的，屬表層的東西，還有大量看不見的「進言」被兩宮「含淚」扔到垃圾箱裏。這些「醒世恆言式」的「進言」往往花去了他大量的精力和時間，屬於吃力不討好的摺子。「進言」難過辦實業，主要的難點是很難「說服」朝廷的那些榆木疙瘩（注：比喻思想頑固。），他們是道坎兒，明知對牛彈琴你也得彈，誰叫人家是「管事兒的榆木疙瘩」？

其實戊戌變法的很多條目，李鴻章早在20年前就上專摺提倡變了，比如設立講授西學的學堂，畢業生授予文職官銜；廢科舉、修鐵路、架電報線……結果如何？大凡要動制度的就有人反對，辦實業的便好事多磨。但是居然讓這個工作狂給大聲疾呼成了一些，北洋海軍就是一例。

還有就是拼命地提拔人：他攬的活兒多，用人也多。這個「不學無術」的傢伙用人特別有自我意識，不看人家的學歷，什麼進士、翰林啊他不管，只認工作能力。「海歸派」嚴復，英國文憑硬是沒用，李鴻章照樣要考他英語能力。他手下三教九流，各色人等都有，很多不是「販私鹽的」就是「團

1882年李鴻章（前排左起第四人）乘「龍號」機車視察唐胥鐵路。李鴻章是最早主張興建鐵路的要員之一。

1886年李鴻章從克虜伯進口了一些亨舍爾蒸汽火車頭。

練」的主兒，「根紅苗正」沒幾個。但是他照樣上摺子，拼命為他們說好話。有心人做過統計：「李鴻章手下的人被李鴻章推薦給朝廷任命做到督撫以上官員的有25人。李鴻章操縱著當時中國的政治、外交、軍事很大一個面，靠什麼來影響？就是靠這幫人。」這大概也是他的門生幕僚特別多的原因之一吧。

有一個奇怪的現象：大多跟他的人，會一輩子跟他，很少有分道揚鑣的事出現，這大概因為他一「放手發動群眾」（甚至於放手讓人發財），二他對下不吹鬍子瞪眼，最恨袁世凱時，他還一口一個「慰庭」、「慰庭」的。

最後是拼命地巴結對他工作前途具有十分重要意義的人物：李鴻章這個人為了辦事順當，拼命地巴結重要的人物，拼命地寫信與同僚溝通。別看他私下嫌張之洞囉嗦，浪費拍電報的銀子，可他卻能常和張之洞溝通，共同完成「東南協保」的事。他和翁同龢不對眼，卻一口一個翁師父，讓子女暗地裏和翁家走動聯絡感情。和對口味的同僚，他在信中更是知無不言，言無不

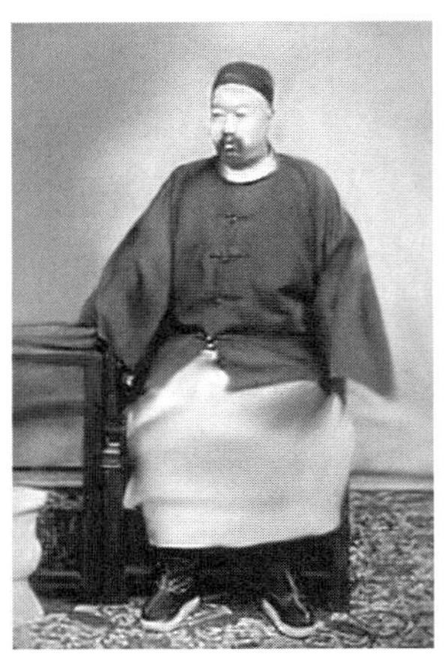

（中圖）李鴻章小女兒李經璹（菊耦）嫁給了清流領袖張佩綸（右圖）從此張佩綸從李鴻章的政敵、軍機大臣李鴻藻的門生成了李鴻章的乘龍快婿，再也不慷慨陳詞地參奏李鴻章「誤國」了。

（左圖）張佩綸和李經璹（菊耦）的孫女張愛玲：張愛玲系出名門，祖父張佩綸，祖母李菊耦。代表作有《傾城之戀》、《金鎖記》、《紅玫瑰與白玫瑰》、《半生緣》等。

盡，喜歡和他們掏心窩子說話。這都是他拉人緣減少摩擦的為官手段。

對上呢？他和恭親王以及文祥的關係是晚清時代最好的工作夥伴關係，但沒有甜如蜜的私交，只有淡如水的公辦。大多數情況下，他和他們甚至是話不投機三句多。可是李鴻章卻能屈能伸，忍性特好。他的名言是：「受盡天下百官氣，養就胸中一段春。」有論者說，他「事事曲承太后與軍機王公大臣，不惜損海軍以媚上」。是的，他就是這種人。他骨子裏看不起老糊塗醇親王，但是人家是光緒親爹，李鴻章就竭力打報告，要人家來領導海軍。果然，關係理順了，李鴻章還是實際上的海軍司令，醇親王只不過合著慈禧太后常來刷一下海軍的信用卡。大家是「共創雙贏」。

他到底刮了多少錢

早就聽說李鴻章有錢，他到底有多少錢？

李鴻章有錢，但是現鈔不多，浮財甚少，大多為不動產和股票土地等。

想當年，李鴻章財權有多大！紙幣上都得印上他的頭像。這些是以李鴻章頭像作為圖案印製的貨幣：**左上圖**：大清銀行兌換券十元紙幣。**右上圖和左下圖**：天津北洋銀行各類紙幣。

李鴻章生前家人誰也不提錢這個敏感的話題。死後，子孫打開《分家合同》一看，傻了眼：

（一）莊田12塊、墳田1塊、堰堤1道，安徽桐城縣城內產業4處，另加省城安慶房地產14處，均留作李鴻章髮妻周氏祠堂開銷之用。由李經方經管。

（二）合肥縣撮城莊田1處留作祭祀葬於該處之李鴻章兩妾及李經方髮妻開銷之用，由李經方掌管。

（三）合肥縣莊田兩處為李經述之祭田（他葬在其中1處），由李經述之子李國傑經管。

（四）合肥縣田產兩處，莊田3處，墓地1處，留與經邁為其歿後之祭田及墓地， 由李經邁本人掌管。

（五）李鴻章在合肥縣、巢縣、六安州、霍山縣之其餘田產及其在廬州府、巢縣、柘皂村、六安州及霍山縣之房產，均為李鴻章祭田及恆產。上述田產房產永不分割、抵押或出售，其歲入用於祭祀和維修廬州府城祠堂之外，所餘部分用於擴置房地產。由李國傑經管。

這是20世紀初美國雜誌根據李鴻章19世紀90年代左右的照片製成的銅版畫：李鴻章的《分家合同》很有意思，他似乎很在乎他的名聲，其不動產中的很大一部分，被安排用於他的祠堂和他父親的祭廟開銷。另外，他做事看來比較有條理，連後人的後事他都考慮到了。這是一個會理財的理性傢伙。

「宰相合肥天下瘦，司農常熟世間荒」一句：影射李鴻章（左圖）和翁同龢（右圖）。「宰相」文華殿大學士相當於宰相：「合肥」，李鴻章是合肥人。「司農」，主持戶部相當於管財政的司農；「常熟」，翁同龢是常熟人。翁同龢，清咸豐六年（1856）中狀元，授翰林院修撰，先後為同治、光緒兩代帝師，歷官刑、工、戶部尚書，協辦大學士，軍機大臣，總理各國事務大臣等。後舉薦康有為，支持變法維新，於光緒二十四年（1898），被慈禧太后削職回籍；十月又被下令革職，永不敘用，交地方官嚴加管束。

（六）合同簽訂之日起10年後，若李鴻章祭田及恆產歲入逾2萬擔，除上述開銷外，所有盈餘部分由三位繼承人平分，本規定永不變更。

（七）合肥縣東鄉李文安之墓地及祭田繼續保留，不得分割、抵押或出售。

（八）上海一價值4萬5千兩白銀之中西合璧式房產出售，其中2萬兩用於上海李氏祠堂之開銷，其餘2萬5千兩用於在上海外國租界買地建屋，該幢房屋為三位繼承人之公有居處，歸三人共同擁有、共同管理。

（九）江蘇揚州府一當鋪之收入用於省城江寧李鴻章祠堂之開銷。

（十）分別位於江寧（南京）、揚州之兩處房產出售，賣房所得用於擴建上海之公有居處。

（十一）根據李鴻章生前指示，江寧學館分與孫子李國傑作宅邸，揚州一處房產分與李經邁作宅邸。

這份《分家合同》，如今在合肥大興集李鴻章享堂的陳列欄展出。它不包括金銀財寶等動產，只涉及到分佈在安徽、江蘇、上海市的土地、房屋和一處當鋪等不動產，又沒有註明這些不動產的規模、價值，因而難以估計李鴻章遺產的總值。

李鴻章有錢是毋須贅言的，他經營中國數十年，不可能不經營自家一輩子，他洋務中國一代人，不可能不幫著五個兄弟「脫貧致富」。實際上就連跟他一輩子的幾個洋務大員，洗一下身子都能洗出八兩油來。

可是他到底有多少錢就眾說不一了。梁啟超說：「世人競傳李鴻章富甲天下，此其事殆不足信，大約數百萬金之產業，意中事也。」好事者用PPP（購買力平價）方法一算，說是幾百萬兩白銀，大約合今天人民幣10億元左右。

好像真憑實據的「硬指標」不多。倒是聽說李鴻章在離開直隸總督之任時，將其帶兵數十年所存之「小金庫」八百餘萬兩白銀全部移交給後任王文韶。據說這筆鉅款，後來落入袁世凱之手。

再一想，查它做甚？人家李鴻章又不是道德楷模，也不標榜為聖人立言，更不以清官留名。既然「痞子李」、「李二先生是漢奸」都叫了，還管他這等事兒。再說上至慈禧下至九品芝麻官，哪個敢說自己比榮國府的石獅子乾淨？連皇上都把A錢的「火耗」拿到臺面上發「紅頭文件」了，「官位」都可以稱斤論兩地賣了，為什麼要和李鴻章一人過不去？就此打住。

至此，李鴻章的素描稿子打好了，至於上什麼顏色，請聽後面一一分解。

第二章
中日之爭

中日甲午戰爭，梁啟超說是以（李鴻章）一人敵一國。日本的福澤諭吉說是（日本）文明和（清國）野蠻的戰爭。李鴻章自己認為是毀他一生名節的戰爭。

蜜蜂叮「考拉」

中國是幸運的，我們千百年來面對的就是一個自成一體的「天下」：西是大山和千里戈壁，南為不適合人類居住的瘴氣之域，北是「千里冰封」的西伯利亞，東是大海。在冷兵器時代和地理大發現前，這些屏障賽過世界上所有的軍隊，羅馬人、波斯人都不能逾越它。在這個類似於「次大陸」的「中央王國」裏，我們什麼都有，什麼都不缺。久而久之，中國人認為天下就是神州，神州就是天下，其他的只是「化外之域」。久而久之，無天敵的中國人成了整天嗜睡的澳大利亞考拉（Koala，無尾熊）。

突然有一天，戰船密佈，風雲驟起。西人對這隻臃腫的五千歲考拉揮以老拳，差點讓其丟了老命。過後，有好事者說：這是蠻夷撒野，大人可不計小人過。老考拉聽了，傻傻地憨笑了一下，又安心地睡著了。不久，一隻小蜜蜂在甲午年飛來騷擾，又把老考拉重重地刺了一下。考拉痛得大哭說：蜜蜂以前叮人沒這麼痛，這隻蜂好生厲害啊！哭完累了，吃些桉樹葉子，老考拉倒頭又睡。

不善言語的中國海關總稅務司，英國人赫德在日記中悲觀地寫道：恐怕中國今日離真正的改革還很遠。這個碩大無朋的巨人，有時忽然跳起，呵欠伸腰，我們以為他醒了，準備看他做一番偉大事業。但是過了一陣，卻看見他又坐了下來，喝一口茶，燃起煙袋，打個呵欠，又睡著了。

乘著老考拉睡得正香的當口，我們來研究研究這隻基因突變的蜜蜂吧。這隻原本弱小的蜜蜂如今能成為好生厲害的「非洲蜂」，卻原來源自於1853年闖入的一隊美國黑船的「催化」。

1894年10月20日英國《倫敦查理威爾》雜誌的漫畫《啊呀，蜜蜂！》

「黑船」打上門來

阿部正弘（1819—1857）：日本江戶幕府老中（相當於軍機處領班）。1853年佩里進入浦賀港要求開國時，他向朝廷上奏外交事務，同時向大名和幕府官員諮詢對策。儘管多數大名的意見是「無為主義」，但他鑒於世界形勢，仍決心開國，與美國及其他國家締結了《親善條約》。

1853年7月8日清晨，江戶幕府的首席老中（相當於清軍機處領班）阿部正弘還沒起床就接到報告，說四艘黑船不懷好意地進入了江戶灣的浦賀海面。阿部正弘預感不祥，一年前長崎荷蘭商館館長庫修斯說的美國艦隊即將到來的消息現在真來了。遙想去年，幕府將軍德川家慶還半信半疑，認為「反正上託祖宗神靈的威福保佑，區區洋人到時又能怎樣」？現在人家真來了，而且屋漏偏逢下雨，日本的實際統治者，幕府「征夷大將軍」德川家慶剛死14天，全身黢黑的「黑船」就打上門來，比奔喪的還快。

沒什麼好商量的，他馬上調集了水師的12艘木質戰船前去迎敵。

油畫《佩里給異教徒帶去上帝的福音》：1852年美國總統菲爾莫爾派遣由美國海軍準將佩里率領的「美國海軍駐東方和中國海艦隊」日本遠征隊，從美國佛吉尼亞出發去日本。遠征艦隊於1853年7月8日進入江戶灣，驚醒了沉睡千年的古老日本。20年後日本開始成為中國之患。這幅油畫再現了美國海軍遠征艦隊中密西西比號和薩斯喀納號全速向日本駛去的場面。

右頁上圖：佩里坐像。佩里海軍準將。他1853年時是「合眾國海軍駐東方和中國海艦隊」司令。這年和第二年，他先後兩次率12艘軍艦以大棒加胡蘿蔔的手段敲開了日本幕府將軍的大門。當時日本幕府是含恨低頭，但是如今的日本人在敘述這段歷史時，有感佩里促使日本改革開放，並不視之為仇敵，反而對其充滿著感恩的心態。佩里也從「美夷」成了「打開文明之門的將軍」。由此可見日本民族的務實性格。
右頁下圖：美國遠征艦隊中的蒸汽明輪護衛艦「密西西比號」：這張整頁的《倫敦新聞圖片報》非常珍貴。因為它出版的日期是1853年5月7日（請看右上角的日期），刊登的時間離「黑船事件」7月8日還有兩個月。黃黃的陳舊紙張，已經在空氣中氧化了155年！1853年，這一年的秋天，30歲的書生李鴻章剛剛離開北京翰林院，回到合肥老家組織團練與太平軍作戰。而今李鴻章已經作古107年。這張舊報見證了這一切，能不珍貴嗎？中間的報導文章題為《合眾國遠征日本》，是研究西人當時所思所想的第一手資料，所以翻譯在這裏，作為換位思考的原始材料。

合眾國遠征日本

東海上一支強大的美國艦隊已經引起了我們特別的興趣。美國艦隊的行動，將會給眼下的中華帝國皇帝陛下帶來麻煩，中國皇帝本指望所有文明國家的力量被用來幫助他鎮壓國內的太平軍造反，而此時的太平軍已經成功地佔領了中國大部分地區。這次美國海軍準將率領的日本遠征行動，我們讀來一定會很有趣。

這個艦隊本該早就到達日本了。但是，首先這個艦隊得先為北美漁船護航；其次就是羅伯士島的事情拖延了他們。接著又鬧了一次跟古巴的糾紛。每一種情況都拖慢了遠征的行程。有一個傳聞說皮爾斯（新）總統最近發佈命令要求艦隊返航，但這個傳聞最後被證實是假的。新的行政當局（注：美國剛在3月進行了新舊總統的交接。）讓佩里海軍準將作為美國海軍駐東方和中國海艦隊的總司令去訪問日本。佩里的艦隊應該包括：一艘戰列艦——佛蒙特號；（一艘）護衛艦——馬其頓號；三艘蒸汽護衛艦，佩里準將的旗艦密西西比號、薩斯喀納號和波哈頓號；一艘一級蒸氣船阿倫法尼號；五艘護航艦，薩拉托加號、普利茅斯號、文達尼亞號、文森斯號和聖瑪麗號；還有附屬的測量船派伯斯號以及三艘儲運船：薩佩來號、南安普敦號和塔爾博特號。……這個艦隊總計有船15艘、大炮260門，船員、官兵和海軍陸戰隊隊員共4000人。

艦隊中的三隻船本該正在澳門編隊出發。雖然佛蒙特號已經準備好了，但是它需要600人才能工作。別人給的工資待遇很高，所以很多人被誘惑退出了遠征。一下子上哪裏招這麼多人呢？更況且那時候，美國國會將全美海軍總額限定在7500人內。由此這船不能出發是不可避免的。阿勒甘尼號正在經歷長長的修船期，也不能上路。沒有出發的這三艘船，不會妨礙佩里對日本

THE UNITED STATES EXPEDITION TO JAPAN.

THE presence of a large and powerful American fleet in the Eastern Seas possesses an unexpected interest at the present moment, in consequence of the intestine convulsions which endanger the throne of the present Emperor of China, and the probability that he may solicit on his behalf the intervention of any civilised foreign power which may be able to render him assistance against the successful rebels, who are defeating his troops and ravaging a large portion of his empire. Some account of the vessels composing the American Expedition to Japan, and of its gallant Commander-in-Chief, cannot, therefore, fail to be interesting to our readers.

The Japan expedition was several times on the point of sailing before its actual departure; but first, the dispute about the North American fisheries; secondly, the Lobos Islands affair; and, more recently, the Cuban difficulties, each in its turn interrupted the course of this enterprise. The rumour that President Pierce had given orders to recall the expedition has recently been positively contradicted. The squadron, as originally intended by the late Administration, to be placed under the command of Commodore M. C. Perry, as the Commander-in-Chief of the United States naval force in the East and China Seas, and with a view to his contemplated visit to Japan, consisted of the following vessels:—One ship of the line, the *Vermont*, 74; frigate *Macedonian*, 36; three steam-frigates—the *Mississippi*, Commodore Perry's flag-ship (of which fine vessel we give an Engraving), 10; the *Susquehannah*, 8; and the *Powhattan*, 6; one first-class steamer, the *Alleghany*, 2; five sloops of war—the *Saratoga*, 20; *Plymouth*, 20; *Vandalia*, 20; *Vincennes*, 20; and *St. Mary's*, 22; to be accompanied by a surveying ship, the *Porpoise*, 10; and three store ships—*Supply*, 4; *Southampton*, 4; *Talbot*, 4. Total sailing vessels, 11; steamers, 4. Total number of vessels composing the squadron, 15. Total guns, 260. Officers, seamen, and marines, 4000.

This force, with the exception of the *Vermont*, 74, the *Macedonia*, 36, and the *Alleghany* steamer, is now assembling at Macao. The *Vermont* is ready to receive her crew; but, while the Board of Admiralty at Whitehall are constrained to admit the prevalence of desertions in the British navy, the difficulty in obtaining seamen is equally felt in the United States navy, in consequence of the temptations offered to seamen by the high rate of wages in the merchant service. Such is, indeed, the condition of the recruiting service, that it is impossible to say when, if at all, a crew of 600 men can be collected for the *Vermont*. Besides this, the number of men of all classes employed in the naval service of the United States having been limited by law to the small number of 7500, and Congress having failed at its last session to grant to the navy department the authority which it asked to enlarge the number, the withdrawal of the *Vermont* from Commodore Perry's squadron has become unavoidable. The *Alleghany* is now in the hands of the mechanics; but the delay in preparing her for sea will also probably render her services unavailable for the expedition. This, however, will not interfere with the contemplated visit of Commodore Perry to Japan; and it is said that, even with these reductions, a more efficient and powerful fleet never sailed from the American coast; although the vessels as originally proposed, carried but 260 guns. The strength of the expedition is not to be measured by that number. Every English sailor knows that American men-of-war carry more weight of metal to their size and tonnage than those of any other nation. Several of the vessels carry 10-inch shells, weighing 100 lb.; others 10-inch solid shot, weighing 125 lb.; others 11-inch shells, weighing 123 lb. The Americans affirm that no fleet carrying the same number of guns, or even of the same tonnage, has ever yet floated capable of producing such destructive results.

It is said that the expedition has not sailed with any hostile intentions towards the Japanese Government or people, and that it is not contemplated to use any force. But causes of quarrel are not wanting. The Japanese have barbarously seized American sailors, who have been shipwrecked upon their coast, and have confined them in cages. Commodore Perry will call the Government of Japan to account for these outrages. The Americans say that since Japan condescends neither to give reasons for what she has done, nor to apologise for it, it is necessary to ask her attention to the business in a way she will not be likely to refuse. So the expedition goes to "coerce the Government of Japan into civilisation," and if she will not consent to negotiate with a nation whose subjects she has treated with barbarity, she is to be taught a lesson of humanity, and "be made to wheel into the ranks of civilised empires."

Among the subordinate results of the expedition will be the establishment of a coal depôt upon the Japan coast; nor will the promotion of scientific objects be forgotten, unless more stirring occupation should intervene. Lord Wrottesley, in his speech in the House of Lords last week, bore cordial and generous testimony to the characteristic vigour and activity with which the Americans are labouring in the field of science; and the Japanese expedition is likely to bear rich fruit, if the Japanese accept the olive-branch which Commodore Perry will hold out to them. A squadron, under the command of Captain Ringold, will make a survey of the Chinese and Japanese Seas, and will, indeed, delineate the Asiatic coast up as far even as Behring's Straits. It is stated that, although Captain Ringold's corps of engineers and scientific men will contribute all they can to the knowledge of mankind by these explorations, his squadron will be within the call of Commodore Perry in the event of hostilities with the Japanese.

COMMODORE MATTHEW C. PERRY, COMMANDER OF THE UNITED STATES EXPEDITION TO JAPAN.
FROM A DAGUERREOTYPE BY MEADE, BROTHERS, NEW YORK.

We conclude with some biographical details of Commodore Perry:—

Commodore Matthew C. Perry is a brother of the late Commodore Oliver Perry, whose fame is inseparably connected with the achievements of the American Navy on the Lakes, during the last war with Britain. He was born in Rhode Island, from whence he entered the naval service of the United States, as a midshipman, on the 18th of Jan., 1809; since which time he has seen more active service than almost any of his compeers. On receiving his warrant, he joined the schooner *Revenge*. He was shortly afterwards ordered to the frigate *President*. In November, 1813, he was transferred to the frigate *United States*; and in April, 1814, was again sent to the frigate *President*. On the 18th December, 1814, he was ordered to the brig *Chippewa*; after which he was transferred to the Navy-yard at New York, with the rank of Lieutenant. In the course of the active service above enumerated, as a Midshipman and Lieutenant, the gallant Perry participated in all the stirring events in which the vessels named were engaged, when he was in them, during the war with Britain; discharging his arduous duties with intelligence and intrepidity, and laying the foundation for the high reputation as an officer and gentleman which he has acquired in after years.

In August, 1819, he was ordered to join the ship *Cyane*; and in May, 1821, he was honoured with his first command, of the schooner *Shark*, as Lieutenant-Commanding. His next tour of duty was on board the ship of the line *North Carolina*, of which noble craft he was the First Lieutenant. Being promoted to the rank of a Master Commandant in 1830, he was immediately ordered to the command of the ship *Concord*, wherein he made a cruise of two years and seven months, for the most part in the Mediterranean. On his return to the United States, in January, 1833, he was transferred to the New York Navy Yard, and served there as second in command, as Master Commandant: after which, being promoted to the rank of a Captain on the 9th of February, 1837, he was transferred to the command of the steamer *Fulton*. In 1840 he took command of the steamer *Missouri*. In June, 1841, Captain Perry was ordered to the command of the New York Navy Yard, and remained until the treaty for the suppression of the Slave-trade made it necessary, in 1843, to despatch a United States squadron to the coast of Africa, of which he was placed in command. After serving a long tour of duty on that disagreeable and dangerous station, in 1846 Captain Perry was despatched to New York, on "special service," where he superintended the construction of Government docks and steamers. In March, 1847, he received the command of the home squadron, joining it in time to win imperishable renown, while rendering important services on the coast of Mexico. In November, 1848, Commodore Perry was detached from that squadron, and ordered to New York, as the General Superintendent, on the part of the Navy, of the construction of the Ocean Mail-Steamer Squadron. In this position he remained until March, 1852, when he was ordered to the command of the Japan expedition, on which duty he is now absent.

In his late annual report, the Secretary of the Navy thus alludes to Commodore Perry:—

The opening of Japan has become a necessity, which is recognised in the commercial adventure of all Christian nations, and by every owner of an American whale-ship, and every voyager between California and China. This important duty has been consigned to the commanding officer of the East India squadron; a gentleman in every respect worthy of the trust reposed in him, and who contributes to his administration the highest energy and ability, improved by long and various service in his profession.

In the course of this long, active, and varied service, Commodore Perry has not only widely distinguished himself by a display of gallantry and seamanlike conduct on all occasions, but he has given evidence of varied talents and attainments, such as have rendered his connection with the service of extraordinary benefit to his country; more especially in perfecting many of the improvements in the United States Navy, which experience and the progress of the naval science have rendered necessary. Activity, energy, and quickness of apprehension are the traits of character which, distinguishing Commodore Perry above most of his compeers in the service, have enabled him to outstrip almost all of them in the amount and the variety of public duties it has been his lot to perform.

THE STEAM-FRIGATE "MISSISSIPPI," UNITED STATES NAVY.

的遠征，因為聽說，雖然這三艘沒去，但迄今為止，還從來沒有這麼強大和非常有效的美國艦隊從美國海岸出發航行過太平洋。雖然整個艦隊只有260門大炮，但是一個軍隊的強大不能僅僅用數字來衡量，這是每個英國人都知道的，美國戰艦上的炮彈是重量級的：一些船的炮彈達10英寸粗，100磅重！另外的一些10英寸粗，120磅重。美國人說，從來沒有在海上航行的船帶著相同數量的炮和相同的噸位能產生如此強大的威力。

據說，這次遠征的目的不是想用武力去攻打日本政府和人民，但之前卻因各種原因已經產生了一些不希望看到的爭執。日本人抓了靠岸的美國船員，野蠻地將他們放在籠裏。

佩里準將要求日本政府承認此次事件的暴行，美國人說：「日本到現在為止既沒有道歉，也沒有給出理由，所以我們有必要要求他們注意事情不能以這種方式去做。所以這次遠征將迫使日本政府轉變成一個文明的國家。」如果他還像以前那樣野蠻地對待一個文明國家，將準備給他們一些沉痛的教訓，「以讓他們走在文明帝國的行列中來」。

除非情況緊張，否則佩里準將的這次遠征將計畫在日本建立一個煤倉庫，另外他也不會忘記開發科技方面的市場。上星期英國羅特斯里爵士在上議院發表了一個演說，他說：美國在科學領域進行了卓有成效的工作，如果日本人接受佩里遞出的橄欖枝，這次遠征將會結出豐碩的果實。

蘭葛德艦長率領下的艦隊將會遊弋在中國海和日本海海面上，最遠可達白令海峽。雖然蘭葛德艦長和船上的工程師、科學家們會貢獻所有知識給這次探險，但是如果和日本人打起來，他們會聽佩里指揮的。

感謝麻省理工學院保存的一組出版於1856至1858年的老圖片。我們以圖帶文來 說這段中國人不甚了解，又對晚清非常重要的史實。麻省理工學院的文字介紹說，以下出現的這些老畫「具有152年歷史，全由一位出身在德國的美國畫家威廉·海涅完成」。當威廉·海涅第一次跟隨佩里遠征日本時，他只有25歲。

還沒有等阿部正弘定下身來，水師提督就來報告說：木質戰船跟蹤「黑船」跟丟了。提督描述道：這些黑乎乎的傢伙就像怪獸一樣發出轟鳴聲，還不斷地噴出漆黑的濃煙，他們就是在煙霧騰騰之中金蟬脫殼了。老中阿部正弘知道，人家是蒸汽船，一鏟子煤下去，當然將你這划櫓的小木船甩得遠遠的。

薩斯喀納號（Susquehanna）：這是一艘蒸汽明輪護衛艦，1850年建造，排水量2450噸，搭載9門炮，船員300人。

這時候，幕府上下哀鴻遍野，大家愁成一團，苦思冥想，毫無對策。時間一分一秒地過去了。過了好長一會兒，探子來報，說黑船已經開進內灣，炮門都打開了。

那邊廂，提督發揚大無畏的武士道精神，率領有百年歷史的戰船將黑船緊緊圍住，然後拿著紙喇叭對大船叫到：這裏是日本領海，請你們離開。老美船大，沒人予以理睬。

日本木質戰船：威廉．海涅畫，1856—1858年出版。日本幕府將軍不是不想「保家衛國」，只是這些百年未改進過的木質戰船根本敵不過佩里的「黑船」。連海上霸主英國人都說，美國海軍的大炮又粗又重，厲害著呢。

美國戰艦上放下小船在江戶內灣搞起了「科學調查」：威廉．海涅畫，1856—1858年出版。圖片上的英文原注譯文：「佩里準將1853年7月2日離開（琉球）那霸去日本。他曾計畫擁有一支12艘軍艦的大艦隊，但最後只去了四艘（薩斯喀納號、密西西比號、薩拉托加號和普利茅斯號）。艦隊7月8日早晨抵達浦賀海面。12艘日本水師戰船排列上前攔截他們，艦隊將他們拋在後面進入了浦賀的內灣。大約5時左右，船舶錨泊在內灣（注：上午五時還是下午五時？原注沒有表明），由於天氣晴朗可以隱隱約約地看到富士山。這時，日本戰船跟了上來，但沒有人被允許登上美國船。一名日本官員發出了一項指令，要求美國船隻離開，美國人不予理睬。7月11日，從美國戰艦上放下的小船被派往港口測量。這幅畫描繪的就是這個時刻。你可以看到圖右邊背景上的富士山。浦賀總督（注：原文如此）提醒佩里準將，這項活動是與日本的法律相抵觸的。但是測量照做，將軍回應時表示，美國法律規定須有這種測量而他本人必須遵守美國法律。這些都是為了建立和所在國的友好關係。很顯然，佩里準將打算做得很有力量和權威，即使他沒能得到他曾想擁有的大艦隊。」

《戰爭史研究》第一期中有段描寫這樣說：「當天夜裏，江戶城一片混亂，武士們忙於備戰，車聲轔轔，戰馬蕭蕭，城外大小寺院內鐘聲齊鳴，婦孺淒厲地哭喊，有錢人準備逃往鄉間，更多的人擁進神社，擊掌禱告神靈，乞求『神風』再起，摧毀『黑船』」。

「當天午夜，江戶城發出信鴿，將『黑船』到來的消息送往京都，孝明天皇天顏失色。從他七年前即位伊始，西洋各國叩關之聲便一陣緊似一陣，如今外國軍艦真的擊碎了德川幕府的『兩百年太平之夢』。孝明天皇對黑船一籌莫展，只得一面諭示幕府不要忘記負有保衛日本的責任，一面親自前

《渡過盧比孔河》水粉畫：畫家威廉．海涅用凱撒大帝渡過盧比孔河的故事比喻佩里艦隊在江戶灣的登陸。凱撒當時從埃及打回羅馬，在渡盧比孔河時猶豫了一下，他知道過了河就意味著對羅馬宣戰，結果可能無法預料。過了盧比孔河，凱撒大叫：「我們渡過了盧比孔河，就不會再回頭！」這幅畫再現的就是佩里帶兵登岸的那一刻。這次登陸發生於1853年7月14日，登陸過程中軍隊水兵進行了各種各樣的軍事儀式（以嚇阻日本兵）。

往神社，連續祈禱十七天，乞求神靈保佑，攘斥夷類，天下太平，皇祚長久。」

僵局維持到11日，心理素質略遜於亞洲人的美國人首先出招，他們放下小船，在日本權力中樞邊的江戶內灣裏搞起了科研。日本提督本想「野蠻」一回，但是見黑船上的10英寸大炮正在脫下厚厚的炮衣，便改使文明手段，說：你們這樣做是違反日本法律的。「遵法守紀」的美國人佩里一聽「法律」二字，馬上回答：「美國法律規定我們須有這種測量，而我本人必須遵守美國法律。」水師提督法盲，至少是一個美國法律盲，他無以應對。

美國人來的原因，阿部正弘最清楚，就兩個字「開國」。這「開國」不是鬧著玩的，它雖只有兩個字，卻已經超出了「祖宗的法」範疇，他一個老中是萬萬不敢做這個主的。危機時，阿部正弘想到了被德川家丟棄了兩百多年的天皇和那些大大小小的大名和番主，他立刻派人向他們諮詢對策。

遞交美國總統的信：威廉．海涅畫，1856—1858年出版。原注譯文：「多次交涉後，確定1853年7月14日為佩里準將遞交美國總統密勒德．菲爾莫爾給日本天皇信的日子，這封信被交到幕府將軍德川家定等人手上。德川家定是日本的實際統治者而不是天皇。美國總統密勒德．菲爾莫爾在信中要求：保護美國漁民，給予購買煤炭權和開放一個或多個港口供兩國貿易使用。遞交國書的儀式相當隆重，有超過500名的美國水兵和海軍陸戰隊隊員以及超過5000名全副武裝的日本水兵參加。這幅畫展示的是接待大廳和雙方政要會面時的情景。信被接受後，佩里被簡短地告知：『由於這不是一個和外國人談判的場所，所以既不能舉行會議也不能舉辦娛樂活動。現在信已收下，您可以離開這裏了。』在很長的一段沉默後，佩里準將指出：他要離開，但明年春天將會回來，也許在4月或5月。當被問及他是否會和四艘戰船一同返回時，佩里回答『他們都會來……可能更多』。」

這廂，經過無數次的交涉，阿部正弘於14日勉強答應了「美國代表團」上岸遞交國書的要求。14日佩里一行在鏗鏘的軍樂聲中下，帶著500名水兵和海軍陸戰隊隊員坐著交通艇，盛裝出現在一個叫九里的地方。等待他們的是岸上五千多名拿著冷兵器的勇敢武士。

「同光中興」的中國

佩里走了，艦隊回到了上海。佩里艦隊為什麼不回佛吉尼亞基地，卻留在上海。為了加煤？為了補充給養？或者讓水兵去四馬路紅燈區放鬆放鬆？不得而知。有一點是肯定的，這時候中國的外交路線是由「改革派」首領議政王恭親王奕訢和他的助手文祥制定的。（記住文祥這個名字，他是「同光中興」的幕後英雄。那麼多清宮戲，小燕子都編出來了，就是不肯在文祥身上花點筆墨！）

文祥（1818—1876）：晚清洋務派大臣。滿洲正紅旗人。道光二十五年進士。1860年，英法聯軍攻逼北京，咸豐帝出走熱河時，命署步軍統領，隨恭親王奕訢留北京與英法議和。次年，與奕訢及大學士桂良等聯名奏請改變清政府的外交、通商制度，設立總理各國事務衙門，並被任為總理衙門大臣。任職期間，宣導洋務「新政」。咸豐帝死後，協助奕訢、慈禧太后發動辛酉政變。光緒繼位後，以晉武英殿大學士專任軍機大臣及總理衙門大臣，他的成績12個字：「練兵、簡器、造船、籌餉、用人、持久」。1876年病死，謚「文忠」。

恭親王奕訢（1833—1898）：道光帝六子，咸豐帝異母弟。他是咸豐、同治、光緒三朝的名王重臣，洋務運動的領導者，建議並創辦了各國總理衙門。英法聯軍進攻北京，奕訢臨危受命，擔任議和大臣，簽訂了《中英北京條約》與《中法北京條約》，贏得了西方對他的好感。咸豐帝去世後，奕訢成為實力派人物。1861年，他協助慈禧太后發動辛酉政變，處置了咸豐帝臨終前立的八個顧命大臣。後被授予議政王大臣，軍機處領班大臣，身兼宗人府宗令和總管內務府大臣，以總理各國事務衙門王大臣的職務主管王朝外交事務，自此總攬清朝內政外交，權勢赫赫。奕訢支持曾國藩、左宗棠、李鴻章等大搞洋務運動，為「清流」派所鄙視，被呼為「鬼子六」。後慈禧對其權力過大十分不安，找機會對他進行打擊，多次免去他的一切職務，使奕訢一直浮浮沉沉。1898年病故，終年66歲。

恭親王，人稱「鬼子六」，和「鬼子」走得比較近。1853年的清廷實際上和洋人結成了某種聯盟。這時的雙方都找到了利益共同點。洋人要的是穩定的大市場，清廷要的是「海關稅收」和對付太平天國的軍事支援。

李鴻章呢？佩里去日本的路上正是30歲的武英殿纂修、國史館協修李鴻章趕回合肥老家的路上。佩里大鬧江戶灣時，正是李鴻章組織團練剿殺太平軍的時候。這時候的李鴻章玩的是槍桿子，正在經歷他人生這一段的「翰林變綠林」蛻變。這時的李鴻章只知「兵事」不知天下有「夷務」，更不知天下有「倭事」。

歷史往往就這麼吊詭，恰恰是這些雞零狗碎的「倭事」讓他前功盡棄，「成就」了千古罵名。31年後，李鴻章哀歎：正當自己在仕途上「一路扶搖」之際，「乃無端發生中日交涉，至一生事業，掃地無餘，如歐陽公所言『半生名節，被後生輩描畫都盡』，環境所迫，無可如何。」

遺憾啊，如果李鴻章和北洋海軍、淮軍以及湘軍的眾將士們能對31年前江戶灣上的這些「黑船」多看一眼，就不會有31年後的那一千個遺憾，一萬個無奈。正是鑒於此理，就讓我們這些後生多在「黑船」上潑灑一些筆墨吧。

佩里回來了

再說佩里。

1854年新年剛過，佩里就急急忙忙再出發了。艦隊的船隻增加了一倍，他們先在琉球停留，吃飽了，喝足了，加滿了煤，2月7日離開沖繩第二次進入日本「搞科研」。艦隊於1854年2月11日進入江戶海灣。

佩里回來得太快了！老中阿部正弘企圖拖延答覆。美國人不答應。美艦為了示威，進一步深入到江戶灣內對羽田海面又一次進行了測量，再次在人家的地盤上搞起了「科研」。阿部正弘牙齒一咬，狠下心來和佩里舉行了四輪日美會談。不久就簽訂了《日米和親條約》，從而邁出了開國的第一步。條約的核心是：1.日本開北海道的函館和下田兩港，並提供糧食、水、煤炭給前往這兩港的美國船隻。2.美國可派領事駐下田。3.美國享有最惠國待遇。

佩里在橫濱登岸：威廉．海涅畫，1856—1858年出版。佩里於1854年2月13日率領比去年多一倍的軍艦又回來了。這次他航抵江戶灣口後又繼續前進，深入江戶灣內，直到橫濱附近海面才停船登岸。這個深入的動作是最強硬最有效的表態，給幕府以極大的震撼。畫面上一字排列著八艘軍艦（應該是七艘）。佩里帶來的訓練有素的士兵整齊地排列在橫濱海邊兩旁。文明國度的文明之師帶來了最文明和最有效的談判方式。

日本人稱這次事件為「黑船事件」。

阿部正弘戰戰兢兢地簽訂了條約，他自覺對不起人民，對不起天皇，不久便憂鬱地死去。他本以為自己的死輕如鴻毛，可是在日本「尊王派」的眼裏卻重如泰山。不久，以長番和薩摩番為首的「尊王派」藉天皇的密旨與幕府進行了一場決戰，最後打敗了兩百多年的德川幕府，讓幕府乖乖地將「大政奉還」了天皇。

明治維新開始了。

「黑船事件」對近代日本的形成可以說至關重要，對晚清也影響巨大。很多寫晚清的都忽略了這段歷史，一味地強調明治維新，好像日本的維新是「自覺革命」，沒有陣痛，沒有反覆。造成的錯覺是日本從一個「彈丸小國」突然一下子打敗了「泱泱上國」，石頭縫裏一夜蹦出了一個「東洋列強」來。錯！

橫濱的幕府官員接待佩里一行：威廉．海涅畫，1856—1858年出版。原注譯文：透過荷蘭，日本當局曾要求佩里不要像他曾説的那樣趕回來。佩里拒絕了這項要求。佩里1854年2月12日抵達日本沿海海面，並開始對遠征艦隊進行編隊。現在艦隊擁有三艘蒸汽船和另外四艘船。正如其所説的，他率領了比上次更多的船回來了。這次與天皇的官員規劃了談判的內容。經過多番拖延和談判，與幕府在橫濱的會談被定在3月8日。這張畫再現的是佩里準將和他的隨行人員正走近會議大廳。美海軍陸戰隊和水兵排列在左邊，他們以軍禮向經過的佩里和美國國旗致敬。畫面前有兩名日本武士，會見廳內可見日本官員坐等佩里的到來。這個條約於1854年3月31日生效。它被稱為《神奈川條約》（即《日米和親條約》）。

美國軍艦上的宴會：條約簽訂以後，大批的日本人慕名來到美國軍艦上參觀觀摩。日本武士們第一次親身感受冷兵器時代的過時。美國人一貫如此，胡蘿蔔大棒一齊上。日本人對這次的「逼上門來」，是感恩的多，怨恨的少。至今，日本每年還要舉行佩里節慶祝開國呢。

佩里看到的舊日本

還說佩里，因為透過佩里一行的走街串巷、四處溜達，我們可以知道一些「舊式」日本不為人知的東西。

完成預定任務的佩里接著在日本停留了幾個月，他們走了很多地方，最遠到了日本北海道的函館。

雖然條約簽訂了，但是變化不可能馬上出現。出現在他們眼前的還是一個閉關鎖國了幾百年的日本。然而，這個中古時代的日本以其奇特的風光，濃濃的古韻，田園式的男耕女織吸引了美國大兵的注意力。畫家海涅在完成重大事件的描繪後，看到街上的日本武士拿著冷兵器到處晃蕩，雕樑畫棟的

廟宇殿堂裏傳出朗朗讀書聲，下田番的浴室裏赫然回首，見到了傳說已久的男女混浴一幕，這些又激起了他強烈的創作欲望。他留下了大量的日本19世紀50年代風土人情作品。我們從這些154歲的老畫中選擇了一些作為日本開國前「基本如我，甚至不如我」的最直觀感性的認識材料。

美國大兵洗了一回「男女混浴」：威廉·海涅畫，1856—1858年出版。早就聽説日本有男女混浴的風俗，1854年，美國水兵們不禁前去獵奇。畫家也去了，回來畫了這張《下田的公共浴室》，流傳甚廣。日本人自古就認為沐浴時男女「坦誠相見」是最自然不過的一件事，並無罪惡感。後來明治政府於1872年11月公佈條例禁止男女混浴。據説效果不佳，有的公共澡堂只在門口劃分男女，一進門後就順其自然了。看來世界上沒有一個地方的管理當局可以用一紙行政命令成功終止一個普遍存在於民間的風俗習慣。

佩里一行在橫濱欣賞相撲：威廉．海涅畫，1856—1858年出版。英文原注翻譯：「條約一經簽訂，日本人就盛情招待美國人。這裏有一段1854年3月24日當天留下的手記：『當說到日本人的慷慨接待時，我們全部注意力都在一些走路重得如大象一般的大傢伙身體上……美國人被邀請和所有的二十五位相撲手摔交。我（畫家）交手後畫下了他們的形象……』」

是啊，相撲者個個體大無比，和海涅他們平時見到的日人判若二人。日本平民個子不高，除了人種的原因以外，還因為日本上千年的不食肉、不沾葷的風俗。日本自古以來都不飼養家畜，一般人認為獸肉是污穢之物，屠宰業是賤民的專利。明治維新的啟蒙大師福澤諭吉說：「當時屠宰可謂是大事件。為了怕被『污穢』觸了霉頭，在屠宰處樹立四支青竹，然後用神繩將四周圍繞起來。用大榔頭將牛擊斃之後，只取少許上等肉，其餘的全都埋在深土中。最後還請和尚來念經。」明治維新時，政府要學西人吃肉強身，天皇帶頭大口嚼肉，其實明治天皇見肉就想吐，但他將吃肉視為「政治任務」，硬著頭皮嚥下。

下圖 函館街景：威廉．海涅畫，1856年出版。選擇這張畫想說明兩層意思。首先看英文原注譯文：「這張畫展示了函館的風土人情。我們注意到一種情況，街上有許多人，卻似乎沒有婦女。喬治．普來伯在他的遠征日記中注意到了這個現象，他寫道：『很怪，我們沒有見到函館女人。陪同我們的士兵，有些走在前面，要求各家關門並且驅趕婦女們進家。』」

從原注中我們了解到，當時日本的確很封閉，來些「外賓」就採取隔離政策。說明幕府當局自卑感很強，但是同樣驅趕，為什麼只驅趕婦女？說明那時候歧視婦女。同時也說明，如果不驅趕，很多函館婦女會來圍觀「外賓」。這也難怪，兩百多年鎖國嘛！

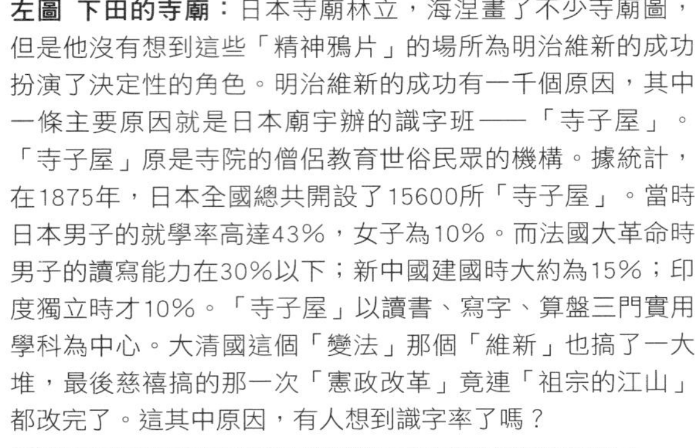

左圖 下田的寺廟：日本寺廟林立，海涅畫了不少寺廟圖，但是他沒有想到這些「精神鴉片」的場所為明治維新的成功扮演了決定性的角色。明治維新的成功有一千個原因，其中一條主要原因就是日本廟宇辦的識字班——「寺子屋」。「寺子屋」原是寺院的僧侶教育世俗民眾的機構。據統計，在1875年，日本全國總共開設了15600所「寺子屋」。當時日本男子的就學率高達43%，女子為10%。而法國大革命時男子的讀寫能力在30%以下；新中國建國時大約為15%；印度獨立時才10%。「寺子屋」以讀書、寫字、算盤三門實用學科為中心。大清國這個「變法」那個「維新」也搞了一大堆，最後慈禧搞的那一次「憲政改革」竟連「祖宗的江山」都改完了。這其中原因，有人想到識字率了嗎？

左圖 下田番主 右圖 函館番主像：威廉．海涅畫，1856年出版。左圖中間者為下田番主。佩里1854年4月21日訪問了這位番主，並且參觀了新近開放的下田港。佩里一行很喜歡下田，一直在這裏待到5月9日。畫家海涅在下田畫了15張版畫。右圖中間者為函館港的番主。1854年5月18日，佩里要求函館港的番主根據橫濱條約進行磋商，遭到這位番主的官僚式答覆。番主説：他還沒有收到任何來自於上峰的命令或指示，並要求延遲談判。5月20日談判才開始。

日本的番主就是隱性的武裝割據山大王，説明日本人學「儒家」的一套沒學到骨子裏。恰恰這點，讓日本的維新少了不少陣痛。難怪日本學者自己説，日本維新成功是因為日本人沒有自己的文化優越感，容易丟掉過去，迎接新的文化。

佩里的禮品單

「黑船事件」的中國版本大多強調日本受辱簽約的一面，喜歡突出佩里的軍人強硬作風。其實當佩里1854年第二次到日本後，他1000人的隊伍裏擁有各式「軟實力」人才。除了我們現在正在欣賞的畫家海涅外，還有一批「外交幹才」。我們可以從日本幕府1854年3月24日的一份受禮清單看出美國人之用心良苦。

佩里3月14日送上的禮物真可謂恩威並重，軟硬兼施。

美國送的禮物分析如下：送給天皇（男同志）的禮物（後面還有皇后「女同志」的禮物呢！佩里這個大老粗軍人，連男女各投其所好都想到了，可見中國書中說「佩里態度生硬」不確！）：

禮物之一：四分之一大小微型火車頭，鐵軌一段，加煤車和客車車箱各一節。

帶來美國總統的禮物：威廉．海涅畫，1856年出版。原注翻譯：「1854年3月13日是個星期一，這天是美國人送日本人禮物的日子。這天的禮物裝滿了幾大船，一支樂隊和一支海軍陸戰隊護送著這批禮物上岸。禮物立刻被放置在一個大棚下展覽。禮物包括多件武器、電報工具和一套微型蒸汽火車系列等。這幅畫，你可以看到展出的各項禮品項目。在右下角注意到有一個美國人拿著巨大的鐮刀，一位矮小的日本人在旁邊讚賞。」

《機車禮品全件圖》浮士繪：日本人很喜歡這個禮物。幕府當場叫畫家「寫真」，以掛在宮裏慢慢欣賞。對照慈禧，李鴻章費盡心機在西苑給她安了一台蒸汽機車，最後卻讓她上演了一齣馬拉車頭的鬧劇。還說火車動了「龍脈」。

佩里想表達的意思：我們是科技大國，新玩意層出不窮，送爾一套，開開洋葷。

達到的效果：效果奇佳，首先，高科技鎮住了幕府將軍，接著，一台機車喚起了大和民族愛擺弄機械的工程師本性，讓其為此等「雕蟲小技」玩物喪志。最後還讓其堅定了「跟文明」走的決心。

禮物之二：帶電池的電報機一台，三英里長的電報線以及其他相關附件。

《美夷示我電報機圖》浮士繪：兩個美國工程人員正在示範日本人使用電報。

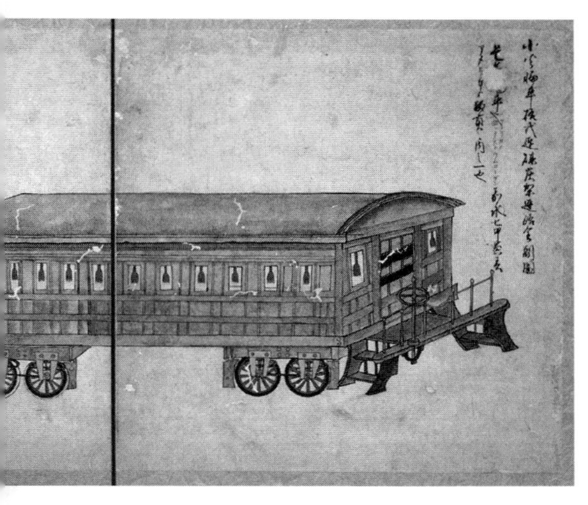

美國人送給日本的左輪手槍

佩里想表達的意思：再拿新玩意示爾等，比較一下到底是我們的「文明」好，還是你們的好。

達到的效果：效果過了頭的好。大和民族很快就將這一禮物用於「征西」、「征韓」和「日露（俄）戰爭」，最終膨脹的野心導致了和美國送禮人後代的衝突。

禮物之三：美國標準度量衡系列器具，四卷國會編年史，紐約州法律和官方檔集，紐約州參議院年鑒，以及其他法律和政府管理方面的大量書籍。

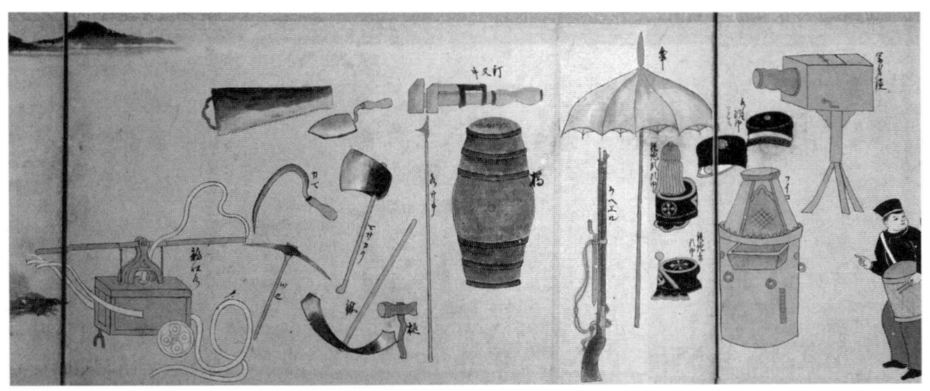

浮士繪：美夷農具圖

佩里想表達的意思：不要說什麼「日學為體，西學為用」（這不是三十年後的那個後生張之洞的論調嗎？），學了「器」還得學我們的「文明制度」。我們真正厲害的是這個。

效果：日本人最能心領神會的就是這點，當西鄰的李鴻章在奏摺裏說要學一二「西器小技」時，伊藤博文不聲不響地五次去「文明國」取了真經。

禮物之四：五支霍爾來福槍，三支梅納德步槍，十二把騎兵劍，六把炮兵劍，一把卡賓槍和二十把裝的手槍一箱。

佩里想表達的意思：槍可以送你也可以打你，全看你的意思了。不要敬酒不吃吃罰酒。

效果：幕府全聽明白了。接下這批槍，先壯大人民隊伍，然後再來討價還價。

這樣的禮品清單能出自一個大老粗軍人之手嗎？相反，日本幕府送出的禮物卻露出了他們無知和落後的一面。首先他們在清單上說：送給美國「皇帝」禮物。美國那會兒哪有什麼皇帝？至於幕府的禮物跟我們改革開放前出國人員攜帶的禮物差不多：漆金器具一件，漆金紙盒一個，漆金書盒一隻，油漆桌一張，銀支架青銅香爐一隻，黃銅盆兩隻，十匹絲綢和五匹縐紗綢。從這份禮物就能看出日本那會兒的大概情況。

鴉片戰爭和《海國圖志》喚醒了鄰居

幕府的保守愚昧和社會上國民意識的覺醒形成了強烈的對照。「黑船事件」前後還有兩件事情影響了日本未來的走向，一件是鴉片戰爭。滿清貴族當事人倒很快地「好了傷疤忘了痛」，人家日本上下卻為此出了上百種通俗讀物，如《鴉片始末》、《阿片亂記》、《夷匪犯境錄》、《清英近世談》、《鴉片風說書》等被大量翻刻，廣為流傳。這些書籍的傳播使日本上至幕府官員、大名諸侯、各級武士，下至普通民眾將美夢做成了惡夢。日本向推中國為「理想的國土」、「聖賢的國土」、「強盛之國」，然而，堂堂的「天朝上國」居然不堪一擊，竟然被一個遠隔重洋、曾被視為「夷狄小邦」的英國打敗。日本知識份子問道：「西洋各國精研學術，國力強盛，就

鴉片戰爭的一個場面

是周公孔子之國，都被它們掠奪，你想這是什麼緣故？」連幕府的奏摺中，都要「……放棄歷來稱外國為犬羊夷狄的愚論；改良以往取法於中國的朝儀；依據萬國通例所規定的儀節，召見各國代表」。這些讀物很好地在日本普及了一回「落後就要挨打」的教育。

另外一件是《海國圖志》。1843年，50卷本《海國圖志》之花在大清國的土地上開放。魏源的《海國圖志》涵蓋了當時西方國家的政治、經濟、軍事、歷史、地理、文化等方方面面的內容。沒想到問世後卻很少有人問津，最終在國內的印刷數僅有千冊左右。

1851年，一艘中國商船駛入日本長崎港，日本海關官員在對這艘船例行檢查時，從船上翻出三部《海國圖志》。日本人如獲至寶。前後共印刷了15版，價錢一路走高。到1859年，這部書的價格竟然比最初飆升了3倍之多。

魏源：道光進士。將林則徐主持翻譯的《四洲志》、《澳門月報》和歷代史志等增補為《海國圖志》。提出了「師夷長技以制夷」的主張。

當時著名的維新思想家佐久間象山在讀到《海國圖志》「以夷制夷」的主張後，不禁拍案感慨：「嗚呼！我和魏源真可謂海外同志矣！」《海國圖志》牆內開花牆外香，成了日本強盛的催化劑。

日本人有一個特點，一旦認準了一件事，便一條道走到「黑」。當日本剛剛打開大門，也就是明治維新後的二百多天，人家就學著西洋國的作派來扣大清國的門了。這正像《籌辦吏務始末》所說，「日本資本主義在一登場的時候，就扮演了帝國主義的角色」。

中國人拿老眼光看人

但是大清國的臣民對這個昔日的東夷還停留在過去的印象中。《中國史中的日本像》一書中，將當時中國人的日本觀從古至今進行了概括：隋朝以前朝貢時代的「寶物之島」；遣隋遣唐使時代的「禮儀之邦」；元明時期的「海賊倭寇」；近代以來的「西學之師」。

帶著「寶物之島」、「禮儀之邦」、「倭寇海盜」的固定印象，當日本於1870年突然找到李鴻章的天津北洋通商大臣衙門，要和「西洋列國」享受「同等待遇」時，據說總理衙門的一些大臣都在

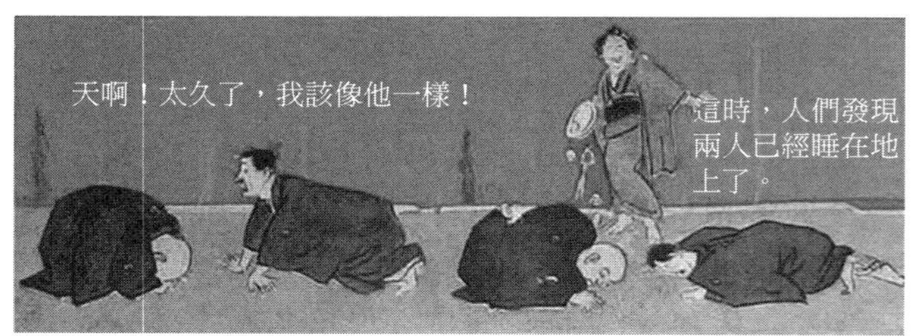

遣隋遣唐使時代的「禮儀之邦」：「禮儀之邦」的印象是在遣唐使時代留下的。日本人講禮貌到了什麼地步？請看圖。這是西人早期的一幅漫畫，諷刺某些日本人太重禮儀形式。（中文為筆者所加）

隋朝以前朝貢時代的「寶物之島」：隋朝統一中國時，正是日本聖德太子攝政，先後向中國派出了四次遣隋使（西元600年、607年、608年、614年），帶來了東瀛珍珠和瑪瑙等寶物作為見面禮。所以當時日本給人以「寶物之島」的印象。

暗自發笑。這個時候，唯獨李鴻章對日本懷有三分敬意。他認為日本目前的情況是中國所不及的：「日本從前不知炮法，國日以弱，自其國之君臣卑禮下人，求得英法秘巧，槍炮輪船漸能制用，遂日、英、法相為雄長。」

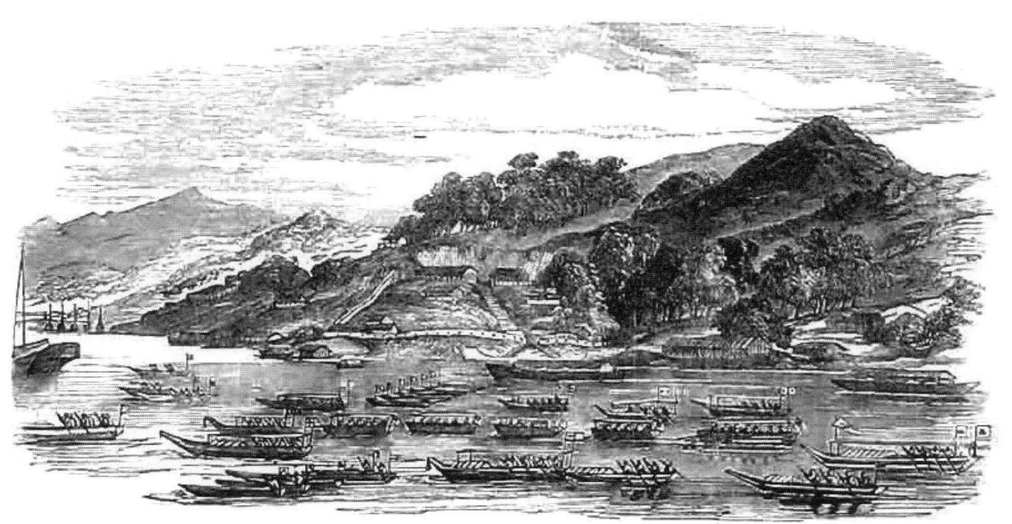

元明時期的「海賊倭寇」：「倭寇」之害在明代達到頂峰。後來還是在德川幕府將軍的「禁船令」和戚繼光的「戚家軍」雙重打擊下才平息。

近代以來的「西學之師」：明治維新後，日本以西洋為師。一切向西洋看齊。這是1879年英國報章上刊登的一幅畫。明治維新後皇族成員於宮內舉辦的生日晚會上，天皇和王公貴族帶頭著西服出席晚會。

李鴻章一生中最重要的一段話

1871年，李鴻章48歲了。從政履歷表完整，「工農兵學商」均沾過，已經是一個手握重兵的封疆大吏，而且是封疆大吏之首的直隸總督，又兼著北洋通商大臣的職務。一年中在保定和天津之間來回地跑。他上有老師曾國藩護著，下有朝廷「野戰軍」的淮軍弟兄擁戴，內為「兩宮」倚重，外引恭親王為同志。

士別三日，刮目相看。如今的李鴻章已經脫胎換骨成了「洋務領袖」了。這一切都要從他到大上海的那年開始。李鴻章1862年率淮軍到達上海，親眼目睹了「常勝軍」的「落地開花炸彈」威力，他視之為「神技」，曾寫信給曾國藩哀歎道，「深以中國軍器遠遜外洋為恥」，「外國利器強兵，百倍中國，內則狎處輦轂之下，外則佈滿江湖之間」，「外國猖獗至此，不亟亟焉求富強，中國將何以自立耶」？從讚譽「神技」，李鴻章開始了對舊式傳統的批判。1864年，他給恭親王奕訢和文祥的摺子裏第一次談到了他琢磨多日的想法：「鴻章竊以為天下事窮則變，變則通。中國士大夫沉浸於章句小楷之積習，武夫悍卒又多粗蠢而不加細心，以致用非所學，學非所用。無事則斥外國之利器為奇技淫巧，以為不必學，有事則驚外國之利器為變怪神奇，以為不能學。不知洋人視火器為身心性命之學者已數百年。一旦豁然貫通，參陰陽而配造化，實有指揮如意，從心所欲之快……前者英法各國，以日本為外府，肆意誅求。日本君臣發憤為雄，選宗室及大臣子弟之聰秀者，往西國製器廠師習各藝，又購製器之器，在本國製習。現在已能駕駛輪船，造放炸炮。去年英人虛聲恫愒，以兵臨之。然英人所恃而為攻戰之利者，彼已分擅其長，用是凝然不動，而英人固無如之何也。夫今之日本即明之倭寇也，距西國遠而距中國近。我有以自立，則將附麗於我，窺伺西人之短長；我無以自強，則並效尤於彼，分西人之利藪。日本以海外區區小國，尚能及時改轍，知所取法。然則我中國深維窮極而通之故，夫亦可以皇然變計

這是1863年8月《倫敦新聞圖片報》上的插圖，李鴻章在上海的淮軍士兵：淮軍初到上海時有八千人。李鴻章密電廣州的大哥李瀚章不惜重金，以最快速度從香港購買了3000條洋槍，將淮軍的裝備大大提高了一步。在短短的半年時間內，淮軍發展到79個營，人數近6萬。聘用了洋教頭，習洋操、背洋槍，大刀長矛一律改成劈山炮。這以後，淮軍成了他的「硬實力」，讓他近三十年不倒，而以前的直隸總督基本上是一到兩年一換。

西人筆下的中國傳統的私塾：孩子從小只學四書五經，在五千年之大變局中，怎能競爭。誠如李鴻章所說：「中國士大夫沉浸於章句小楷之積習，武夫悍卒又多粗蠢而不加細心，以致用非所學，學非所用。」

矣……鴻章以為中國欲自強則莫如學習外國利器。欲學習外國利器，則莫如覓製器之器，師其法而不必盡用其人。欲覓製器之器，與製器之人，則我專設一科取士，士終身懸以為富貴功名之鵠，則業可成。業可精，而才亦可集。」

歷史學家蔣廷黻對這段話評價很高，他說：「這封信是中國19世紀最大的政治家最具歷史價值的一篇文章，我們應該再三誦讀。第一，李鴻章認定中國到了19世紀，唯有學西洋的科學機械然後能生存。第二，李鴻章在同治三年已經看清中國與日本，孰強孰弱，要看那一國變得快。日本明治維新運動的世界的、歷史的意義，他一下就看清了，並且大聲疾呼地要當時的人猛醒與努力。這一點尤足以表現李鴻章的偉大。第三，李鴻章認定改革要從培養人才下手，所以他要改革前清的科舉制度。不但此也，他簡直要改革士大夫的人生觀。他要士大夫放棄章句小楷之積習，而把科學工程懸為終身富貴的鵠的。因為李鴻章認識時代最清楚，所以他成了同治、光緒年間自強運動的中心人物。」

我們將這段被後人稱為晚清里程碑摺子的話幾乎全抄錄在此。想說明，李鴻章骨子裏是有維新想法的。這也是60年代早期開始，慈禧太后重用他的原因。李鴻章內心是把日本眼下的改革當成中國由弱變強的楷模和榜樣看的。當時不僅是李鴻章，連恭親王奕訢、慈禧太后等也在平「長毛」後的一段時間裏曾經勵精圖治「搞建設」。甚至我們猜想曾經有這樣的情況出現：當慈禧太后於1875年1月召見李鴻章時，兩人談了許久許久。李鴻章深感遇上了知己，甚至可能大談「學日維新」的觀點。想來慈禧讚許有加，也對李鴻章一吐「鴻志」。正如李鴻章說的：「廿二、三、六日，太后召見三次，悲傷迫切之中，大有勵精圖治之意。」否則就不會有後來百日維新後，於一片叫殺聲中，慈禧責問李是否是「康黨」，李居然說是半個「康黨」。太后不語。好一個太后不語！因為李鴻章知道太后也是半個「康黨」。有人說慈禧後來變成保守派了。其實慈禧一直沒變，一直是半個「康黨」，變的只是後來的形勢。君不見孫中山一出，康有為就顯得落後保守了，當年的半個「康黨」就等於後來頑固不化的「后黨」，這是後話。

最早的李鴻章照片出自蘇格蘭人之手

蘇格蘭攝影家約翰·湯姆森：（John Thomson，1837—1921）湯姆森是19世紀後期著名的蘇格蘭旅行攝影家。他於1862—1872年十餘年間攜帶笨重的攝影器材，克服重重苦難，漫遊了麻六甲、印度、柬埔寨、中國等地，使用濕版法拍攝了大量反映當地風土人情的照片。當時清廷要員的很多照片都由他拍攝，包括李鴻章。站在清兵旁的他就是湯姆森本人，時間為1871年。

LI HUNG CHANG IN HIS OWN HOUSE AT TIENTSIN, 1872.

From a copyrighted photograph by John Thomson, F.R.G.S., London.

1871年的李鴻章：這是李鴻章留給後人最早的一張照片，原照刊登在美國佛吉尼亞州的雜誌《卡斯莫萊廷》1894年的文章裏。國內從沒刊登過，這是第一次，也算一絕。以前我們不知道它的拍攝時間，我們從《卡斯莫萊廷》1894年的文章中知道，這張照片就是英國著名攝影家約翰·湯姆森1871年在李鴻章天津府中拍攝的。這天約翰·湯姆森給李鴻章拍了很多照片，李鴻章為此還幾次換裝呢。是啊，照相畢竟是當時十分罕見的「高科技」。（這麼看，咱們的李老也喜歡玩新玩意。）從著裝看這天應該是冬天。都説李鴻章發了，瞧他府上的牆如同徽州老屋一般經久失修。裝窮？那會兒也沒什麼「反腐鬥爭」，沒這個必要。

1872年的李鴻章：這是在天津李鴻章府上拍攝的照片。照片原來沒有標明日期，為什麼確定為1872年？很明顯李鴻章著的不是冬裝。那時候，屋內沒有電，這是在院子裏拍的。李鴻章不可能為了拍照，忍受天津嚴寒天氣「輕裝上陣」。為什麼不是1871年春秋兩季？查湯姆森1871年春夏還在岷江、福州、臺灣和東京一帶旅遊。京津的照片大多標1871—1872年，故此推算出。為什麼放兩張同樣的照片？因為有人認為從李鴻章眼神和花格幕幔看這不是一張照片。但是我們的疑問是，湯姆森當時用的是「濕版法」拍攝。「膠棉濕版法」的最大缺點是，必須在玻璃基板沾滿溶液濕潤的情況下盡快完成攝影、顯影程序，否則感光溶液一經乾燥，感光度就會迅速下降。故此湯姆森最少要10分鐘左右才能「搞」出一張。李鴻章不是打定的和尚，他不可能在10分鐘內紋絲不動。至於幕幔，那可能是1894年重新刊登時，老美做上去的。當時沒有電腦，那要花多少時間啊！不管怎麼説，該照片有待專家的鑒定。

不是冤家不聚頭

歷史吊詭的地方出現了。李鴻章「暗戀桃花」地戀著日本的變法維新，卻戀來了一個李鴻章的「掘墓人」。更有甚者，當我們翻看李鴻章和日本維新的大事記表，卻發現兩個日後的死對頭幾乎在一個時期「崛起」。李鴻章以1862年帶淮軍進入上海為開端，此後進入了八年的上升期。最後於1870年從一個曾國藩帳前的「秉筆幕僚」（最多相當於一個部級領導的機要秘書，而且還不是正式公務員，最多只能算是曾國藩私人聘來的「合同工」，每月薪水才六兩銀子），「一路扶搖」到大清正一品的直隸總督兼北洋通商大臣。而恰恰這個時期，也是日本人赤腳奔跑，國力極速上升的八年。讓我們對比一下。

1862年

中：李鴻章率淮軍進入上海，獲得大量的軍餉來源。

日：同年的日本正處在山欲雨來風滿樓之中。由於「黑船事件」後和西方列強簽訂的一系列不平等條約，德川幕府成為日本社會討伐的目標，日本出現大分化。一大批革新勢力的人物如：吉田松陰、高杉晉作、大久保利通、木戶孝允、西鄉隆盛、橫井小楠、大村益次郎等紛紛集中於反幕府根據地長州藩（今山口縣）、薩摩藩（今鹿兒島縣）、土佐藩（今高知縣）和肥前藩（今佐賀縣和長崎縣）等西南強藩，和幕府做鬥爭。

1. 勝 海舟
2. 中野 健明
3. 中島 信行
4. 后藤象二郎
5. 江藤 新平
6. 大木 喬任
7. 井上 馨
8. 品川彌二郎
9. 伊藤 博文
10. 村田 新八
11. 小松 帶刀
12. 大久保利通
13. 西鄉 隆盛
14. 西鄉 從道
15. 別府 晉介
16. 中村 宗見
17. 川路 利良
18. 黑田 清隆
19. 蛟島 誠藏
20. 五代 友厚
21. 寺島 宗則
22. 吉井 友實
23. 森 有禮
24. 正岡 隼人
25. 陸奧 宗光
26. 中岡慎太郎
27. 大隈 重信
28. 岩倉 具網
29. ウイリアム
30. フルベッキ博士
31. 岩倉 具定
32. 高杉 晉作
33. 橫井 小楠
34. 大村益次郎
35. 桂 小五郎
36. 江副 廉藏
37. 岩倉 具經
38. 岩倉 具慶
39. 廣澤 真臣
40. 明治天皇
41. 岡本健三郎
42. 副島 種臣
43. 坂本 龍馬
44. 日下部太郎
45. 橫井左太平
46. 橫井 太平

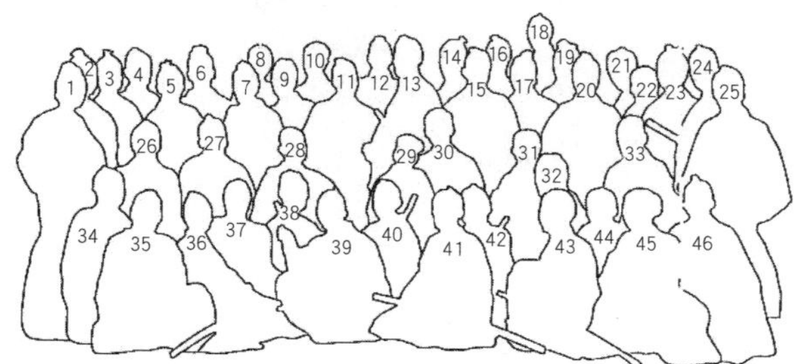

日本維新改革派「全家福」：亂世出英雄，這時候湧現出一大批影響近代日本歷史的改革維新人物。這其中有明治天皇（40），伊藤博文（9）、井上馨（7）、大久保利通（12）、木戶孝允（35，原名：桂小五郎）、西鄉隆盛（13）、陸奧宗光（25）等。

1856年的橫濱港

南京太平天國天王府天王寶座

1863年

中：李鴻章攻入蘇州後，設計殺掉太平軍八降王。後被賞太子少保，並賞穿黃馬褂。

日：這年6月，日本幕府被迫宣佈攘夷，隨之美、法軍艦進攻下關，英國艦隊進攻薩摩藩。這時的幕府裏外不是人。

1864年《倫敦新聞圖片報》插圖：1864年的南京太平天國宮殿。這年曾國藩弟弟曾國荃首先攻入南京，存在了14年的太平天國滅亡。

1864年

中：太平軍兵敗南京，清廷封李鴻章一等伯爵，賞戴雙眼花翎。

1865年

中：李鴻章出任兩江總督。奏請創辦江南製造局，標誌著洋務運動的開始。

日：同年長州藩和薩摩藩武裝倒幕，英國援助倒幕派。幕府投靠法國。

1866年的江戶：1866年的江戶（今東京）還是一個古樸的城市，它真正的繁榮還要等幾年後的明治維新的到來。

左圖 孝明天皇出行圖 右圖 明治天皇即位圖：孝明天皇（1831年—1867年）是日本第121代天皇。在位22年。他是個保守之人，想繼續鎖國，攘夷思想也相當激烈。1867年得天花而病逝。太子睦仁親王（即明治天皇）即位，倒幕勢力積極結盟舉兵。11月8日，天皇下達討幕密敕。9日幕府將軍德川慶喜奏請「奉還大政」。

1866年

中：李鴻章受命欽差大臣，專辦剿捻事宜。

日：同年9月幕府第二次反「倒幕軍」以撤軍告終。

1867年

中：清廷任命李鴻章為湖廣總督，仍在軍中辦理剿捻。

日：同年孝明天皇死，太子睦仁親王（即明治天皇）即位，倒幕勢力積極結盟舉兵。11月8日，天皇下達討幕密敕。9日幕府將軍德川慶喜奏請「奉還大政」。

1868年

中：捻平，李鴻章被賞加太子太保，並以湖廣總督協辦大學士。

日：這年是日本近代史上最重要的一年。1月3日，天皇發佈《王政復古大號令》，廢除幕府，令德川慶喜「辭官納地」。8日及10日，德川慶喜在大阪宣佈「王政復古大號令」為非法。1月27日，以薩、長兩藩為主力的天皇軍5千人，在京都附近與幕府軍1萬5千人激戰，即鳥羽、伏見之戰。德川慶喜敗走江戶，天皇軍大舉東征，迫使德川慶喜於1868年5月3日交出江戶城，6月11日公佈《政體書》，9月3日天皇下詔將江戶改稱東京。10月23日改年號為明治。11月初平定東北地區叛亂諸藩。

1869年春

日：天皇軍出征北海道，於6月27日攻下幕府殘餘勢力盤踞的最後據點五畯廓（在函館），戊辰戰爭結束。5月9日遷都東京，並頒佈一系列改革措施。6月，強制實行「版籍奉還」、「廢藩置縣」，將日本劃分為3府72縣，建立中央集權式的政治體制。改革身分制度，廢除傳統時代的「士、農、工、商」身分制度，將過去的公卿諸侯等貴族改稱為「華族」，大名以下的武士改為「士族」，統一貨幣。

日本「王政復古」：「王政復古」是日本江戶時代後期，廢除江戶幕府、政權移交朝廷的一次政變，是明治維新的一個高潮。1868年1月15日，新政權向外國宣佈「王政復古」。

明治天皇騎馬圖：明治天皇（1852—1912），日本天皇（1867—1912）。名睦仁，是孝明天皇的第二皇子。1868年1月9日，舉行踐祚典禮，9月改元明治，1869年定東京為首都。對外，明治天皇發動了甲午戰爭，進行了日俄戰爭。1912由於尿毒症去世，享年61歲。

下圖 戊辰戰爭中薩摩藩之藩士：1868年（農曆戊辰年）1月1日，德川幕府發出《討薩表》，以清君側為名向倒幕派宣戰，戊辰戰爭爆發！倒幕派軍隊的主力是日本西南部的薩摩藩和長州藩部隊，倒幕軍最後取得勝利。這是戊辰戰爭中薩摩藩之藩士。

1871年剛調任直隸總督時的李鴻章：李鴻章僅僅用了八年時間就做到了總督之首的直隸總督和北洋通商大臣，可謂一帆風順。以前經歷如下：1862年李鴻章率淮軍赴滬作戰。12月實授江蘇巡撫。1863年李鴻章克蘇州賞太子少保穿黃馬褂。1864年太平軍兵敗南京，李鴻章被封一等伯爵，賞戴雙眼花翎。1865年任兩江總督。1866年受命欽差大臣，專辦剿捻事宜。1867年任湖廣總督。1868年捻平，被賞加太子太保，湖廣總督協辦大學士。8年從一個外官的沒沒無聞幕僚以軍功成為封疆大吏第一人，可謂春風得意。直隸總督的第二年，湯姆森找上門來專門為中國的「總理」李鴻章拍了很多照片。這張和上一張是同一天拍攝的，但是角度不同。美國報紙乾脆將之製成銅版畫，寫上中國「總理」李鴻章。

1870年

中：是李鴻章的大年，這一年李鴻章調任直隸總督兼北洋通商事務大臣，成為洋務派首領。

日：同年日本建立兵部省。改革軍隊編制，陸軍參考德國訓練，海軍參考英國海軍編制。改革土地制度，土地許可買賣，實施新地稅，日本老百姓可以有姓。「日之丸」定為日本國旗。

日本是個小事精明的海洋民族，當其基本「脫貧致富」，而且是「小富」的時候就在「周邊有事」上下功夫了。他攛持著新交的「男朋友」——美國來現炒現賣那些「文明國外交」的貨色。至此大清國遇上了一個「難纏」的傢伙。這個東瀛的「程咬金」三斧頭殺向大清國。

第一斧：中日建交的彎纏

1870年10月，日本派明治天皇的小舅子柳原前光前來商談中日通商立約之事。在京的滿清王公大臣沒幾個拿正眼瞧一下這個昔日的「蕞爾小國」，恭親王和文祥自然將這事兒交給在天津的李鴻章辦。

李鴻章的外交就是一句話，「以夷制夷」。柳原前光恭恭敬敬地在李大架子面前著實地將中日友誼發揮了一番，他說：「目下我國文化大開，交際日益廣泛，近年來與西方各國訂約，通商往來頻繁，但與鄰邦貴國，尚未通情好，結和親。兩國雖有商舶往來，但未修鄰交之禮，這豈不是一大缺陷？願中堂大人盡鄰邦之友誼，為共同之利益修盟訂約，以敦千秋睦鄰友好。」

李鴻章看著這位老弟，做起了聯合東方，共同反對西方的美夢。他在給恭親王的摺子裏這樣寫道：「日本距蘇浙僅三日程，精通中華文字，其兵甲較東島各國差強，正可聯為外援，勿使西人倚為外府。」恭親王雖然官比李鴻章大，但是去年的「天津教案」，李鴻章辦得四面討巧，八面玲瓏，著實讓成立了9年的各國總理衙門長了臉，開了大清國外交的新局面。所以受李鴻章的影響，他修改了前些日子定的政策底線：「允許通商，但不訂條約」改為「日本於明年特派使臣來華」，「會議章程，明定條約」。柳原高高興興地經由上海歸國。

他高興，我們也高興。可是高興得太早了。第二年，1871年6月，日本派遣大藏卿伊達宗城為正使，柳原前光為副使來天津商議條約時，李鴻章作為全權大臣仔細看了日本帶來的草案後大吃一驚。他拉下臉來說：「去年送來的約章，均以兩國立論。此次章約，全改為一面之辭，而且綜合西方各個條約擇優採用。這豈非自相矛盾，將前稿作為廢紙不成？未訂交先失信，以後的事怎麼辦呢？」伊達宗城和柳原前光馬上解釋一番。最後，李鴻章提出了中國自己的草案，對伊達宗城說：「自主之國，應有自主之權，何必遵循他人呢？何況條約中無可使西人生疑之處。兩國有來有往，與有來無往的西方不同，故立約絕不可與西方完全相同。」伊達宗城要求日商和日貨均入內地。李鴻章說：「華人前往西國，隨處通行，並無限制。今日本係以八個口岸與中國通商，華人既不能到日本內地貿易，日本豈應入中國內地貿易？此

係兩國一致，確乎公允，何得引西約為例？」

李鴻章在談判桌上慷慨激昂，其實這時的他還是採「聯日」政策的。朝廷面前他視日本為「安心向化」，以敬佩的眼光看日本的維新變法。他認為日本自從與西方列強定約通商以後，大量購買機器、軍艦，仿造槍炮、鐵路，派人出國學習科學技術，「其志固欲自強以禦侮，究之距中國近而西國遠，籠絡之或為我用，拒絕之則必為我仇」。1871年7月29日，日本大體上按李鴻章的方案簽訂了《中日修好條規》18條和《通商章程》33條。其主要內容是：兩國互不侵犯領土，互不干涉內政；一國受他國侵略時須互相支援；互派駐外使節；各通商口岸派駐領事，等等。

伊達宗城（1818—1892）：伊達宗城幕府後期的大名，宇和島藩第8代藩主，明治維新時期的政治家。明治維新後被授予侯爵爵位。1871年6月，日本派遣大藏卿伊達宗城為正使，柳原前光為副使，來天津商議條約。《中日修好條規》條約訂畢後，日本朝野都不滿，伊達宗城被迫辭職。

據說，中日兩國談判《中日修好條規》時，日本人不同意清廷在條約中自稱「中國」。日本方面認為：「中國係對己邦邊疆荒服而言」，要求只寫「大清國」。中國代表則力爭：「我中華之稱中國，自上古迄今，由來已久，即與各國立約，亦僅只約首，書寫大清國字樣，其條款內容皆稱中國，從無寫改國號之例」，雙方陷入僵局。後經李鴻章親自出面約定：「漢文約內則書中國日本，和文約內則書大日本、大清。」但日本代表團在謄正時，在其所持漢文本內，依舊用「大清」而非「中國」，導致李鴻章提出嚴正抗議，日本辯解。李鴻章息事寧人，未再堅持。從中可以看出，當時的日本對「中華文化」還是很在乎的。甲午戰爭後，就權當別論了。

這是自鴉片戰爭後，中國與一個主要的外國簽訂的第一個「公平合理」條約。

說到底，外交還是硬實力的外延。這時候的中華帝國，剛經過一場內

沈桂芬：江蘇同里鎮人，清道光二十七年進士。曾任軍機大臣兼總理各國事務衙門大臣，後遷兵部尚書。病逝任上。沈桂芬遇事持重，自文祥逝後，以熟悉對外事務著稱。享年64歲，贈太子太傅，諡文定。

亂，亂世中湧現出一大批有為官員。中央有恭親王、文祥，甚至年輕求才心切的慈禧太后。省一級的有曾國藩、左宗棠、李鴻章等。耶魯大學的芮瑪麗教授在她的著作《同治中興》中說：「在恭親王與文祥的保護下，有才能的漢族官員不僅在地方統治集團，而且在中央統治集團裏也得以佔據高位。人們認為：像曾國藩、李鴻章、左宗棠是地方行政權力的復興者一樣，恭親王、文祥、沈桂芬、李棠階是中央權力的復興者。在梁啟超看來19世紀60年代是『文祥和沈桂芬的時代』。」

弱國無外交，這個階段的中華帝國不是弱國。證據之一就是《中日修好條規》簽訂後應對日本出爾反爾的能力。條約訂畢，伊達宗城回國受到譴責，被迫辭職。1872年4月9日，柳原前光攜帶外務卿副島種臣、外務大輔寺島宗則的書信來到天津，要求改訂前約，被李鴻章斷然拒絕。4月30日，中日交換《中日修好條規》和《通商章程》批准書。李鴻章和日本特使副島「暢談半晌」。這時候的日本滿懷著牢騷和希望。副島大罵西方列強領事裁判權有害於國家主權，宣稱已派人去西洋談判，談得成談不成還是一個問號。這些話引起了同病相憐的李鴻章「極力慫慂」，他高興地說：好，希望日本成功，如果成功，請抄寫一份給我，我大清也要效法日本修改中國的不平等條約。日本人果然在1910年廢除了所有對其不平等條約。這時李鴻章受盡日本人的氣，已經作古9年了。

第一次交手：日本難纏，但是中日打個平手。

第二節：臺灣、琉球事件

隨著明治維新的順利進行，日本的「周邊有事」就開始多了。幾個月以後，1871年底發生了「琉球事件」，66名到中國朝貢和貿易的琉球人，在回國途中遇上風浪，飄流到臺灣島，臺灣島上的原住民殺了其中的54名琉球人。

琉球群島的得名，據該國1650年用漢語撰寫的第一部國史《中山世鑒》稱是來自於：「萬濤間遠而望之，蟠旋蜿蜒，若虯浮水中，故因以名琉虯也。」虯是一種龍。琉虯形象地道出了琉球群島像一條在海上游動的龍灑落在臺灣之北、日本之南的海面上。

1853年6月6日佩里艦隊曾經到琉球訪問。畫家威廉·海涅在島上畫了很多寫實風格的畫，正好用於我們圖說「琉球王國」。

自洪武十六年（1383）起，歷代琉球王都向中國皇帝請求冊封，正式確定君臣關係。這種關係延續了整整五個世紀。琉球王國的官文、外交條約、正史等，都是用漢文寫的。

佩里訪問「首里城」：1853年6月6日佩里艦隊曾經到琉球訪問。佩里看到的是琉球王國首都「首里城」的第二道門——「守禮門」。西元1429年，中山王尚巴志統一琉球，定都首里城，是為「琉球王國」的開始。

琉球群島：威廉·海涅畫。當時的琉球已經發展成鎖國後的中國海上對外貿易的「總代理」。琉球的船隻不僅往來那霸與福州之間，還北上日本、朝鮮，又南下安南（越南）、呂宋（菲律賓）、暹羅（泰國）、亞齊、爪哇（印尼）、麻六甲等，遍佈整個南洋。

《中等收入的琉球人著裝》：威廉·海涅1853年畫。走在琉球街上，到處可見琉球的中國文化痕跡，包括衣食住行。

琉球人：據1650年成書的琉球人漢語國史《中山世鑒》稱：「蓋我朝開闢，天神阿摩美久築之。」琉球深受中國文化影響，特別是受到福州人的風俗習慣的影響。看威廉．海涅筆下的琉球人，很像中國大陸人和臺灣原住民。左圖是那霸地方首席行政官。右圖是琉球的攝政王，一個「可尊敬的老人」。1853年，琉球王只有12歲。老攝政王出面招待了佩里一行。

《美國探險隊紮營在琉球》：威廉．海涅畫。可以看到1853年琉球尚未被日本強行併入時社會的安定、祥和景象。

《午後琉球人在閒聊》：威廉．海涅早就聽說琉球男人悠閒得很。根據原注我們知道：「一次，他們看到這三個『悠閒者』坐在樹蔭下抽著旱煙喝著茶，正在神聊……他們喝夠了茶和抽足了煙，便拿出米酒輪番狂飲。而這個時候，婦女們卻半赤著身子在毗鄰花園的烈日下鋤地耕作。」

連它的國都首里城的宮殿，都不是坐北朝南，而是面向西方，充分表示其歸慕中國之意。

日本明治維新後，日本中央政府迅速接過薩摩藩當年三千人掠奪琉球的行為。但是，由於當時力量還不夠強大，日本還不得不顧及琉球的宗主國——中國。

日本這時打的主意是攻台奪地，如果拿不下來，至少讓國際社會認可琉球是日本的藩屬。

在進攻臺灣前，日本策劃了一系列外交陰謀。首先，暗中將琉球國改為日本的藩屬，切斷與中國的關係；其次承認「琉美條約」，爭取美國承認琉球是日本領土。最後為了探實中國對琉球和臺灣的底線，柳原前光以琉球事件為由，拜會總理衙門的大臣，得到毛昶熙殺人者為「外化之民」一說。日本人如獲至寶，認為「外化之民」就是不歸中國管轄的外民。日本可以代琉球向臺灣討回公道。

李鴻章看出了日本人的險惡用心，知道日本人這是在為攻打臺灣尋找理

由。但是，他認為，日本目前的實力還不夠，不會立即採取行動。

李鴻章哪裏知道，日本早就做好邊談邊打的準備，暗中興「不義之師」想奪取臺灣。

李鴻章的外交還有一個特點，強調一個「理」字。「理在我，我不怕。」李鴻章認為臺灣人殺琉球人是「其曲在我」，雖然他已經做好了兵力部署，但是他希望列強出來調停。但是，在這個問題上列強因為「同病相憐」，開始是同情日本人的。加上一般西人還糊塗地認為琉球歸日人管轄。這在當時上海英文報紙《北華信使報》1872年10月24日上轉載《日本文摘》的文章中可以體會到：「最近從薩摩縣（今鹿兒島縣）送來了臺灣食人事件的報告，令日本的政府高官感到非常戰慄。被認為是隸屬於薩摩藩主所管的琉球群島，有數艘戎克船漂流至臺灣的海岸邊。根據送到日本的消息是，戎克船上的乘員被島人所吞食……此外，日本方面則有所苦情，即日本對琉球的領有權等相關疑問。然而，在我們的印象中則以為，日本對琉球的領有權應該是被國際所承認的。」正因為這樣，開始的調停並不順利。另外，以前一直避談的一個原因是琉球王急來亂投藥，他竟然去找了日本人。《紐約時報》1872年10月24日有篇來自於三藩市的消息說「琉球王派遣使者前

毛昶熙：道光二十五年進士，工部尚書，1869年在總理各國事務衙門上行走。後又歷任翰林院學士、兵部尚書等職。這是1872年左右攝於總理各國事務衙門花園。攝影師：約翰·湯姆森。

沈葆楨（1820—1879）：兩江總督兼南洋大臣。他的舅舅和丈人是林則徐，他也是李鴻章的同年進士。1867年任船政大臣。後受命組建南洋和福建船政兩支水師。1874年任欽差大臣，督辦臺灣軍務，並兼理各國通商事務。沈葆楨到了臺灣，積極加強戰備，堅守城池，不久就迫使日軍知難而退，「遵約撤兵」。沈葆楨守住臺灣後，立即著手進一步的開發，實施了開禁、開府、開路、開礦四大措施。1879年病逝在赴兩江總督的路上。

1874年李鴻章的淮軍炮隊。

往江戶，試圖在報復措施上求取援助」。

日本等了多時的機會到了。1874年5月7日，日本乃在「清國無法處理此等情事」的幌子下，派三千六百人在陸軍中將西鄉從道指揮下在臺灣琅喬登陸，殺臺灣三十多人。這才震醒了李鴻章。朝廷於1874年5月14日派沈葆楨前去臺灣，後又命沈葆楨為欽差大臣。李鴻章在臺灣佈置了一萬兵力，甚至將淮系提督唐定奎部銘軍槍隊6500人由輪船分批航海赴台，「稍壯聲援」。清兵奉李鴻章的命令按兵不動，給日本以威懾。

日本人登陸臺灣後，不熟悉地形，又水土不服，還經常受到高山族人的襲擊，傷亡病死者三分之一。這樣，日本重新回到談判桌上了，7月中旬派柳原前光與李鴻章會談。李鴻章指斥日本「大丈夫做事，總應光明正大。雖兵行詭道，而兩國用兵，題目總要先說明白，所謂師直為壯也」，「中國十八省人多，拼命打起來，你日本地小人寡，吃得住否」。他還擔心日語翻譯鄭永寧「傳話不清」，特地取案上紙筆大書曰：「此事如春秋所謂侵之襲之者是也，非和好換約之國所應為，及早挽回，尚可全交。」

出乎意料的是，日本的出兵卻引起英、美為首的列強干涉，因為他們擔心中日之戰將影響他們的資本輸出和經濟活動。他們指責這是違反國際公法的行為，並說這次出兵將不會被國際社會承認。這時美國駐日公使一職已改由約翰·賓翰擔任，他對日本的行為改採強硬姿態，並追隨英國的做法，禁止任何美國人和美籍船參與此項出兵計畫。

威妥瑪（Thomas Francis Wade，1818—1895）：英國人，從事英國對華外交，中文及漢學研究工作。自1842年跟隨英軍到中國後，曾在中國長達43年之久。1871年任英國駐華公使。1871年斡旋中日雙方簽訂《北京條約》。

大久保利通（1830—1878）：明治三元勳之一，自稱「東洋俾斯麥」。明治維新以後，大久保利通躋身於政權中樞。他為了鞏固新政府，實行了版籍奉還和廢藩置縣兩大政策。1874年8月擔任全權辯理大臣，到中國和清廷談判臺灣問題，逼迫清政府交付50萬兩賠款。1878年遭襲身亡，時年49歲。大久保死後，日本政府追贈為右大臣、正二位，並且為他舉行維新以來第一場國葬。

在英、美等國壓力下，在中國萬人大軍的嚴陣以待下，日本沒敢輕舉妄動。中日之間也沒有直接發生衝突。最後在英國駐華公使威妥瑪的斡旋下，1874年10月31日中日雙方簽訂《北京條約》，內容如下：一、日本國此舉為保民之義舉，中國不得認為有錯；二、所有遇害難民的家屬，中國必須給予撫恤銀兩，日本在台建築及所修道路，中國願留自用；三、兩國永為罷論此事，中國當設法管束臺灣生番，以保難民安全。

對於這樣的結果，英國駐日公使巴夏禮評論說：「被侵略者卻必須交付償金的道理，令人感到費解。日本實無收受償金的資格。」李鴻章對於賠付日本雖然不滿意，但是他又認為，避免了一場戰爭的龐大耗費，把戰爭的費用節省下來，可以用於籌備海防。大清國眼下還需要忍氣吞聲，以待振興。清廷也做了總結：「日本為此也花費了三四百萬兩，今後勢必會堅戒類此之愚行。」實際上日本此次出兵共花費了近約七百七十萬兩銀子，對當時已瀕臨破產邊緣的日本新政府財政而言，打擊很大。整個事件幕後的黑手岩倉具視和大久保利通等被要求處分。同時日本藉由這次事件，加緊了「琉球併合」的行動。1879年3月，日本向琉球秘密派出軍警人員，採取突然行動，在首里城命令琉球王代理今歸仁王子交出政權。4月4日，日本悍然宣佈「廢琉置縣」，即將琉球國改為

沖繩縣。

日本人為什麼敢冒天下之大不韙？原來日本「乘俄事未定，圖佔便宜」。中俄自1871來，俄國乘亂出兵佔領了新疆伊犁。1878年左宗棠肅清阿古柏勢力，收回伊犁，解除了西北邊疆危機。但是清廷特使崇厚對伊犁和俄國情況均茫然無知，與俄國簽訂了《交收伊犁條約》和《陸路通商章程》。崇厚訂約消息傳來，大臣們要求誅崇厚，毀新約。

就是看準了中國不能東西同時用兵，日本吞併了琉球。清廷內部對「聯日抗俄」和「聯俄拒日」出現了爭論。朝廷想對日妥協，「聯日拒俄」，令曾紀澤對俄採強硬姿態，爭取收回伊犁全境。李鴻章通過臺灣之事對日態度開始了180度改變。他主張「遠交近攻」，「聯俄拒日」。他認為當時日本弱小，俄國強大，中日兩國比較，「強弱之勢，曲直之理，貧富眾寡之形，皆在我而下在彼」。他分析日本對俄是「畏俄如虎，詭譎嗜利」，而中俄接壤約萬餘里，「彼有鐵路以調兵，則旬月可以雲集，中國行師絕塞，非經歲不能到防，彼有電報以通信，則瞬息可以傳命，中國遞文邊界，非三數月不能往還」。因此，抗禦俄國就要在邊防、海防上「加募數百營勁旅」，並「訓練水師，增購船炮」，每年至少花費「巨餉數千萬金」，經濟上合不來。他建議「勿為浮言所搖惑」，寬免崇厚，暫依崇約，和平了結中俄爭端，騰出手來對付日本。

但是這一次，總理衙門受「聯日拒俄」的影響，竟和日本達成初步協定，「僅割琉球南島，而更改舊約，許以利益均沾及內地送貨各事」。李鴻章反對這樣做，主張等俄約定後，「決計翻改前約」。

1872年日本設琉球藩，中國不承認。1879年日方在熊本鎮台二個中隊援護下，接收首里城，強行廢藩置縣。

保定府唇槍舌劍

在這些頻繁的私下政策辯論前臺，李鴻章於1875年12月28日在保定的總督府接待了日本使臣森有禮的拜訪。收錄在李文忠公全書中的這段對話是這樣開始的：

開始：論中西文化

問（問和答均為李鴻章，下同），森大人在京總理衙門見過各位中堂大人？

森使云，見過。

問，見過王爺？

森使云，見過。

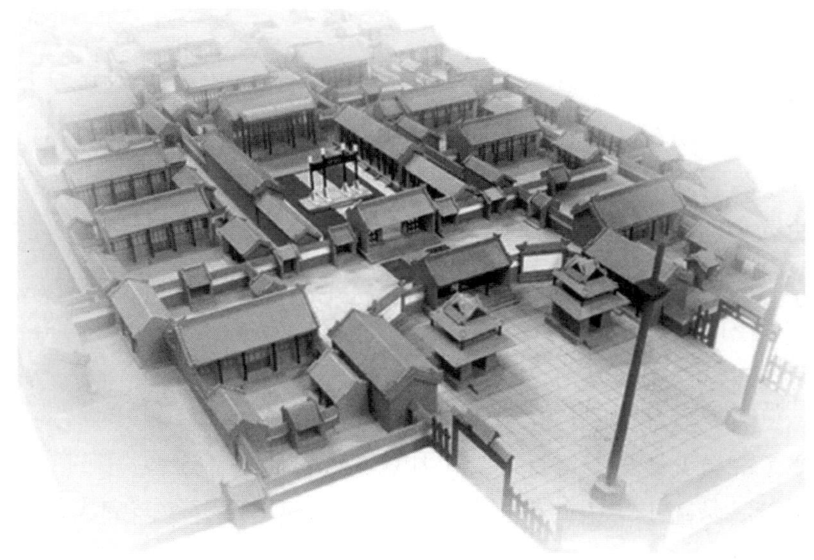

直隸總督府全景圖：雍正二年（西元1724年）將直隸巡撫改為直隸總督。總督府東西廣約130米，南北深約220餘米，總占地面積約3萬平方米。主體建築在中路，主要有大門、儀門、大堂、二堂、三堂、上房，並配以左右耳房、廂房等。

直隸總督府：直隸總督府位於保定。自清代先後有74人99任次就任直隸總督，唐執玉、李衛、方觀承、琦善、曾國藩、李鴻章、榮祿、袁世凱等都曾坐鎮於此。影響清政局的很多重大事件，都與這座省府衙門有直接的聯繫，可謂「一座總督衙署，半部清史寫照」。

問，森大人多少年紀？

森使云，整三十歲。

問，森大人到過西洋？

森使云，自幼出外國周流，在美國學堂三年，地球走過兩周，又在華盛頓當欽差三年。現在外務省官大輔。

問，中西學問何如？

森使云，西國所學，十分有用，中國學問，祗有三分可取，其餘七分仍係舊樣，已無用了。

問，日本西學有七分否？

森使云，五分尚沒有。

問，日王衣冠都變了，怎說沒有五分？

鄭署（譯員）使云，這是外貌，其實在本領尚未盡學會。

森使云，敝國上下俱好學，祗學得現成器藝，沒有像西國從自已心中想出法兒的一個人。

答云，久久自有。

……

森使云，當初遊歷各國，看地球並不大；未在局中，看各國事極清楚。如貴國與日本國在亞細亞洲，可惜被西國壓住了。

答云，我們東方諸國中國最大，日本次之，其餘各小國，均須同心和氣，挽回局面，方敵得歐羅巴住。

森使云，據我看來，和約沒什用處。

答云，兩國和好，全憑條約，如何說沒用。

森使云，和約不過為通商事，可以照辦，至國家舉事，祇看誰強，不必盡依著條約。

答云，此是謬論，持強違約，萬國公法所不許。

森使云，萬國公法亦可不用。

答云，叛約背公法，將為萬國所不容。因指桌上酒杯告鄭署使云，和是和氣，約是約束，人的心如這酒杯，圍住了這酒不教泛溢。

森使云，這個和氣，無孔不入，有縫即去，杯子如何攔得住。

答云，森大人年少氣盛，發此謬論。鄭署使是我們立約時的人，須要詳細告他。……

接著：端出高麗事

森使云，高麗與印度同在亞細亞，不算中國屬國。

答云，高麗奉正朔，如何不是屬國？

森使云，各國都說高麗不過朝貢受冊封，中國不收其錢糧，不管他政事，所以不算屬國。

答云，高麗屬中國幾千年，何人不知。和約上所說所屬邦土，土字指中國各直省，此是內地，為內屬，徵錢糧，管政事。邦指高麗諸國，此是外藩，為外屬，錢糧、政事向歸本國經理。歷來如此，不始自本朝，如何說不算屬國？

森使云，日本極要與高麗和好，高麗不肯與日本和好。

答云，不是不肯與貴國和好，是他自知國小，所以謹守不敢應酬。其於各國皆然，不獨日本。

森使云，日本與高麗是鄰國，所以必要通好。高麗如何不肯？

李鴻章會見森有禮的蠟像：在保定總督府裏的二堂東側議事廳塑有李鴻章會見日本使臣森有禮和日本翻譯鄭永寧的蠟像。中間者為森有禮。

答云，平秀吉擾高麗之後，恐不能無疑慮。

鄭署使云，平秀吉之後，日本與高麗也曾往來，中間忽然斷了，前數年與高麗約定接待使臣後，因日本改變衣冠，國書字體也變了，他就不受。

答云，這個自然高麗不敢與西國相通。日本既改西制，他自應生疑，恐與日本往來，他國即隨進來了。

鄭署使云，從前不過拒使，近來日本兵船至高麗海邊取淡水，他便開炮傷壞我船隻。

答云，你兵固是去高麗海口量水。查萬國公法近岸十里之地，即屬本國境地。日本既未與通商，本不應前往測量。高麗開炮有因。

森使云，中國、日本與西國，可引用萬國公法，高麗未立約，不能引用公法。

答云，雖是如此，但日本總不應前往測量，是日本錯在先，高麗遽然開炮，也不能無小錯。日本又上岸毀他的炮臺，殺傷他的人，又是日本的錯。高麗不出來滋擾，日本祗管去擾他做什麼？

鄭署使云，日本臣民俱懷憤恨，要與高麗打仗。森大人說從前看高麗能謹守不與外國相通，尚是可愛之國，今可恨了。

答云，既知是可愛，故不要去擾他。日本是大國，要包容他小國。

鄭署使云，森大人也是此意，所以壓住本國不要用兵。自請到中國，以為高麗是中國屬國，必有上策令高麗與日本和好。

答云，高麗非不欲與日本和好，但恐各國相因而至。中國若代日本說項，將來各國都要中國去說，所以料得高麗未必答應。

森使云，西洋各國均無必通高麗之意。

答云，這誰保得？

森使云，我可保。

答云，須日本國家保得。

森使云，日本國家亦可保。

鄭署使云，森大人來到中國，有三宗失望的事。一是不能保全要與高麗和好的意思。二是總理衙門不明白他要和好的心思。三是恐本國臣民知道中國不管，定要與高麗打仗。

答云，總署不是不明白實是要和好的意思，凡事不可一味逞強，若要逞強，人能讓過，天不讓過，若天不怕、地不怕，終不有天地所容。從前我兩國甫經換約，未及半年，日本即用兵臺灣。我曾責備柳原，他亦無解。如今不可又錯了。

森使云，臺灣之事，日本原不能無錯，但因誤聽人言，生番係中國化外之地，尚屬有因。後來接著總理衙門的信，國家即派大久保前來說明。

鄭署使云，森大人來京本望中國設法，俾日本與高麗無事。

答云，高麗斷不出來尋事。日本不可多事。

鄭署使云，日本現又遣使往高麗，僅使臣一人前去與之商量，看他如何？如果可商，並不要與他通商，不為多事，祇要議定三件。一、高麗以後接待我使臣。二、日本或有被風船隻，代為照料。三、商船測量海礁，不要計較。如果使臣到彼，再不接納，該使回到本國，必不能無事，一定要動兵了。

答云，遣使不納，古亦有之，元時兩次遣使至日本，日本不納。北條時宗並將元使殺了。

森使不答。但云以後恐不免要打仗。

答云，高麗與日本同在亞細亞洲，若開起仗來，高麗係中國屬國，你既

顯違條約，中國怎樣處置？我們一洲自生疑釁，豈不被歐羅巴笑話？森使云，歐羅巴正要看我們的笑話。

答云，為什麼要給他笑？

森使云，這也沒法。日本百姓要去打仗，恐國家止不住。

答云，日本是民政之國抑君主之國？

鄭署使云，是君主之國。

答云，既係君主之國，則君與大臣為政，如何任聽百姓違了條約行事，尚得為君主之國乎？

鄭署使云，森大人因總署說中國不管高麗內政，所以疑不是屬國。

答云，條約明言所屬邦土，若不指高麗，尚指那國？總署說的不錯。

森使云，條約雖有所屬邦土字樣，但語涉含混，未曾載明高麗是屬邦，日本臣民皆謂指中國十八省而言，不謂高麗亦在所屬之內。

答云，將來修約時，所屬邦土句下可添寫十八省及高麗、琉球字樣。

鄭署使云，總要求總理衙門與李中堂設法，令高麗接待日本使臣。

答云，日本炮船被擊固有不平之氣，高麗炮臺破毀、兵士被殺，諒亦有不平之氣。高麗國雖小，其臣民之氣一也。正在氣頭上，即當人解說亦無益。我勸日本，此事且可緩議。俟一、二年，彼此氣平後，再通好也不遲。

森使云，西國人言，日本辦事性過急，中國辦事性過緩，急性遇著緩性，難以商量。

答云，事有宜急、宜緩，如學機器技藝等事，此宜急者也。如兩國相爭，急則不相下，緩則氣自平。所全者大。

森使云，承教！承教！試思日本就得了高麗，有何益處？原是慪氣不過。

答云，高麗地瘠，取之誠無益。且聞俄羅斯聽見日本要打高麗，即擬派兵進紮黑龍江口，不但俄國要進兵，中國也難保不進兵，那是亂鬧起來，真無益處。因書「徒傷和氣、毫無利益」八字授鄭署使。鄭署使與森使閱畢，即將原紙攜去。

森使云，此指與高麗傷和氣而言。

答云，若真要打仗，非但傷高麗和氣，連中國也怕要傷和氣。因於紙尾加書「忠告」二字授之曰：我為兩國相好開心見誠奉勸，非有別意。

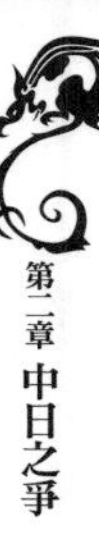

森使、鄭署使首肯云，日本打仗亦可暫時壓住，務求中堂轉商總署，設一妥法，勸說高麗。

答云，總署回覆你的節略，明是無可設法，但你既托我轉說，我必將這話達到，看從緩商量，可有法否？

遂辭去。

這段看似漫談式的對話，其實來者是有備的，為朝鮮而來。甲午年的事情，這時候已經看出日本的猴急。答者也是綿裏藏針，針鋒相對。最後，李鴻章將該警告的話都明說了。「森有理」什麼也沒得到，除了一張「忠告」的題字和一句傳話總理衙門的承諾外。那會兒李鴻章說話的底氣要比馬關春帆樓足多了。

以往選錄這段對話，往往只錄前面中華和西洋對比的那段。恰恰是漏掉的這後面一段，才看出李鴻章穩健持重的外交風格。

李鴻章的底氣

時間很快就到了80年代。這時中俄談判在曾紀澤的努力下逐漸露出了轉機，清廷騰出手來，決定廢除中日間曾經訂的那個關於琉球的初步協議。1881年初，日使宍戶璣憤而回國。李鴻章認為「初意本在要脅，旋聞中俄修好，即已奪氣，未敢顯啟釁端」。他表示倘若日本膽敢「藐視中國」，中國就不妨「撤防俄之勁旅，分軍三道，載以輪舶，直趨長崎、橫濱、神戶三口」，「制其死命，或封琉球，或重議約章，皆惟我所欲為矣」，同時中國要「蓄銳揚威，待時而動，一面整理水師，購辦船械，聲威既壯，敵膽自寒」。

李鴻章說這話是有底氣的。光是北洋水師一家，從1861年籌建到1888年成軍27年間，朝廷在海軍建設一項上就花了一億兩白銀，每年合計300萬兩，佔當時年度財政的4%～10%。而日本政府從1868年到1894年，26年間共向海軍撥款9億日元，折合成白銀才6000萬兩，每年合計白銀230萬兩，只有中國的60%投入！

大家一說到晚清，總認為昏天黑地。其實，1864年後的十多年裏，清廷上下也有一段好時光。哥倫比亞大學的歷史學家唐德剛對此有段論述：這時「所幸國內的內戰已暫告結束，外戰減緩。朝政，尤其是省級政權，由開明派掌握，國力迅速恢復。朝中兩位年輕寡婦垂簾，也頗能招賢納諫。總理衙門由恭親王和大學士文祥主持，久歷坫壇，亦熟諳外情。而外國公使長駐北京，酬酢頻繁。中外相處，也頗能互信互諒。尤其是美國由慘烈內戰，轉為國內建設，對華無領土經濟野心，遇事且可開誠相助。同治七年（1868）美國駐華公使蒲安臣（Anson Burlingame），竟被文祥說動，向華盛頓辭去本職，接受清廷委派，為中國出使歐美欽差大臣，頗多建樹……總之，在此所謂『同治中興』的顛峰，衰老的大清王朝，一時頗有復振氣象。此時中國海關在赫德的科學管理下，貪污斂跡，收入甚豐。總理衙門因策動廷議，以海關收入的百分之四十，約四百萬兩，作為建設新式海軍之用。斯為中國近代史上第一個新型的『國防預算』。」

1871年李鴻章提出，剛剛經過明治維新的日本「日後必為中國肘腋之患」，加上英法聯軍攻陷大沽炮臺犯京。所以在籌建水師時，恭親王和李鴻章就將北洋水師作為重點，一來防護京畿，二來防禦日本。

唐德剛說：「此後李鴻章及總理衙門復參照洋員建議，將新建海軍按英制訓練，德制統率。英國海軍制度系由海軍上將三人，分工合作聯合指揮。德制則聽命於海軍總司令一人也。」

臺灣和琉球事件後，李鴻章在1880年7月間的奏摺中向清廷申述：「近來日本有鐵甲三艘，遽敢藐視中土，至有臺灣之役，琉球之廢……今欲整備

美國《哈撥》雜誌1868年7月18日的漫畫：《最年輕國的人將最古老國的人介紹給世界》圖中將蒲安臣一行所見各國政要帝王一一入畫。從左到右為土耳其、英國、俄國、普魯士、法國、西班牙、義大利、教皇、美國，右邊為中國官員以及坐者蒲安臣。

蒲安臣：1861年林肯總統任命蒲安臣為美國第十三任駐華公使。蒲積極執行對華「合作政策」，開展「公正的」外交活動以取代「武力外交」。1867年清廷委任他任全權使節（辦理中外交涉事務大臣），代表清廷出使美、英、法、德、俄等國，進行中國首次近代外交活動。

1868年6月6日，美國總統詹森在華盛頓接受了中國的首封國書。中美簽訂了中國近代史上首個對等條約《中美續增條約》。然後蒲安臣一行去英國、法國和俄國訪問。在俄國突然因肺炎病逝，終年50歲。清廷授與一品官銜，以及撫卹金一萬兩銀子。

海防，力圖自強，非有鐵甲數隻，認真練習，不足以控制重洋，建威銷萌，斷無惜費中止之理。」由於有了明確的防範目標，中國的海防建設從此進入一個新的階段。

甲午失敗為哪樁

但是中國準備了二十多年，李鴻章花了半輩子的心血卻飲恨在甲午，卻輸給了一個人口少我十倍，剛剛擺脫困頓愚昧的日本手裏。按當時西人的論點：清國可能會輸，但是沒想到是一觸即潰的輸。當時那些擔心自己利益受到損害的列強，本有一二想跳進來拉一把落水者，可是他們卻被這「一觸即潰」嚇得縮了回去。連日本自己都沒想到。他們的參謀人員出兵前還作了兩種不測準備，其一為小輸，大軍退回日本等待大清東渡後的老拳。其二是大輸，全體軍民人等退到北海道，甚至西伯利亞荒蕪之地。

可是戰戰兢兢者贏了，大大咧咧者輸得很難看。李鴻章紙糊的老虎被小小蜜蜂給扎破了。這齣好戲成了當時西人好事者的漫畫佐料。

任何一次的失敗，都不是敵人的強大而是自己的虛弱。大和民族是世界上最「工於心計」的民族，它只會在雞蛋有縫的時候才來找事。這就不難理解為什麼一次小小的鄰國「有事」就能迅速地蔓延成一次中日對決？因為你弱，你的弱點被對手發現了，你的弱誘惑了蒼蠅的食欲。

正如金一南所說：「真正的戰爭，永遠發生在戰爭開始之前！失敗往往首先從內部開始。」金一南列舉了幾個「誘發」日本侵略的清廷方面因素。

甲午戰爭失敗的原因之一是體制腐敗：老佛爺一個人的喜怒決定著一切。總理海軍事務大臣醇親王奕譞是光緒帝的生父。多年來，他考慮最多的不是海軍而是兒子的安危。千方百計討太后歡心，挖空心思挪用海軍經費修園，讓慈禧早日住進去「頤養天年」，讓實際權力早日轉移到其子手中。

甲午戰爭失敗的原因之二是相互欺詐：部分滿清權貴擔心李鴻章兵權益盛，禦敵不足，挾重有餘，防範之心日重。戶部尚書翁同龢，以太后修頤和園為藉口，連續兩年停止發放海軍裝備購置費，以限制李鴻章。李鴻章勢薄力單，巴結上了醇親王。大家結黨營私，蠅營狗苟，誰也不會將全副精力投入海軍建設。李鴻章曾經私下歎苦經：「我辦了一輩子的事，練兵也，海軍也，都是紙糊的老虎，何嘗能實在放手辦理？不過勉強塗飾，虛有其表，不揭破猶可敷衍一時。如一間破屋，由裱糊匠東補西貼，居然成一淨室。雖明知為紙片糊裱，然究竟決不定裏面是何等材料。即有小小風雨，打成幾個窟窿，隨時補葺，亦可支吾對付。乃必欲爽手扯破，又未預備何種修葺材料，

1894年11月17日英國《倫敦查理威爾》雜誌上刊登的漫畫，《一個令人同情的懇求：哇——他打我好重啊，就沒人來制止他！》海關總稅務司赫德寫信給他的倫敦辦事處主任金登干：「中國並沒有觸怒任何人，它沒有任何過失，從來不喜歡戰爭而寧願忍受犧牲，它只是一個老大的病夫，過了若干世紀的太平歲月，無形消失了活力。現在正當它慢慢復甦的時候，卻被這短小精悍全副武裝的日本撲到身上……」

左圖 1894年的李鴻章：這是甲午戰爭中的李鴻章照片。這時候的李鴻章還一直認為戰爭打不起來，實際日本是一定要打的。日本為此準備了十多年。注意這時候的李鴻章精神尚佳，和一年後在日本馬關拍的照片判若兩人。

右圖 法國《Le Petit Journal》1894年8月13日的水粉畫《漢城的騷亂》：甲午戰爭的導火線就是這個朝鮮問題。

何種改造方式，自然真相敗露，不可收拾，但裱糊匠又何術能負其責？」

甲午戰爭失敗的原因之三是風紀敗壞，欺上瞞下，私吞公款，參與走私，排擠幹事的：琅威理原為英國海軍軍官，1882年，琅威理受聘為北洋水師總教習，負責艦隊訓練。他「刻不自暇自逸，嘗在廁中猶命打旗傳令」，「頗勤事，為海軍官佐所敬憚，中外稱之」。因治軍嚴謹，北洋水師中流傳了「不怕丁軍門，就怕琅副將」的說法。在琅威理的嚴格要求和訓練下，北洋水師軍容頓為整肅，一時令各國刮目相看。琅威理被授予海軍提督銜。1890年秋，因撤旗事件，琅威理憤然去職。「琅威理去，操練盡弛。」每年冬天北方海面結冰的時節，是官兵最快樂的時分，由於要移防南方地區軍港，正好方便到上海、香港這些妓業發達的城市嫖玩，有時人去艦空，集體出去尋樂。

平日裏訓練，弄虛作假，層層欺騙，邀功請賞。每次演習打靶，總是預先量號碼數，設置浮標，遵標行駛，碼數已知，百發百中。為了克扣「承包費」，各船管帶對船隻的保養和維修敷衍了事。英國遠東艦隊司令斐利曼特

1886年5月，醇親王至天津校閱北洋水師，與李鴻章（右一）、善慶（左一）留影於海光寺行轅。

少年光緒和生父醇親王奕譞的一張珍貴照片

大發感慨：「中國水雷船排列海邊，無人掌管，外則鐵銹堆積，內則穢汙狼藉；使或海波告警，業已無可駛用。」

戰爭爆發前和爆發時，日本在中國祕密開展間諜活動，搜集了大量重要情報，這也成為北洋海軍全軍覆滅的一個重要因素。1893年4月，對華諜報頭目、日軍參謀次長川上操六親自到朝鮮和中國進行實地考察。在天津他參觀了天津機器局、武備學堂，觀看了炮兵操演炮術和步兵操練步伐，並親自登上北塘炮臺觀看山炮演習，還對天津周圍的地形偷偷地進行了考察。回到日本後，川上操六密令公使館武官井上敏夫、瀧川具和分頭偵察渤海灣航道及山東半島、遼東半島、天津、塘沽等地的設防情況。井上敏夫所走洋面每距約100公里，便用千斤砣試水深淺，詳細收集作戰所需地理水文資料。1894年中日正式宣戰。日本間諜宗方小太郎將自己偽裝成中國老百姓，在威海得知北洋艦隊的出發時間，他立即將其開赴朝鮮的具體日期電告日軍大本營。日軍大本營即派日本聯合艦隊出發，9

右圖 琅威理 曾任北洋水師總教習的英國海軍軍官

日軍對華諜報頭目川上操六

這是日本的浮士繪作品，描繪的是甲午戰爭時，天皇在廣島大本營，深夜在燈下展開地圖，聽取參謀本部次長川上操六報告軍情。

月15日到達朝鮮黃海道大東河口附近以逸待勞。

另外戰前日本軍方破譯了清廷密碼。負責監聽中方通訊的日本電信課長佐藤愛磨運用「暴力破解法」在很短時間裏，就破譯了清廷使用的「密碼」。不幸的是，清廷對密碼洩密一事全然不知。因此，甲午戰爭期間，日方對清政府內部的虛實，陸軍、海軍的行蹤及各方面的情況，全都瞭若指掌。

戰爭的幾個側面

甲午戰爭雖然是中日之間的戰爭，陸地上的戰爭卻發生在朝鮮，海戰也在朝鮮附近的黃海上進行。

中日甲午戰爭的整個過程，包括三個階段：

第一階段，1894年7月25日至9月17日。在此階段中，戰爭是在朝鮮半島及海上進行，陸戰主要是平壤之戰，海戰主要是黃海海戰。

1894年1月，朝鮮爆發了東學黨起義，朝鮮政府請求清朝派兵幫助鎮壓。1894年6月4日，中國決定派兵入朝。日本認為時機到了，於6月5日正式成立大本營，並派兵進入朝鮮。6月9日至12日，清軍2000餘人在聶士成、葉志超率領下進駐離漢城70多公里的牙山地區，而日軍早在10日就已強行進駐漢城。到6月16日，進入朝鮮的日軍已達5000人。中日兩國軍隊形成對峙，形勢一觸即發。7月23日，日軍佔領朝鮮王宮，組織傀儡政權，迫使朝鮮傀儡政權向中國宣戰。7月25日，日本軍艦在豐島海面突然襲擊中國護航艦隻和運兵船，挑起了中日戰爭。7月29日，日軍進犯牙山、成歡，葉志超棄守牙山，逃

赴朝的清軍士兵在車站與親人話別。直隸等處的中國軍隊乘火車向大沽、山海關等港口集合，從海路開赴朝鮮。1890年時，中國鐵路公司已經修築了天津至山海關的津榆鐵路，這次運兵派到了用處。

1894年6月8日，經過反覆挑選，駐防直隸一帶的淮軍精銳被派赴朝鮮。依據1885年中日天津條約的有關條款，清政府將此事向日本通報。

奔平壤，聶士成部也因眾寡懸殊，敗退公州，和葉志超合軍撤至平壤。8月1日，中日雙方互相宣戰。9月15日晨，日軍按計劃發動總攻。扼守大同江東岸的馬玉昆部奮力抵抗，與進攻之敵展開肉搏，自晨至午後，終於打退了日軍的進攻。北路戰鬥更加激烈。日軍於當天拂曉再次發起進攻， 左寶貴親自登玄武口指揮。戰至上午，日軍先後攻破玄武門外的五座堡壘，並向玄武門猛烈突擊。左寶貴為表示誓與平壤共存亡的決心，身穿黃馬褂，繼續指揮，中炮陣亡。當晚，葉志超乘夜暗率守軍倉皇逃出平壤。日軍於城北山隘堵截，打死打傷清軍2000餘人，俘虜數百人。清軍退至順安時，又遭日軍攔擊，損失慘重。16日，葉志超等逃至安州，然後又往義州逃跑。至24日，清軍全部退過鴨綠江，撤至境內。

黃海海戰發生於9月17日，是中日雙方海軍一次主力決戰，發生於鴨綠江口大東溝（今遼寧東溝）附近海面。北洋艦隊參加戰鬥軍艦為10艘，日本海軍投入戰鬥軍艦則有12艘。中午開戰後，北洋艦隊重創日本比叡、赤城、西京丸諸艦。但北洋艦隊中致遠艦亦受重傷，管帶「鄧世昌」為保護旗艦，下

中國派出的軍隊由直隸提督葉志超統率，分乘招商局「圖南」、「海晏」、「海定」三艘輪船，由大沽及山海關出發前往牙山。這是淮軍將士在碼頭上集結，等待出發。

令向敵先鋒艦吉野猛衝，以求同歸於盡，不幸中敵魚雷，200餘人犧牲。下午，北洋艦隊10艦中，沉四、逃二、傷二，只餘定遠、鎮遠兩艘鐵甲艦依然奮勇搏戰，並重創日本旗艦松島。戰至下午五時半，日本艦隊撤離戰場。

第二階段，從1894年9月17日到11月22日。在此階段中，戰爭在遼東半島進行，有鴨綠江防之戰和金旅之戰。

鴨綠江防之戰開始於10月24日，是清軍抗擊日軍入侵中國國土的首次保衛戰。日軍進攻部隊是山縣有朋大將統率的第一軍等，共三萬人。雙方兵力不相上下。26日，日軍佔領了九連城和安東縣（今丹東）。在不到三天內，清朝重兵近三萬駐守的鴨綠江防線竟全線崩潰。

金旅之戰開始於10月24日，至11月22日旅順口陷落，這是甲午戰爭期間中日雙方的關鍵一戰。大山岩大將指揮的第二軍兩萬五千人在日艦掩護下，開始在旅順後路上的花園口登陸。日軍的登陸活動歷時十二天，清軍竟坐視不問。11月6日，日軍進佔金州（今遼寧金縣）。7日，日軍分三路向大連灣進攻，不戰而得大連灣。21日，日軍向旅順口發起總攻，22日佔領旅順口。

從此北洋門戶洞開，北洋艦隊深藏威海衛港內，戰局更加急轉直下。

第三階段，從1894年11月22日到1895年4月17日。在此階段中，戰爭在山東半島和遼東兩個戰場進行，有威海衛之戰和遼東之戰。

威海衛之戰是保衛北洋海軍根據地的防禦戰，也是北洋艦隊對日的最後一戰。其時，威海衛港內尚有北洋海軍各種艦艇二十六艘。1895年1月20日，日本第二軍等共兩萬五千人，在日艦掩護下開始在榮成龍鬚島登陸，23日全部登陸完畢。30日，日軍集中兵力進攻威海衛南幫炮臺。由於敵我兵力眾寡懸殊，南幫炮臺終被日軍攻佔。2月3日日軍佔領威海衛城。日軍水陸兩路配合，先後向劉公島和威海港內北洋艦隊發動八次進攻，均被擊退。在此期間，日本聯合艦隊司令伊東佑亨曾致書丁汝昌勸降，遭丁汝昌拒絕。10日，

同時，李鴻章還雇用「愛仁」、「飛鯨」、「高升」等英國商船三艘，分載總兵江自康仁字營及北塘防兵兩營增援牙山。

1894年7月21日，迫於朝旨和清流輿論壓力，李鴻章下令大同鎮總兵衛汝貴率盛軍馬步六營，提督馬玉昆率毅軍二千，分起搭乘「圖南」、「海晏」、「鎮東」、「普濟」、「拱北」、「新裕」、「豐順」等輪船，由大沽出發，經海道至鴨綠江口大東溝登陸，進駐朝鮮義州和平壤。這是淮軍水兵上船時的情景。

浪速號擊沉高升號的場面：這是日本《東京新聞》當時炫耀的場面，描述了浪速號擊沉高升號瞬間，可以看到在高升號甲板上清軍用步槍勇敢還擊。1894年夏，北洋海軍廣乙號、濟遠號兩艘艦艇準備接應運送清軍的高升號時，在豐島海面遇到日本軍艦的攔截。日軍不宣而戰，高升號原是商船，船上沒有大炮，清軍就用步槍還擊。

高升號上的清軍紛紛落水，全船官兵1000多人大部分壯烈犧牲：這是法國《Le Petit Parisien》雜誌上刊登的畫作，描寫「高升」號上的中國陸軍官兵寧死不降，最後該艦被「浪速」擊沉，仁字軍營務處幫辦高善繼以下871人壯烈殉國！

「操江艦」被捕清軍被押入日本佐世保軍港：1894年7月25日，中日豐島海戰爆發，而執行運輸任務的操江艦於下午1時50分被日艦秋津洲追及，被迫掛出白旗投降，由此成為在甲午戰爭中第一艘被俘的北洋艦隊的軍艦。7月28日早晨6點30分，通報艦「八重山」運載著被俘的包括管帶王永發在內的82名操江艦官兵以及兩名英國人，一名西班牙人，一名丹麥人緩緩駛入日本佐世保軍港。

「操江艦」的清軍被迫列隊穿越大街小巷：此時的佐世保碼頭早已是人聲鼎沸，「船近碼頭即放汽鐘、搖鈴、吹號筒，使該處居民盡來觀看」，中國官兵被迫列隊穿越大街小巷，在日本百姓的百般嘲笑、辱罵中默默行進，被俘的操江艦官兵隨即被投入了佐世保鎮守府的監獄。

朝鮮戰場上的中國軍隊：1894年7月29凌晨，日軍右翼部隊到達成歡驛附近的安成渡，遭到中國軍隊伏擊。中國軍隊在聶士成的巧妙指揮下，利用有利地形，成功擊潰了日軍的前衛部隊。

中國將士在平壤城下作戰：中日雙方陸軍在朝鮮平壤進行的一次重要作戰。清軍總兵力達1.3萬人，擁有野炮4門、山炮2門、快炮6門。葉志超奉命總統諸部。日軍總兵力為1.6萬人，擁有各種火炮約30門。9月14日，日軍完成對平壤的包圍。次日晨，從三個方向發起攻擊。清軍雖頑強抵抗，但最終日軍居高臨下，集中炮火轟擊玄武門，守將左寶貴中炮身亡，玄武門失守，清軍退至內城。葉志超乃率部乘雨夜棄城沿義州大道北逃。途中遭日軍伏擊，人馬自相踐踏，傷亡甚眾。至26日，殘部北渡鴨綠江退入中國境內。

平壤之戰日軍死傷705人，清軍陣亡2000餘人，被俘683人，日軍在佔領朝鮮後，不久便把戰火燒到中國境內。

定遠彈藥告罄，劉步蟾下令將艦炸沉，以免資敵，並毅然自殺與艦共亡。11日，丁汝昌拒降自殺。17日，日軍在劉公島登陸，威海衛海軍基地陷落，北洋艦隊全軍覆沒。

北洋水師失利原因

黃海海戰是中日甲午戰爭中雙方海軍主力在黃海北部海域進行的一場戰役規模的海戰。此役北洋水師失利，自此退入威海衛，使黃海制海權落入日本聯合艦隊之手，決定了甲午戰爭中方的戰敗。北洋海軍史專家戚其章認為北洋水師覆滅是必然的，因為它錯過了19世紀發展海軍的兩次歷史機遇。他認為清朝政府發展海軍不是沒錢而是沒決心。甲午海戰時北洋水師早不是遠東第一，其總噸位、總艦船數、主要作戰艦數都遠不如日本，且北洋水師沒有速射炮，日本打六發中國才打一發，炮彈品質太差。

鎮遠號戰列艦堪稱「亞洲第一巨艦」。滿載排水量7670噸，它的動力為兩部水準式三汽缸往復式蒸汽機，8座圓式燃煤鍋爐，功率7200匹馬力，航速15.4節，續航能力4500海里/10節。煤櫃載煤量700噸，最大載煤量1000噸。

戚其章認為：軍艦其實就是一隻吃煤的老虎，但是當時北洋海軍普遍腐敗，每次進煤數量不夠。從地方後勤進五噸煤，一過磅才三噸。艦隊要的煤是高優質的煤，卻有人用一些碎煤濫竽充數。動力上不去，進退速度更加慢。

激戰中的鎮遠號

英國海戰史學家對大東溝海戰另有獨特看法：「大東溝海戰的結果是雙方對海戰理論無知的產物：假如日本多

北洋艦隊激戰大東溝海戰的場面

致遠艦沉沒大東溝海戰：致遠艦撞擊吉野不成，壯烈戰沉的瞬間，畫面右側為日艦吉野，中央傾斜的為致遠艦。根據英國維多利亞號軍艦的記載，致遠沉沒是艦首先沉，螺旋槳划出水面。這張圖是根據里安德號上的軍官沃爾德的照片製作的，沃爾德對致遠、經遠的奮戰都給予了極高的評價。

了解一些海戰理論，就根本不敢挑戰實力更強，擁有堅不可摧鐵甲艦的北洋艦隊；而假如北洋艦隊多了解一下海戰理論，又怎麼可能在擁有大艦巨炮的情況下仍然以0：5的懸殊『比分』慘敗呢？」

左右圖均為大東溝海戰中的吉野艦：威利繪製於1894年8月4日。因為該艦是英國製造，英國觀戰人員對它的表現非常重視。英國方面的記載是「吉野艦的炮火猛烈，殺傷力極大，它自己也被清國海軍的巡洋艦連連擊中，但是並沒有被擊中要害，所以始終能夠保持高航速在戰場上馳騁」。

大東溝海戰後在旅順修理的鎮遠艦

撤退回東北的清軍：中國軍隊從平壤潰敗之後，陸續撤向中朝邊境，至1894年9月26日全部退回中國境內，日軍控制了朝鮮全境。

日軍在山東榮成灣龍鬚島登陸：1895年1月20日凌晨，日兵10餘人上岸後，被清軍哨兵槍炮齊發後，逃回船上，海面上九艘軍艦見狀一字擺開，向岸上開排炮轟擊。山東巡撫李秉衡才派來的不滿兩營的防守清軍，根本無法抵擋，見如此猛烈的炮火便倉皇西逃。日軍還不敢上岸，又在艦上開了兩個多小時的排炮，才開始登陸。20日至25日，日軍34600人（包括夫役）及馬3800匹全部登陸完畢。

冰天雪地中，在榮成灣登陸的日軍。

被毀黃泥溝炮臺：劉公島對岸是威海衛，在威海衛的西北有三個炮臺構成北幫炮臺。這是北幫炮臺中的黃泥溝炮臺。黃泥溝炮臺有210毫米虜伯炮2門，原有綏軍六營，但是官兵臨戰逃跑。為了防止炮臺為敵所用，丁汝昌派敢死隊員往北岸破壞彈藥庫及大炮。這是炮臺自毀後趕來的日軍官在察看黃泥溝炮臺損壞情況。

北幫炮臺失陷後，保衛劉公島的戰鬥便開始了。日本艦隊發起進攻後，北洋海軍的戰船正在開炮還擊。

遭日本魚雷攻擊的定遠號：定遠號為北洋水師的主力戰艦，排水量7000噸，裝甲厚12至14吋，主要武裝為四門12吋口徑的主炮。定遠在黃海大東溝海戰內被日軍視為重點打擊對象，中彈極多，但因其鐵甲堅固而只受一般破損，未失去戰鬥力。後來北洋水師退入威海衛以自保，定遠被突入港內的日軍魚雷艇擊中，被迫擱淺。最後被陸上由日軍佔領的炮臺擊中後自沉。

1895年2月10日靖遠號自行炸沉後，大批軍艦聚集在黃島西南海面上。

「威遠」號練習艦在威海衛港內被日軍魚雷艇擊沉的照片。背景是劉公島。

1895年2月11日，日軍攻陷劉公島。這是殘存的劉公島海陸官民被日軍解押。

逝者追記

鄧世昌（1849—1894）

廣東番禺人。先後擔任「飛霆」、「鎮南」艦炮船管帶和「致遠」管帶。大東溝海戰中，鄧世昌指揮「致遠」艦奮勇作戰，後在日艦圍攻下，「致遠」艦多處受傷，全艦燃起大火，船身傾斜。鄧世昌鼓勵全艦官兵道：「吾輩從軍衛國，早置生死於度外，今日之事，有死而已！」「倭艦專恃吉野，苟沉此艦，足以奪其氣而成事」，毅然駕艦全速撞向日本主力艦「吉野」號右舷，決意與敵同歸於盡。日艦集中炮火向「致遠」射擊，不幸一發炮彈擊中「致遠」艦的魚雷發射管，管內魚雷發生爆炸，導致「致遠」艦沉沒。鄧世昌墜落海中後，其隨從以救生圈相救，被他拒絕，並說：「我立志殺敵報國，今死於海，義也，何求生為！」所養的愛犬「太陽」亦游至其旁，口銜其臂以救，鄧世昌誓與軍艦共存亡，毅然按犬首入水，自己亦同沉沒於波濤之中，全艦官兵250餘人一同壯烈殉國。

鄧世昌犧牲後，舉國震動，光緒帝垂淚撰聯「此日漫揮天下淚，有公足壯海軍威」，並賜予鄧世昌「壯節公」謚號，追封「太子少保」，入祀京師昭忠祠，御筆親撰祭文、碑文各一篇。

劉步蟾（1852—1895）

福州人。「定遠」艦管帶，同年，被任命為北洋海軍右翼總兵，加頭品頂戴。甲午戰中，劉步蟾指揮「定遠」艦英勇作戰，「不稍退避」，並重創了日本艦隊旗艦「松島」號。海戰結束後，劉步蟾因功升記名提督。丁汝昌受傷暫離艦養傷，由劉步蟾代理。威海保衛戰中，「定遠」被日本魚雷艇偷襲擊傷，被迫充作「水炮臺」，

因恐「定遠」將來落入敵手，劉步蟾將「定遠」艦炸散。當夜，劉步蟾追隨自己的愛艦，自殺殉國。實踐了生前「苟喪艦，必自裁」的誓言。時年43歲。

林泰曾（1851—1894）

祖父林霈霖，係林則徐胞弟。幼喪父母，依寡嫂生活。

中日海軍主力在鴨綠江口大東溝附近展開激戰。臨戰前，林泰曾下令卸除艦上的舢板，以示「艦存與存，艦亡與亡」。林泰曾指揮「鎮遠」沉著應戰，與旗艦「定遠」緊密配合，重創日艦「西京丸」。並將日本旗艦「松島」擊成重傷，完全喪失了指揮和戰鬥能力。下午5時30分，日本艦隊首先撤離戰場，海戰結束。戰後論功，林泰曾被賞換霍伽助巴圖魯勇名。10月16日晚，北洋艦隊自旅順撤往威海，17日凌晨，艦隊在進入威海港時，「鎮遠」不慎擦傷，雖採取緊急損管措施，但已不堪出海任戰。林泰曾以戰局方棘時損傷巨艦，極為憂憤，遂於19日卯刻服毒，辰刻身亡，時年44歲。

林永升（1853—1894）

福州人。「經遠」艦管帶。黃海激戰，臨戰時林永升下令「盡去船艙木梯」，並「將龍旗懸於桅頭」，以示誓死作戰。「經遠」先後發炮擊中「吉野」、「高千穗」等日艦。「經遠」艦中彈甚多，被划出陣外，遭「吉野」等四艦圍攻，「艦群甫離，火勢陡發」。「經遠」全艦將士「發炮以攻敵，激水以救火，依然井井有條」。激戰中，林永升不幸「突中炮彈，腦裂死亡」，時年41

歲，幫帶大副陳榮和二副陳京瑩也先後中炮犧牲，「經遠」艦中彈累累，最後「在烈焰中沉沒」。

葉祖珪

福建閩侯人，「靖遠」號管帶。黃海大戰爆發，「靖遠」艦緊依旗艦「定遠」奮勇作戰，後遭「吉野」等四艦的圍攻，中彈十餘處。後葉祖珪下令升起司令旗，代「定遠」指揮全隊，於是「諸艦隨之」，北洋水師聲勢復振。日艦隊因天色已晚，於是向西遁去。後日軍水陸兩路夾擊威海港內的北洋水師，葉發炮轟擊，諸炮艦也積極配合，日軍左翼隊司令陸軍少將大寺安純中炮喪命。中午前後，「靖遠」艦被敵炮擊中要害，「弁勇中彈者血肉橫飛入海」，葉祖珪和丁汝昌「僅以身免」，被水兵救上小船。「靖遠」擱淺，為免資敵，於10日自行炸沉。北洋水師覆滅後，葉祖珪被革職，待罪於天津。

邱寶仁

福建閩侯人。黃海大戰爆發中，邱寶仁與「來遠」全艦官兵拼死作戰，遂受重傷。「來遠艙內中彈過多，延燒房艙數十間」，此時，機器室內火焰升騰，不得已將通風管密閉，黑暗中由上甲板向焚火室傳達命令僅靠通風管傳話。邱寶仁指揮全艦官兵一面抗敵，一面救火，終於將火撲滅，繼續與敵搏戰。海戰結束，「來遠駛回旅順之際，中西各人見其傷勢沉重，而竟安然返旆，無不大奇之」。後日本魚雷艇進威海衛港偷襲，「來遠」中雷，艦身傾覆，邱寶仁被水手救上劉公島。北洋水師覆沒後，被革職。

左寶貴（1837—1894）

回族。清末將領，官至總兵、提督。甲午戰爭中，率部東援朝鮮，守平壤玄武門，登城督戰，雖受槍傷，猶裹創指揮，中炮陣亡。與丁汝昌、鄧世昌並稱甲午三英。

丁汝昌（1836—1895）

最後的丁汝昌（中圖、下圖），這是中國的繪畫作品。丁汝昌在劉公島被困之先，已請木工打了一口八尺長棺材，據說還親自躺到裏面試了大小。死後，日本聯合艦隊司令伊東祐亨素敬丁汝昌為人，在1895年2月17日佔領劉公島的當天下午，特許「康濟」艦載丁汝昌等人靈柩駛往煙臺。丁汝昌等靈柩被寄厝在廣仁堂。德國、英國等艦隊司令、提督、領事前來弔唁、慰問。由於朝廷諭旨「毋庸議恤」，丁汝昌便成為整個甲午戰爭失敗的替罪羊。刑部下令將其棺柩加三道銅箍捆鎖，棺材和銅箍均以黑漆塗之，以示戴罪，並磚丘於其原籍村頭，不得下葬。直到宣統二年以「力竭捐軀，情節可憐」，准載洵奏，開復原銜。丁汝昌及魏夫人靈柩才得以安葬於無為縣嚴橋小雞山的山岡上，與原先葬於此地的錢夫人、徐夫人合墓相毗鄰。

丁汝昌喝鴉片而死：這是日本的繪畫作品。日本海軍大尉子爵小笠原長生是這樣描寫丁提督的：「他是一位具有古代豪傑風度的人物。日清和平破裂之後，在許多戰鬥中沒有像威海衛那樣的義戰。為何稱其為義戰呢？因為敵人極盡忠義。其他無論旅順還是平壤，皇軍所到之處立即陷落。然而據守在威海衛內劉公島的丁汝昌，對日本陸海軍的進攻則進行了英勇的抵抗。竭盡全力之後，最終自殺以救部下，這實在是戰則以義戰，降則以義降。」

左右圖 日本御用隨軍記者頻繁出現在前線戰場上：甲午戰爭爆發後，日本御用隨軍記者頻繁出現在前線戰場上。《東京日日新聞》、《國民新聞》、《大阪每日新聞》、《每日新聞》、《讀賣新聞》、《二六新聞》和《中央新聞》等每天整版整版出「大捷號外」，一份特別的戰爭刊物《日清戰爭實記》應運而生。我們現在看到的很多當時戰場上的照片均為他們所拍，其中有一個叫小川一真的日本攝影師留下的照片最多。

貧弱是玩不起戰爭這個奢侈品的

伊東佑亨：甲午戰爭期間任日本聯合艦隊司令長官。戰後任海軍軍令部長，1898年成為海軍大將。日俄戰爭時任軍令部長。1905年升元帥。1907年封為伯爵。1914年死去。

甲午戰爭的失敗可以有一千個原因，其實根本的一點就一個字，「窮」。甲午戰爭前的世界，幾乎所有的大國都在為生存進行改革。清廷也是這麼想的，但是一直沒有跨過「吃飯財政」這個檻。打仗打的就是後勤，就是錢，我們比人家的困難不知道多多少。

首先就是暴漲的人口。從十七世紀末起到十八世紀末為止，中國人口翻了一番多，從一億五千萬增加到了三億多。到了1850年人口已達四億三千萬左右。再多的收入最終都被這個龐大的人口吃掉了。

一個是人多吃窮，另外還因為落後保守的觀念，不懂得「無工不富」、「無商不活」的道理，幾個世紀都以農業為主，怎能不窮。《劍橋晚清史》說：「在二十世紀以前，中國的經濟幾乎沒有不屬於農業部門或不與它發生密切關係的。」農業社會是支撐不了大規模的戰爭的。當時一發克虜伯炮彈30兩銀子，相當於一個農民的一年收入。這點李鴻章看得很清楚，他說：「中國積弱，由於患貧，西洋方圓千里，數百里之國，歲入財賦以數萬萬計，無非取資於煤鐵五金之礦、鐵路、電板、信局、丁口等稅。酌度時勢，若不早圖變計，擇其至要者逐漸仿行，以貧交富，以弱敵強，未有不終受其敝者。」

清廷不會理財，又不懂得廣開財源。中央政府的財政收入一直沒有真正的增長。從1712年到1850年，清廷記載的法定收入根本就沒有什麼大的變化。據國外學者推算，清朝後期中國的收入總額約為二億五千萬兩白銀。但是作為中央政府的清廷只在這中間收到三分之一左右的款項。而且即使對這一部分，中央政府也只能使用其總額的40%。縱然清廷也的確將這其中大部

這樣一門克虜伯大炮需要60萬兩銀子，相當於60萬中國農業勞動力一個月的收入。

分用為軍事預算，也不能和西洋和日本明治維新後的新式財政所產生的經濟力量相抗衡。一個是吃飯財政，一個是積極型財政，為戰爭提供的支援完全是兩碼事。以農業社會對工業社會，以手工業社會對商業社會，結果可想而知。

窮和民智不開是一對孿生兄弟。為什麼「窮」？因為思想禁錮、民智不開。因為民智不開，就越發窮。堂堂四億人的大市場，就是坐收商品流通的過路費也能腰纏萬貫。為什麼不行？一句話，清廷思想保守，不思進取，不學無術，根本就不知道改革經濟制度。到了後來，就是它想，基本上也無伸縮餘地。一是「吃飯財政」出不起制度改革的成本，曰動彈不得。二是因為它的關稅率未經條約列強的一致同意，不得變動，還是動彈不得。惡性循環，越窮越窮。窮是玩不起戰爭這個奢侈品的。有人說，翁同龢為報私仇故意不批給李鴻章北洋海軍錢，其實是不當家不知道柴米貴。翁同龢當的不是大英帝國財政部的家，他手裏實際上沒有幾個錢。

晚清時代，各國都拼命發展工商業，清廷也想，但是貧窮國家如俄國、日本以中央政府的預算來帶動經濟；富裕國家如法國和德國，在中央政府的預算之外還有民間的商業銀行系統配合融資。晚清中央政府一項沒有。當時中國的銀行體系幾乎完全不超出山西票號式的匯兌銀行和地方性的「錢莊」範圍。國家整個停留在「中古」經濟層面上。中國以中古之經濟對人家現代之經濟，以中古之社會對人家現代之社會，成敗早在決戰之前已經定了。並不是李鴻章萎縮不前，他依託的就是這麼一架老式機器，就只能產生這點馬力。他當然只能採取戰略守勢。後人不考慮當時清廷面對的人多錢少，坐吃山空的現狀，以為只要改「主和」為「積極進攻」就能贏，此乃清談。

但是有一點是對的，就是李鴻章懷有私心，想保存實力。李能在這把椅子上坐二十多年，靠的就是淮軍。李鴻章知道沒有淮軍就沒有他李鴻章，李鴻章的政敵也知道這個道理。以前讀史總為光緒的滿腔激憤感動，現在看來光緒也少不了「內鬥」的嫌疑。他作為最高軍事統帥不會不知道自己的實力，但是他一味喊打，像個「憤青」般，甚至明知道沒有實力也草率宣戰。這裏除了不成熟外，難道沒有削弱「后黨」實力的嫌疑？說得好聽點兒，是為以後的戊戌變法做組織上的準備，說得難聽一點，借日本人的刀滅「后黨」。中國這種寧予外人，不予家奴的事還少嗎？否則為什麼在錯誤的時間，錯誤的地點，打這麼一場錯誤的戰爭？

我們知道會有人說這是日本人早就預謀好的，根本由不得光緒。事情就在這兒：為什麼人家日本人就能在他天時、地利、人和都不利的70年代成功地避免了戰爭？為什麼戰爭總是在大清最不需要的時候「一拍即合」？除了無能一說，就不允許我們腦子裏多一根弦？

這雖然扯到了另外一個問題，其實要說的還是是民智不開，大清國根本不懂得現代外交這個緩衝武器。一有事，就粗著脖子大叫一聲：「拼了」。連馬克思也說大清臣民是「半野蠻人」。民智不開還有一半責任在朝廷自

上二圖均為日軍佔領金州後所拍。瞧照片上的情景，金州被日軍佔領後，日本侵略者和當地人還是比較融洽的。那個時候，「草民」只知道有朝廷，不知道有國家。這就是民智不開的表現。再說金州的老百姓很多是內地來的新移民，對彼土彼地沒甚感情。這怪清廷胸懷私心，開放「龍興之地」太晚。

己。清廷畢竟是滿清一族。老怕人口占多數的漢人搶江山，戰爭來了又不敢發動人民敵後騷擾，堅壁清野。甚至窩藏私心，「龍興之地」的東北遲遲不讓人進入，留著被漢人推翻後當退守之地。這樣，日軍進入東北，當地一些「闖關東」新移民根本就沒有失故鄉之痛，也沒有保朝廷衛「國家」的國民意識。甚至在金錢的驅使下，還有人半推半就地當了日軍的「支前」小隊長。

明治維新以來日本的教育十分強調國家意識，在每個細節中浸透著自覺服從國家利益的精神。圖中的幾個日本婦女正在為一名前往前線的士兵縫護身符。

北洋海軍再強，無奈非海洋型國家

再說說其他的原因。在海軍建設上，中國歷來就不是強項。因為中國傳統意義上是大陸型國家。黑格爾說：「中國是一個與海不發生積極關係的民族。」

地理大發現後，中國人的東面屏障突然變得岌岌可危了。海防建設總是捉襟見肘，海軍建設也屢屢受挫。1888年後戶部基本上沒有撥過銀子買船，根子就在大陸型國家意識作怪。不管什麼屁大的事，錢不夠，眾人馬上想到挪用的就是這個受氣的海軍款。慈禧太后、翁同龢為什麼不敢在治黃款、救災款和旗人錢糧上伸手？戰敗後，李鴻章說：「平日講求武備，輒以鋪張靡費為疑，致以購械購船懸為厲禁。一旦有事，明知兵力不敵而淆於群哄，輕

於一擲，遂至一發不可復收。」

其實李鴻章說得漂亮，他自己骨子裏也這樣。丁汝昌戰前提出在主要艦船上配置速射炮以抵消日艦速射炮的優勢，需銀六十萬兩。李鴻章聲稱無款。黃海海戰戰敗，他才上奏，前籌海軍鉅款分儲各處：匯豐銀行存銀一百零七萬兩千九百兩；德華銀行存銀四十四萬兩；怡和洋行存銀五十五萬九千六百兩；開平礦務局領存五十二萬七千五百兩；總計二百六十萬兩。錢不用在刀刃上，不知道他想幹什麼？

另外中國那時有海軍是開天闢地第一回，完全是新生事物。對於新手來說，硬體再強，也有一隻看不見的手在背後起作用。赤壁之戰，曹操的軍隊輸就輸在北軍不諳水性。否則我們怎麼解釋北洋海軍一玩起真來，就那麼多意外事故：一會兒船進港撞了，一會兒開炮先炸了自己……人家不管怎麼說就是當「倭寇」都當了幾個世紀。這就是差距。

參軍為口飯，這樣的軍隊別指望太多

至於講到大清國陸軍的失敗，記住，日本陸軍在十五年的時間內已經在各個方面成功地轉型為新式陸軍。很多進軍方案都由參謀人員早早地在東京預定好了。1880年日本參謀本部長山縣有朋將清廷的情況調查得一清二楚。他在調查報告中指出：大清帝國平時可徵兵425萬，戰時可達850萬人之多，山縣有朋總結道「鄰邦之兵備愈強，則本邦之兵備亦更不可懈」。正如人云：「甲午之戰是高度西洋化、近代化之日本，戰勝了低度西洋化、近代化之中國。」大清國的陸軍指揮官不是冷兵器時代的武夫就是「八股文」秀才帶兵。士兵不是義務徵兵制的產物，而是沾親帶故找吃飯場所的江淮災民。

淮軍不行，湘軍更不行，最不能指望的是八旗軍和綠營兵。有人這樣描寫過：「當京城的綠營兵在1894年秋天奉調至山海關時，人們有理由為大清帝國的未來表示憂慮。一位目擊者說，人與馬都很瘦小，還沒走出城南就已揮汗如雨，馬鞍上掛著鴉片煙槍，一些士兵手裏端著鳥籠，吐出嘴裏的食物餵鳥，另一些人則顯得又饑又渴，眉頭緊鎖。」

中國陸軍為什麼不轉型？說到底，我們還是被中華文化優越感害了。我

李鴻章手下的淮軍將士：淮軍不同於八旗和綠營，他們是以鄉親宗族關係為上下紐帶。士兵不知有國家，但知有上級，視上級「領導」為自己的衣食父母。這些人為本土打仗尚可，在朝鮮和遠離家鄉的東北地方開戰，戰力便大打折扣。

們這些孔子的後代，先前幾次的失敗硬是拒絕覺悟。總在一些枝節上找開脫的理由，就是不敢往根上想。

其實縱觀世界，越是歷史悠久，文化璀璨的國家越是難轉型。羅馬人的後裔義大利人，雅典人的後裔希臘人就是個例子。最可恨的是當時的清流。只會以不變應萬變，用祖宗之法嚇人，而且每每得手，引來掌聲。早在恭親王奕訢當紅時，大學士倭仁就敢陰陽怪氣地說：「竊聞立國之道，尚禮義不尚權謀；根本之圖在人心，不在技藝。」當時的「鬼子六」恭親王還有權有勢，對這種似是而非的言論也只能一一理論，不敢訓斥。他耐著性子說：「該大學士既以此舉為窒礙，自必別有良圖。如果實有妙策，可以制外人而不為外人所制，臣等自當追隨大學士之後，竭其擣昧，悉心商辦。如別無良策，僅以忠信為甲冑，禮義為幹櫓等詞，謂可折沖樽俎，足以制敵之命，臣等實未。」倭仁敢「極左」，說明當時的社會普遍信這個。「躲在小樓成一統」的感覺真好，中華民族非要再摔幾跤才會驚醒。

重複一張被毀的黃泥溝炮臺照片：黃泥溝炮臺有210毫米虜伯炮2門。看似威風凜凜，其實是紙老虎。仔細看看這張照片上的防禦工事牆：防禦牆只用一些大石頭碼一碼，上面薄薄的抹一層「洋灰」。這只能防範土炮的轟擊，根本不能面對日本人的洋炮。其實當時世界上改用大面積灌水泥的防禦工事已經行之有年了。留德回來的商德全也早在十幾年前就在上海吳淞炮臺推行此法。估計後來也推行之，錢也照標準發下來了。但是由於官場缺少職業道德、無專業精神的老毛病，上下其手吃了黃泥溝炮臺的款子，使其成了豆腐渣工程，後來什麼作用也沒起到。敵人來了，先自毀了。這只是冰山的一角。

民族的血裏就少「專業精神」

為什麼打仗打仗不行，辦外交外交不行，搞經濟經濟不行？這說明我們運轉了幾十個世紀的那套的確不行外，還隱藏著另外一個從沒有引起國人關注的大毛病：沒有職業道德，缺少專業精神。歸根結底還是因為窮和民智不開。外官吃火耗銀子，京官吃外官，管帶吃「承包費」，水兵吃船上的，就連李鴻章也把北洋當成職業介紹所吃。看似應該歸為貪污腐敗，其實是農業社會的中國人沒有專業精神和職業道德所致。幹什麼不精什麼，還想幹什麼吃什麼。

英國琅威理1882年受聘為北洋水師總教習，人家倒有幾分英國人的敬業，「頗勤事，為海軍官佐所敬憚，中外稱之」。據說「長崎事件」時，北洋海軍的水兵已經被他訓練得相當能戰，這傢伙甚至主動給李鴻章請戰，想藉「長崎事件」和大日本海軍幹一仗。可是這樣的人才硬是讓大夥兒齊心協力地把人家排擠走了。為什麼？這樣的人在，擋了一些人「吃船」的道。而且老外腿是直的，連個彎曲都不會，收買不了。沒辦法，風氣使然，法從來是不敢罰眾的。再說此時的李鴻章已經進入細胞不活躍的「尚能飯否」之年，全沒了當初淮軍在上海的那股子虎氣。制度定了，李老氣喘吁吁的管不動，也就等於沒有了制度。

馬關談判中有一段李鴻章與伊藤博文的對話，以前被看成是李鴻章自甘受辱，在我們看來，恰恰證明國人辦外交的馬虎。實錄於下：

李：「本大臣有電回國，奏明業已抵達及會談要旨等，可否？」

伊藤：「中堂之要求可格外通融，前張、邵二氏來此，本大臣未曾允電。」

李：「多謝厚意。張、邵二人以敕書不完備，致未完成使命，我深感慚愧。彼二人畢竟不熟悉對外事務。」

伊藤：「中堂謂張、邵二氏對外國事務生疏，而張氏曾任駐美大臣多年。」

李經方插話：「張大使不過一個普通公使，從未擔此大任。」

伊藤（目視伍廷芳）：「張、邵之失敗，此人亦不能無過。」

李經方：「伍參贊乃奉命自天津隨行，未預聞敕書之事。」

伊藤：「無論預聞與否，既係隨行，亦難辭其咎。」

李：「若當時貴大臣不提出此帶專門性之異議，我亦未必不顧年邁之軀而前來貴國也。」

伊藤（微笑）：「忽視外交上專門性事務者，不僅貴國而已，他國亦間或有之。中堂應該承認，不遵守外交之慣例，不能受到應有的禮遇。」

李：「貴國上有聖明之君，下有輔弼之賢相，故國運昌隆。而我國尾大不掉，徇私舞弊，積重難返，興利除弊至難也。」

看了這段，我們沒有受辱的感覺，更多的是對伊藤博文的刮目相看，人家好歹也是一「日理萬機」的總理大臣，竟連敵方當時的一個小小隨從伍廷芳的事都一清二楚。還是咱們的李經方「大氣」，人家連駐美公使這個「副部長級」的人也敢說：「張大使不過一個普通公使，從未擔此大任。」李經

方和他老子的差距不是一點點。這一桌子的中國人還就李鴻章有點專業精神，和伊藤博文能進行一些「心靈交流」。

日本國小人少，憑什麼打敗清國，就憑這「認真」二字。不專業，不敬業，喜歡響亮的口號，愛搞個一驚一詐的「震撼」，憑一腔子熱血辦事，感性大於理性。所以中國人幹的活總是顯得：不細膩，有點糙。甲午戰爭，大家事後找了很多失敗的原因，很多就是這類「小節」問題。槍打不準，用錯炮彈，（不用開花爆破彈，用了穿甲彈甚至訓練彈。為什麼不用開花爆破彈？因為打仗時竟然將開花彈不帶上艦，均存放在旅順、威海基地的彈藥庫裏。）不知道充分利用魚雷打擊日艦，出海護航時竟然連彈藥都沒有帶足，船開回來自己先撞了。幹什麼都像個生手，永遠甘當外行。咳，也難怪。怪只能怪「細節決定成敗」，這句時下流行語傳到我中華太晚。反觀人家日本兵：在朝鮮平壤之戰後，日本兵摸透了清兵的特點，故採取先躲在戰壕裏讓清兵猛烈開火，等對方子彈打得差不多了，日本兵一個衝鋒準能贏。這就是專業和業餘的差距。這仗本就不在一個級別上打。

等仗打輸了，所有的人充當局外人，立刻尋找一個替罪羊，「國人皆曰可殺，萬口一詞」。讓自己的心靈得到解放，這是最好的心理治療。大家從來沒有也不想觸及自己的靈魂深處，下回老毛病再犯。正如赫德在日記中回憶他和翁同龢說的：「我告訴他們，一切取決於他們將來能實實在在地做些什麼。如果他們決心明天開始就正經地著手改革，今天的損失是無關緊要的；然而若是根本無意於推動改革，今天的損失就毫無意義，只是向狼群投擲一片片的肉，使他們暫時不追上來，直到把馬累死為止。」

林林總總說了這些，無非是對眾人分析失敗之因的一點補充。

中日間的一些數字

甲午戰爭爆發前，中國各省練、勇兩軍人數：

省　份	步　隊	計	馬　隊	計	合　計
黑龍江：	18營	6300人	7營	1750人	8050人
吉林：	34營	11900	26營	6500人	18400人
奉天：	56營	19600人	21營	5250人	24850人
直隸：	105營	36750人	38營	9500人	46250人
山東：	40營	14000人	8營	2000人	16000人
河南：	15營	5250人	5營	1250人	6500人
安徽：	20營	7000人	5營	1250人	8250人
江蘇：	60營	21000人	5營	1250人	22250人
浙江：	35營	12250人			12250人
福建：	51營	17850人			17850人
臺灣：	37營	12950人	1營	250人	13200人
廣東：	52營	18200人			18200人
廣西：	39營	13650人			13650人
山西：	16營	5600人	13營	3250	8850人
陝西：	23營	8050人	6營	1500人	9550人
湖北：	21營	7350人	3營	750人	8100人
湖南：	43營	15050人			15050人
江西：	23營	8050人			8050人
四川：	34營	11900人			11900人
貴州：	34營	11900人			11900人
雲南：	39營	13650人			13650人
甘肅：	17營	5950人	7營	1750人	7700人
新疆：	50營	17500人	47營	11750人	29251
總計中國練勇兵力：249700人。					

甲午時期軍隊的一些資料：

戰前日本實際動員兵力達240616人，174017人有參戰經驗，海軍擁有軍艦32艘、魚雷艇24艘，排水量72000噸，超越北洋水師。

戰爭死傷統計：中國：35000人死亡或受傷。日本：13823人死亡，3973受傷。

日本軍費中的一部分是靠日本民眾「報國、忠君」狂熱中的捐獻。據統計，當時日本總人口為4181萬，其中至少有7.4％的人口獻納不同數量金錢。

「文明戰勝了野蠻」？

戰爭打贏了，第一個高興的是福澤諭吉。聽聽他怎麼說的：「我聽到這一消息真是欣喜若狂。由於我軍的開戰而博得了勝利的大榮譽確實可喜可賀。我軍的勇武再加上文明精銳的武器，打他的腐敗國的腐敗軍隊，勝敗的結果本是明明白白的。恰似揮日本刀斬草無異，所向披靡，無可阻擋，原不足為怪，與預想的完全相同。最可喜的是日本軍人果真勇武，文明的利器果真好用，絕非出於僥倖。日清戰爭就這樣在世界面前展開，文明世界的公眾到底如何看待？戰爭雖然發生在日清兩國之間，而如果要問其根源，實在是努力於文明開化之進步的一方，與妨礙其進步的一方的戰爭，而絕不是兩國之爭。本來日本國人對支那人並無私怨，沒有敵意，而欲作為世界上一國民在人類社會中進行普通的交往。但是，他們卻冥頑不靈，

福澤諭吉（1835—1901）：日本近代著名的啟蒙思想家，被日本稱為「日本近代教育之父」、「明治時期教育的偉大功臣」。

1895年3月14日晨，李鴻章乘德國商輪公義號，懸掛仿英國旗式而新制的加繡青龍團式黃龍國旗。上圖為停泊中的公義號。

不懂普通的道理，見到文明開化的進步不但不心悅誠服，反而妨礙進步，竟敢無法無天，對我表示反抗之意，所以不得已才發生了此戰。也就是說，在日本的眼中，沒有支那人也沒有支那國，只以世界文明的進步為目的，凡是妨礙和反對這一目的的都要打倒。所以這不是人與人，國與國之間的事，可以看作一種宗教〔信仰〕之爭……幾千清兵無論如何都是無辜的人民，殺了他們是有點可憐，但他們不幸生在清國那樣的腐敗政府之下，對其悲慘命運也應有所覺悟。倘若支那人鑒於此次失敗，領悟到文明的力量多麼可畏，從而將四百餘州的腐雲敗霧蕩滌一空，而迎來文明日新的曙光，付出一些代價也值，而且應當向文明的引導者日本國三叩九拜，感謝其恩。我希望支那人早早覺悟，痛改前非。」

戰爭打輸了，這時的李鴻章開始在日本的開國元勳、當時的總理大臣伊藤博文身上打主意。兩個人在70年代的《天津會議專條》談判後都給自己的談判對手留下了深刻的印象。李鴻章說：「該使（伊藤博文）久歷歐美各洲，極力摹仿，實有治國之才，專注意於通商、睦鄰、富民、強兵諸政，不欲輕言戰事，併吞小邦，大約十年內外，日本富強，必有可觀。」伊藤博文後來在談判期間說：「前在天津見李中堂之尊嚴，至今思之猶悸。」和別人比，伊藤博文算是半個鴿派，又和李鴻章有二十年的私交和書信往來。據說日軍之所以沒有乘勝直搗京師，是因為伊藤博文估計，如果清廷迅即垮臺，

享有在華利益的眾多列強會群起干涉，日本反會成為眾矢之的，喪失既得利益。於是1894年11月19日，李鴻章讓曾經和伊藤博文有一面之交的德籍洋員德璀琳攜帶照會及私函各一件去見伊藤博文。

不久德璀琳無功而返，伊藤博文倒是有點念舊情，無奈外務大臣陸奧宗光極力反對，怕西洋人進來攪局。最後伊藤博文找了個使節手續不全的藉口回絕了。

最後李鴻章出場了。1895年3月14日一大早，李鴻章乘德國商船公義號駛離天津，開始其赴日和談的艱辛歷程。

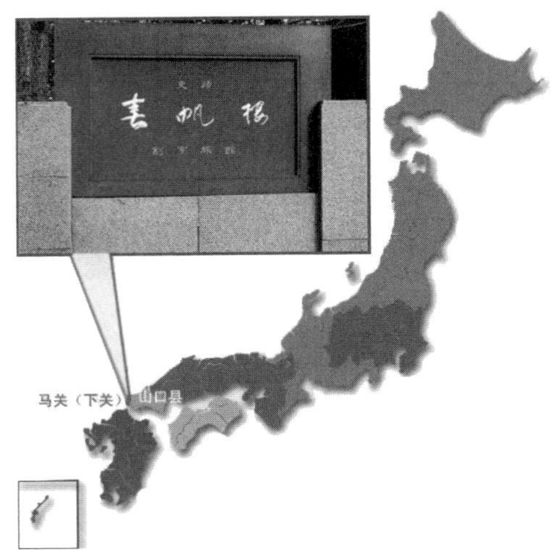

馬關春帆樓位置圖：馬關春帆樓位於日本山口縣的下關市。春帆樓以河豚菜為全日本第1號店。春帆樓這個名字是伊藤博文起的。伊藤博文想表達的是「春天之海的帆船」，故親自題筆命名為「春帆樓」。

李鴻章親自到日本來乞和，為日本文人的「愛國主義情操」提供了炮彈。一位詩人用當時日本人喜愛的漢詩和漢字佐以漢韻寫下了一首七絕：

> 四億人中第一翁，敗餘來仰聖恩隆。
> 卑辭厚禮請和議，不似平生傲慢風。

1895年3月20日下午2時半，雙方全權大臣首次會談。李鴻章和參議李經方、參贊羅豐祿、馬建忠、伍廷芳以及日文翻譯盧永銘和羅庚齡登岸，坐轎赴春帆樓。李鴻章在樓下略事休息，於三時零五分步入樓上會議室。日方出席會議者亦七人，除伊藤博文、陸奧宗光外，還有多人。

這是《馬關條約》談判簽字時的老春帆樓：後為戰火燒毀。據說當時談判會場的挑選地還有長崎，廣島等，不過，在臨會前一周伊藤博文決定在「下關的春帆樓」。下關就是我們說的馬關。

淨土宗引接寺：淨土宗引接寺是李鴻章馬關條約談判期間下榻的地方。他每天朝出晚歸，從這裏到春帆樓之間的馬路就這麼被當地人叫著「李鴻章道」，至今都沒改口。

羅豐祿：福州人，1867年入福州船政學堂學英文、駕駛專業。1878年，羅豐祿兼任清朝駐德國公使館翻譯、駐英公使館翻譯，邊學習邊從事外交翻譯工作。1880年入幕於北洋大臣李鴻章，在北洋水師營務處工作，並兼任李鴻章的英文祕書，充當李鴻章的外交顧問兼翻譯，同年4月任天津大沽船塢總辦。後隨李鴻章赴日簽訂《馬關條約》。其後，1896年隨李鴻章出訪俄、德、荷、比、法、英、美等國。1901年羅豐祿病故，終年51歲。

中日談判中國代表

李經方（1855—1934）：李鴻章四弟李昭慶之子。1862年李鴻章年已四十，膝下無子，將李經方過繼為嗣。1864年，李鴻章生嫡子李經述，仍以李經方為嗣子，稱之為「大兒」。1882年考中舉人，隨李鴻章襄辦外交事宜。1895年李經方隨李鴻章抵日與伊藤博文等開始談判。李鴻章遇刺後，清廷命李經方為對日談判的全權大臣。1911年任郵傳部左侍郎，兼任中國第一任郵政總局局長。1934年病逝於大連，終年80歲。

伍廷芳（1842—1922）：外交家、法學家。祖籍廣東新會，出生於新加坡。1874年自費留學英國，獲博士學位及大律師資格。後回香港任律師，成為香港立法局第一位華人議員。1882年進入李鴻章幕府出任法律顧問，參與中法談判、馬關談判等。後任駐美國、西班牙、祕魯公使。後任中華民國軍政府外交總長，主持南北議和，達成迫清室退位。南京臨時政府成立後，出任司法總長。1917年赴廣州參加護法運動，任護法軍政府外交總長、財政總長、廣東省長。陳炯明叛變時，因驚憤成疾，逝世於廣州。

馬建忠：江蘇丹徒人，後定居上海。青年時代就「專究西學」。1876年被派到法國留學。1880年回國後，入李鴻章幕，協助辦洋務。曾去印度、朝鮮處理外交事務，擔任輪船招商局會辦，上海機器織布局總辦。1895年隨李鴻章赴日簽訂《馬關條約》。

中日談判日本代表

右圖 伊藤博文（1841—1909）：日本近代政治家，內閣總理大臣，明治維新元老。出生於長州藩（今山口縣）山村的貧農家庭。其父被下級武士伊藤家收為養子。早年曾入吉田松陰的松下村塾，並與井上馨一起被祕密帶往英國學習現代海軍技術。回日本後加入長州藩軍隊反幕。主張「開國進取」。明治維新成功後，負責外交事務。1885年12月根據他的建議廢除太政官制，實行內閣制。出任首屆內閣總理大臣兼宮內大臣，並開始起草憲法。被譽為「明治憲法之父」。1909年10月，為解決日俄爭端，伊藤博文到中國東北與俄財長談判，當他乘坐的花車抵達哈爾濱車站時，被朝鮮人安重根刺殺身亡。

春帆樓是伊藤博文經常光顧河豚宴的地方。山丘下的海邊有日本的軍港，軍艦冒著黑煙往來於海面，也許這正是他要讓李鴻章看到的場景。

左圖 陸奧宗光（1843—1897）：少年時赴江戶求學，結識當時各幕的倒幕勤王志士。明治維新後，得岩倉具視賞識，任外國事務局御用掛。陸奧宗光作為當時的外務大臣，是日本發動甲午侵略戰爭的主要罪魁之一。戰前，他配合軍事上的挑釁，極力爭取英、美等國對日本的支持。當日戰爭決心已定時，他故意造成談判破裂，密令立即挑起戰爭。甲午戰爭爆發。清廷敗後議和，他在還遼問題上主張「對俄、法、德不能完全讓步，然對中國則一步不讓的方針」。由於其在侵華戰爭中積極奔走，出謀劃策，1895年8月被授予一等子爵。1897年病死。

春帆樓李鴻章和大兒子李經方（大清帝國欽差全權大臣二品頂戴前出使大臣李經方）的座位：日本人還特地為李鴻章添加了一個痰盂。

日方出席會議者七人：伊藤博文、陸奧宗光、內閣書記官長伊東已代治、外務書記官井上勝之助、外務大臣祕書官中田敬義、外務省翻譯官陸奧廣吉和楢原陳政。

上圖 李鴻章1894年的照片，右頁左圖為李鴻章1895年在日本馬關淨土宗引接寺被刺前的照片：兩張照片一比較。僅僅一年，李鴻章似乎老了十歲。馬關的照片如同洩了氣的皮球。「李大架子」已經散了架，人稱「雲中鶴」的他這時只是一個彎腰駝背的「病夫」。他整個人像塌了下來一樣，沒了脊樑骨。是啊，這一年，「平壤之敗，痛哭流涕，徹夜不寐」，「旅順失守，憤不欲生」，「李二先生」現在是舉國皆曰可殺，如今人在馬關還要聽伊藤博文這個後生教訓。

伊藤與李鴻章寒喧數語後，即提出：「本日應辦第一要事，係互換全權文憑。」李鴻章將其所帶之黃綢包袱打開，從繪有黃龍圖案的筒中取出敕書，連同其英文譯本交給伊藤。伊藤亦打開錦袋，將敕書及其英譯本交於李鴻章。李將日方敕書交盧永銘看，將英文譯本交李經方、羅豐祿看。雙方對敕書皆未提出意見。

伊藤博文問李鴻章，「此次貴國修好之心誠否？」李鴻章說：「我國若非誠心修好，必不派我；我無誠心講和，亦不來此。」李鴻章還說：「此次戰爭，實獲兩個良好的結果：其一，證明歐洲式之陸海軍組織及作戰方法，並非白種之民所獨擅，黃種之民亦可應用並取得成功；其二，貴國之長足進步，使我國從長夜之迷夢中覺醒，得益匪淺，此實為貴國促成其發奮圖強，幫助其將來之進步。我曾審時度勢，上疏論列，然未能如貴國之收到實效，殊以為憾。今我國人雖有多數怨恨貴國，而我對貴國反多感荷。緣我國有識之士，鑒於今日之大敗，必有所覺悟。」

外交辭令後是實質性談判，日方的停戰要求是：要求大沽、天津、山海關等地的清軍全部向日軍繳械，天津至山海關鐵路交日本軍務官管理，且停戰期間日本一切軍費由中國承擔。李鴻章聽完羅豐祿的口譯後，完全出乎意料之外，為之大驚失色，口中連呼：「過苛，過苛！」「貴方所指之天津、大沽、山海關三地，實北京之咽喉，直隸之鎖鑰也。倘貴軍占此等要地，我方則反主為客，豈不令人有宛如異國領土之感？」「我為直隸總督，三處皆系直隸所轄，如此於我臉面有關。試問伊藤大人，設身處地，將何以為情？」

「我兩人忠心為國，亦須籌顧大局，中國素未準備與外國交爭，所招新

兵未經訓練，今既到如此地步，中日係切近鄰邦，豈能長此相爭，久後必須和好。但欲和好，須為中國預留體面地步，否則，我國上下傷心，即和亦難持久。」李鴻章說了半天伊藤博文只回答：「現在兩國相爭，中國忽然要求停戰，對日軍士氣大有妨礙，所以要先佔據險要之地作為抵押，才不會吃虧。」並且限三天內答覆。

三日後，李、伊再次會談。事畢，當李鴻章乘馬車從春帆樓返回淨土宗引接寺途中，被日本浪人行刺，面門中槍，血流如注。李鴻章被刺的消息在國際上掀起譴責日本的強大輿論高潮，沙俄的軍隊甚至公開進入東北地區。梁啟超寫道：「或見血滿袍服，言曰：此血所以報國也。鴻章潸然曰：捨予命而有益於國，亦所不辭。其慷慨忠憤之氣，君子敬之。」

李鴻章挨了一槍，陸奧宗光給天皇的奏摺上這樣說：「我觀察內外人心所向，認為如不乘此時機採取善後措施，即有發生不測之危機，亦難預料。內外形勢，已至不許繼續交戰的時機。若李鴻章以負傷為藉口，中途歸國，

李鴻章馬關談判留下的珍貴照片之鑒定：剛看到這張李鴻章照片，沒有任何文字說明。怎樣證明這是李鴻章1895年3月20—24日在馬關淨土宗引接寺拍的照片？首先我們發現照片的背景是日式風格的屏風，估計是在馬關拍攝。接著我們在馬關李鴻章下榻的淨土宗引接寺裏發現了這個屏風。（見右圖，屏風被當作珍貴文物用玻璃牆隔著）文字說明證明這是李鴻章談判時用過的物品。然後發現照片上的李鴻章右眼下沒有槍傷，初步估計是被刺前拍攝的（20日—24日）。後來發現了日本人當時發行的李鴻章、伊藤博文明信片（明信片在後面的第173頁），更證明是被刺殺前拍攝的。因為，雖然照片上沒有十分清晰地顯現出槍傷，但是日本人敢用這張照片廣為宣傳，證明這是槍擊前的照片。因為日本人最要面子，絕不會家醜外揚。

對日本國民的行為痛加非難，巧誘歐美各國，要求它們再度居中周旋，至少不難博得歐洲二、三強國的同情。而在此時，如一度引出歐洲列強的干涉，我國對中國的要求亦將陷於不得不大為讓步的地步。」

由此，一顆子彈換來了日本人無條件停火的協定。這以後談判進入了關鍵的賠款數額之議。伊藤博文將三萬萬兩減為二萬萬兩。李鴻章再三要求再減，伊藤博文心中大怒。因為日方早偵破中方密碼，知道光緒帝的賠款底線。而這個李鴻章還在這裏一分一分地為主子爭。

下面將這一天兩人的對話抄錄在這裏。對話勝過轉述，最能了解當時的實情。

李鴻章說：賠款二萬萬兩，數額過巨，實非今日我國所能承擔。能否再減輕？

伊：如既已言明，本備忘錄是在盡量予以減輕而後所擬定，實無再減之餘地，尚乞諒解。今後如戰爭繼續，賠款數額將不止於此……貴國土地富饒，人民眾多，富源廣大無比。

李：即使我國富源廣大，但尚未開發，毫無辦法。

伊：貴國人多，超過四億，比我國人口多出十倍，如欲開發富源，實輕而易舉。

李：雖國大人多，無人傑可奈何！

伊：舉步艱難之際，英雄輩出，

1894年英國漫畫：小日本和大清國決鬥，英國人隔山看西洋景。

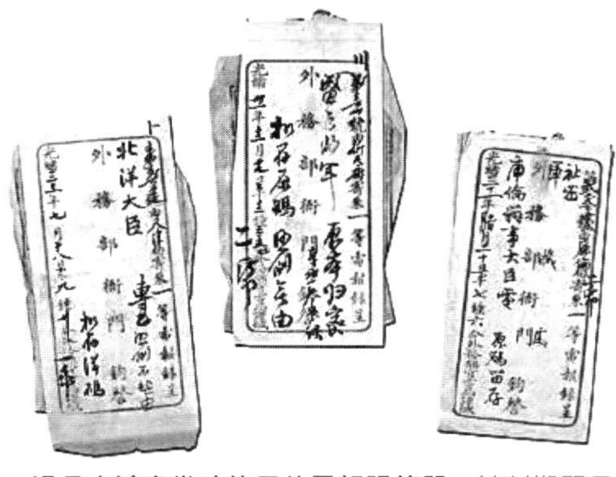
這是李鴻章當時使用的電報記錄單：談判期間日方早偵破中方密碼，知道光緒帝的賠款底線。其實甲午戰爭期間，中國軍隊的調動，日軍也是瞭若指掌。因為他們破獲了清軍的密碼。

至執掌國政者亦有之。即可用以開源。

李：（微笑）願向我國政府建議，禮聘閣下為敝國宰相如何？

伊：（亦微笑）敝人一身已獻給我國天皇。如蒙陛下恩准，不拘何時，亦不拒絕為貴國竭盡微力。

李：今日我國實困難至極，希閣下給以充分同情與體諒。縱令現在得以訂立講和條約，賠款金額如此巨大，將立即為世人所知曉。外國之資本家將乘我國困難之機，貪圖非常之高利，彼時，我國必將陷入更加困難之境地。

伊：關於此事，以敝人之地位不能進行任何談論。

李：當然。但另方面，若訂約即不可更變，否則我國將成為不履行條約之背約行為，必將再惹貴國以背約作為再開戰端之理由。故在尚未發生此種不幸之前，不能不再乞閣下減輕所提條件。切望閣下斟酌我國情形，再加以考慮。

伊：條約一旦締結，貴國則不能不認真履行。如貴國背約，我方不得已而將再次訴諸武力，當然不排除這種可能性。

李：正因為如此，敝人才不得不再請求閣下採取寬大措施，使條件減至今日我國可能履行之程度。

日本發行的馬關談判明信片：李鴻章的這張照片就是在馬關當地現拍的。

馬關下春帆樓旁的伊藤博文和陸奧宗光銅像：在日本，伊藤博文的確算個政治家。當時日本全國主戰的熱情高得很，認為應該時不我待，乘勝追擊。伊藤博文卻能從全局著眼，因為他知道再打下去，就會動了其他列強的乳酪。日本人當時不理解，所以出來這麼個小山豐太郎無業浪人行刺李鴻章。一是殺了敵國的李鴻章，因為「我帝國與中國啟釁，致動干戈，皆中國現任欽差頭等全權大臣李暗為主持，思非絕其生命，則我國不能得志」。二是殺李鴻章也是打伊藤博文這個「投降派」一記耳光。日軍內主戰空氣更濃，力主非佔領北京不可言和，刺殺行動可能為軍部那些傢伙所為。隨著時間的推移，日本人才知道伊藤博文的精明之處，這才主動給他們立了銅像。

伊：此備忘錄之條件，已充分體諒貴國情形，在可能減輕之限度內，業已減輕，因此不能允許再減輕分毫。

李：貴國為戰勝者，我國為戰敗者。戰勝者之要求，無論何等條件，敗者亦必服從。但以如此苛刻條件指令我國，終非我國所能忍受。

伊：（立即嚴肅起來）敢問，閣下所言，可否解釋為堅決拒絕本大臣所提出要求之意？

李：否，絕非如此。我國政府自不待言，本大臣亦求和心切，早為閣下所諒察。敝人只是坦率表達我國之情況而已。

伊：既如此，我方除備忘錄所記述之事項外，絲毫也不能減輕。

李：其次，願就土地問題一談。歷觀歐洲各國交戰，未有將佔據之地要

求全行割讓者。以普法戰爭為例，德國所佔領之法國疆土，雖非常廣闊，而實際所提出之割讓要求，卻極為寬大。今約內將奉天南部所占之地，要求全行割讓，此外對未被佔領之臺灣亦要求割讓，豈非已甚？

伊：否。其事例甚多，不可以普法之一例論之。

李：英法兩國兵臨北京城下時，彼等亦未要求割讓寸地。

伊：彼另有意在，不可以彼例此。

李：即如營口而論，乃係通商口岸，東西南北貨物雲集之地，實為我國政府之一大財源。貴國一面命我國負擔苛重賠款，同時又奪取我之收入源泉，豈非過於殘酷？

伊：是乃不得已之結果。

李：（邊笑邊說）譬如養子，既欲其長，又不餵乳，其子不死何待？

伊：（亦邊笑邊說）中國豈可與孩提並論。

李：臺灣全島，日兵尚未侵犯，何故強讓？

伊：閣下似乎說，未佔領之土地，即無要求割讓之理，貴國何以將東西伯利亞割讓給俄國？

老年李鴻章：甲午戰爭後，李鴻章周遊歐美八國，回來後大權旁落，盡幹些黃河河道勘查等的雜事。說到底，因為手上沒了軍隊，朝廷開始不把他當一回事兒了。最後李鴻章去了遠離權力中心的兩廣總督府。

老年伊藤博文：老年伊藤博文跑了很多國家，1898年前後曾經到過中國，光緒皇帝曾想聘他作顧問一類的工作。很顯然，中國的變法是從日本那裏獲得靈感的。

李：將東西伯利亞割讓與俄國，並非戰爭之結果。

伊：割取臺灣，在和談上亦為合理之要求。

李：臺灣與黑龍江有天壤之別，完全不能相比。黑龍江殆為化外之瘠土，人煙稀少，尚未施政。相反，臺灣土地肥沃，物產豐富，民亦服從王化，設官署置吏員，純如本土。

伊：但在割占中國主權所及版圖一點上，毫無不同之處，無須論及土地之肥瘠。

李：如此豈非輕我年耄，不知分別？

伊：中堂見問，不能不答。

李：總之，現講三大端：二萬萬兩為數甚巨，必請再減五千萬；營口還請退出；臺灣不能相讓。

伊：如此，即當遣兵至臺灣。

李：臺地瘴氣甚大，從前日兵在台，傷亡甚多。台民大都吸食鴉片煙，以避瘴氣。

伊：但看我日後踞台，必禁鴉片。

李：台民吸煙，由來久矣。

伊：鴉片未出，臺灣已有居民。倭國鴉片進口，禁令甚嚴，故無吸煙之人。

李：至為佩服。

談判結束時，李鴻章與伊藤博文握手告別，再次請求將賠款大幅減少。伊藤笑著搖頭說：不能再減。遂散。

李鴻章回來電告北京，不時就收到覆電：「如竟無可商改，即遵前旨與之定約。」4月17日李鴻章與伊藤博文正式簽署《馬關條約》。

帶著《馬關條約》草約和臉上的繃帶，李鴻章回國了，他發現自己成了舉國憎恨的「李二先生」。但是全體軍機大臣在上奏給皇帝的一份奏摺中說過的「中國之敗全由不西化之故，非鴻章之過」，這句話令李鴻章老淚縱橫。七年後梁啟超說：甲午戰爭是李鴻章「以一人而敵一國」。

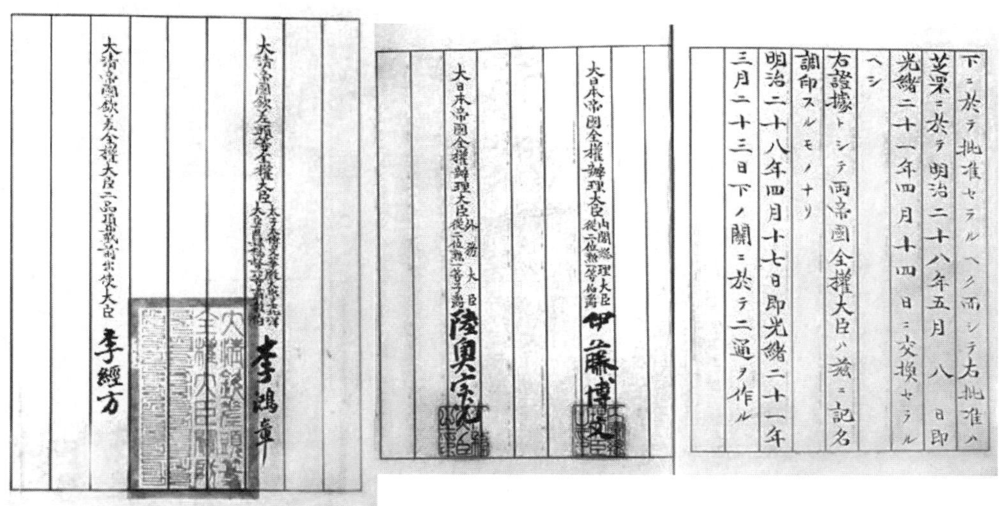

下ニ於テ批准セラルヘク而シテ右批准ハ
芝罘ニ於テ明治二十八年五月八日即
光緒二十一年四月十四日ニ交換セラル
ヘシ
右證據トシテ両帝國全權大臣ハ茲ニ記名
調印スルモノナリ
明治二十八年四月十七日即光緒二十一年
三月二十三日下ノ關ニ於テ二通ヲ作ル

大日本帝國全權辦理大臣 內閣總理大臣 從二位勲一等伯爵 伊藤博文
大日本帝國全權辦理大臣 外務大臣 從二位勲一等子爵 陸奥宗光

大清帝國欽差頭等全權大臣 李鴻章
大清帝國欽差全權大臣二品頂戴前出使大臣 李經方

《馬關條約》中日雙方全權大臣簽字影印件（日文版）

日本浮士繪作品《進軍臺灣》：1895年6月11日近衛師團長北白川能久帶兵進入臺灣。日本人把自己描繪成受臺灣人民歡迎的軍隊，其實他們在臺灣受到了極其強烈的反抗。

漫畫：李中堂，今天你簽也得簽，不簽也得簽，全無商量！

第三章
帶血的黃馬褂

歷史，距離我們越遠，有的會越來越模糊，有的卻越來越清晰，而李鴻章就屬於後者。

一件黃馬褂，血染東瀛，讓50萬紐約人追捧，也讓百年後的我們看清了李鴻章的真實面影。

黃馬褂與三眼花翎

黃馬褂本來只是清代官服的一種。清昭連《嘯亭續錄·黃馬褂定制》中說：「凡領侍衛內大臣，御前大臣，侍衛，乾清門侍衛，外班侍衛，班領，護軍統領，前引十大臣，皆服黃馬褂。」為什麼侍衛穿馬褂？因為馬褂衣長只及股，袖長至肘。行動起來利索。為什麼後來唯獨清朝能將「黃馬褂」這個符號普及到「文武百官」？是因為滿清好這個。說到底清朝是「槍桿子裏出政權」。

根據清官規定，三類人可以穿黃馬褂：

第一類是皇帝出行時，各內大臣、御前大臣、御前侍衛等隨從，必須穿著黃色的馬褂以壯行色。這種黃馬褂稱之為「行職褂子」，沒有花紋及圖

身穿黃馬褂的李鴻章：這是李鴻章1896年8月訪問英國時，英國《范尼特菲》雜誌刊登的李鴻章像。這張畫頗有點兒玩味價值，一是李鴻章身著黃馬褂入畫，罕見；二是李鴻章頂戴「三眼花翎」，少見；三是李鴻章「戴眼鏡」，不多見；四是李鴻章因甲午戰敗，被畫家瞬間捕捉到的「憂鬱感」，難見！唯一詫異的是李鴻章「6英尺」的身高，（大約1米83左右）卻被畫成1米7的樣子。有一點兒矮化我們的「李老」。

三眼花翎：花翎是清代官員的冠飾，用孔雀翎毛飾於冠帽後，以翎眼多者為貴。三眼的孔雀花翎為最。有人統計過：從乾隆到清末，被賜三眼花翎的大臣只有傅恒、福康安、和琳、長齡、禧恩、李鴻章、徐桐七人。漢臣賞戴花翎是非常之榮耀的事情。漢臣大員裏，只有李鴻章和徐桐獲此殊榮。

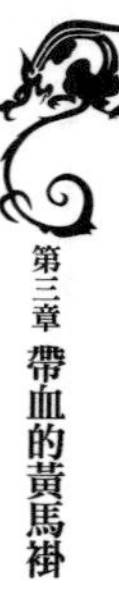

案。因為是因職而穿，所以離開工作崗位，或者不與皇帝同行時便不能穿。

第二類是皇帝狩獵校射時所賞賜的。這種黃馬褂稱之為「行圍褂子」，按規定只有跟隨皇帝狩獵時才可以穿。平時無故穿上屬於犯禁，是可以被治罪的。

最後一種黃馬褂是因特殊功勳而得到的獎賞。這種賞賜又稱「武功褂子」，得賞的人可以在任何隆重的場合穿。這才是我們平時所說的「賜穿黃馬褂」。據考證，這種賞賜方式在清初並不盛行，大概是在道光或咸豐以後才開始出現。特別在對太平軍作戰時候，賞賜了不少黃馬褂給那些鎮壓太平天國的有功者。後來慈禧太后把規矩給壞了。一次，慈禧太后一高興，生生地將一件黃馬褂賞賜給了為她開火車的司機。

李鴻章的這件黃馬褂和這根三眼孔雀花翎故事非常多。當李鴻章過七十大壽時，「兩宮賜壽，賞戴三眼花翎」。《異辭錄》有一段話說：「同光以來，每逢慶典，李文忠常得異數。紫韁三眼翎，本朝賜近支八分，今以當古之九錫，人臣所不能有。」七十大壽這個時候，是李鴻章事業的顛峰，朝廷給他的榮譽和實惠，很多方面已經超過他的老師曾國藩。

但是這一切因為一場戰爭 那間被「拔去」和「褫去」了。

清帝狩獵校射時所賞賜的這種黃馬褂稱之為「行圍褂子」。

李鴻章七十大壽時，朝廷送來的壽匾。

一槍等於打掉了日本一個師

1894年9月16日平壤失守，次日翁同龢抨擊：「合肥（李鴻章）事事落後，不得謂非貽誤。」光緒皇帝一氣之下，給李鴻章予以「拔去三眼花翎，褫去黃馬褂」的處分。這相當於現在的「行政記大過」、「黨內嚴重警告」處分。「戴罪立功」的李鴻章後來還是沒打贏仗，黃海海戰爆發後，北洋艦隊全軍覆沒，讓人家從海陸兩路夾擊攻佔了遼東，威脅京畿。

甲午戰敗後，清朝政府派代表赴日本談判，日本不予接待。1895年2月12日慈禧看了美國駐華公使田貝轉來的東京來信，說：「所指自是李某，即著

馬關條約談判處—春帆樓：春帆樓在日本當時海上通商要道口的馬關。馬關日本人叫下關，屬於長州藩。這一帶是日本明治維新的主力軍，「長番人」的發源地。伊藤博文早期就在這裏從事反幕府的「武裝鬥爭」。春帆樓是他常去的地方，他的太太「梅子夫人」就是在這裏喝「花酒」對上眼的藝妓。據說明治天皇和一些王公貴族，就愛吃馬關春帆樓裏的「河豚魚」。

春帆樓浮士繪：這幅日本浮士繪的《春帆樓》畫作幾乎有著和《馬關條約》一樣長的歷史。春帆樓所在地原來是個寺廟，日本慶應四年3月的「神佛分離令」後成為了廢寺。後眼科醫生藤野玄洋買下這個「方丈的痕跡」，明治十年在這裏開了一家叫月波浪樓的醫院。後來醫生的妻子又在這裏開了兼烹調的旅館。春帆樓這個名字是伊藤博文起的。

中日《馬關條約》春帆樓簽訂處：近處這排是清國方座位，李鴻章坐在這排的那把最大的椅子上。

中日《馬關條約》談判現場復原圖

伊去，一切開復，即令來京請訓。」2月13日，光緒諭令李鴻章「作為頭等全權大臣，與日本商定和約」，「賞還翎頂、黃馬褂，開復革留處分」。

《紐約時報》1894年8月6日有一篇報導叫《李鴻章黃馬褂被清廷褫奪，帶罪領軍》說的就是這件事情。報導說：「李鴻章黃馬褂被褫奪，算不上什麼劃時代的事件。然而引人注目的是，這可被視為大清朝廷力圖以加強法紀來整合民心所用權術的一個範例。對西方觀察家來說，本想弄明白如下事實，即為什麼李鴻章在頭天被任命為清軍最高統帥，而次日甚至同日又被褫奪清國貴族的最高榮譽？這項榮譽賦予清國臣民身著『黃馬褂』的權力，而這種『黃馬褂』據說是大清皇族專用服裝，禁止非皇族人員穿用。這個矛盾

的結果令人感到啼笑皆非！」

熟悉清國人傳統習慣和思維方式的人指出，「雖然朝廷頒佈了禁止李鴻章再穿黃馬褂的命令，但並沒有同時撤銷任命他為帝國軍隊統帥的聖旨。雖然李只能穿他的普通官服，但這並不妨礙他繼續做清軍統帥。如此看來，黃馬褂的回收只不過是個警戒，希望這位帝國司令警惕，在抗擊日本軍隊時必須有上好的表現。如果成功了，他可以指望重獲黃馬褂的殊榮，這無疑將是對他豐功偉績的最高獎賞；但如果失敗了，等待著他的可能是割掉他的馬尾辮子甚至砍掉腦袋。」

差一點掉腦袋的敗將李鴻章來到日本馬關的春帆樓和伊藤博文「媾和」談判。

1895年3月24日下午4時，第三輪談判結束過後，滿腹心事的李鴻章步出春帆樓，坐轎子返回驛館。誰知，就在李鴻章乘坐的轎子快到驛館時，人群中突然竄出日本浪人小山豐太郎，朝李鴻章臉上就是一槍。李鴻章左頰中彈，血染黃馬褂，倒在血泊之中。迷迷糊糊中，他還不忘叮囑隨員，將換下來的黃馬褂血衣保存下來，要求不要洗掉血跡。然後一聲長歎：「此血可以報國矣！」

「媾和使談判之圖」（日本）：李鴻章和伊藤博文在春帆樓「媾和」的時候，應該已經被光緒皇帝「賞還翎頂、黃馬褂，開復革留處分」。但是在日本畫家的筆下，李鴻章卻沒有穿黃馬褂上場談判，為何。也許真沒穿，也許……日本這種從浮世繪而來的「政治宣傳畫」一般不怎麼尊重歷史，寫意成分多。

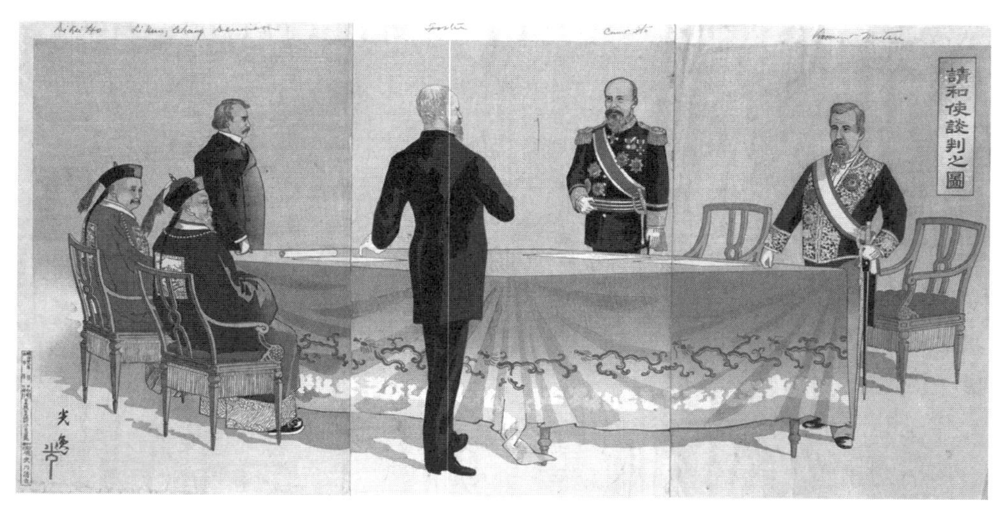

「李鴻章道」：日本馬關春帆樓旁有一條「李鴻章道」。這條道現在成了長崎的一個觀光點，遊客大多為中國人。瞧，細心的日本人還在左上角插了塊中文字的牌子。

當時李鴻章每天從驛館到談判點來回地跑在這條小路上。小山豐太郎就是在這條道上向李鴻章開的槍。這條道七轉八彎的，是一個特別適合「恐怖分子」下手的「好地方」，伊藤博文為什麼沒想到？他自己早期從事武裝鬥爭的時候也是幹「暗殺」出身的。唯一的解釋，伊藤博文大概想以春帆樓的河豚魚「腐敗」一下李鴻章，讓其吃飽喝足之下輕鬆地簽約。結果，偷雞不成反蝕了把米。按伊藤博文的說法：一槍等於打掉了日本一個師。

今天，在合肥大興集李鴻章享堂的正殿內，有一個紫檀木製成的玻璃櫥，玻璃櫥中陳列著一件染滿暗黑血跡的李鴻章黃馬褂，應該就是馬關的這件。

小山豐太郎用的可能是土槍吧，威力不夠大。李鴻章中的這一槍，子彈正好嵌在左眼下方一寸的位置。子彈雖然留在了體內，但並沒有傷及眼睛。李鴻章不讓取出來，俄國醫生也堅持不取。一是老先生時年七十三，一動不如一靜。二是老先生可能希望留下這個讓伊藤博文揪心的「罪證」，和日本人做「有理、有節的鬥爭」。果然，一顆子彈換回一萬萬兩白銀，最後理虧的日本人要價從三萬萬兩降到兩萬萬兩。這「一槍」甚至還引來了俄羅斯、法國、德國對日本掠奪遼東的聯合干預。在他們的壓力下，特別是俄羅斯有意無意地在遠東作調兵姿態，嚇得日本不得不接受中國三千萬兩白銀的「補償」，放棄了遼東。畢竟日本打敗清國後，自己也累得只剩一口氣了。

左下圖 血染的黃馬褂 右下圖 李鴻章左頰上的槍傷：這張照片攝於李鴻章日本馬關遇刺後。他左眼下一寸的地方，依稀可見槍傷癒合後的疤痕。此時，子彈的殘留物還留在皮下，沒有取出來。6年後，李鴻章就去世了。不管怎樣，這槍雖然沒當場索命，卻大大折了遇刺者的壽。

日本人那會兒就愛搞暗殺，「攘夷派」殺外國人，連俄羅斯沙皇尼古拉二世也在日本遇過刺。尊王派殺幕府的人。當時是個16歲小夥子的伊藤博文還跟著「攘夷派」領袖吉田松陰和桂小五朗開創了一個「暗殺時代」。

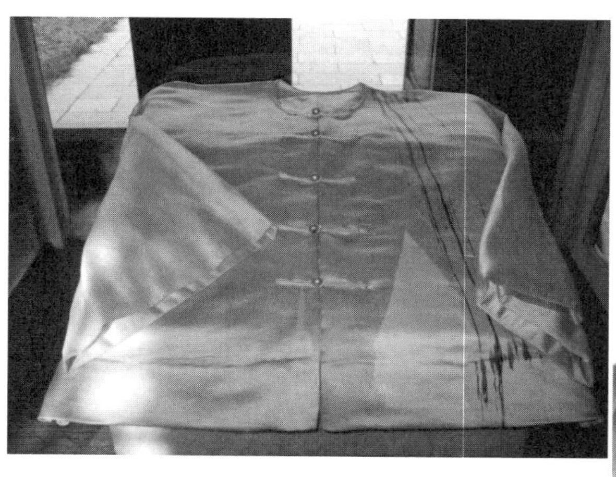

紐約50萬人爭睹黃馬褂

李鴻章血染風采的這檔子事兒，歐美的報紙都有即時的詳細報導。李鴻章和「yellow jacket」（黃馬褂）多次上了他們的版面。

他的黃馬褂、三眼花翎得而復失、失而復得，而且還有一股子血腥味，這些讓西方讀者浮想聯翩：原來，在那個遙遠的東方國家，一個將軍打敗了，只要脫去他的黃馬褂，就等於責罰了他。當黃馬褂被重新還回，就意味著一個官員重新被信任。原來血袍可以「報國」。他們馬上聯想到《灰姑娘》童話中的水晶鞋，魔力無限。

美國記者在莫斯科報導沙皇尼古拉二世加冕典禮的時候，特別指出，「中國皇帝的特使穿著滿人的黃馬褂，頭上插著美麗的孔雀羽毛，給熱鬧的大街增添了令人難忘的畫面。」

如今穿黃馬褂的人要來他們這裏訪問了。

《紐約時報》1896年8月23日從英國發回的新聞中用了一個醒目的標題：「李鴻章已經起航了！」（也就是說「終於等到了！」就這幾個字把美國人等不急了的心態全表達出來了。）報導的副題是：「這位偉大的中國政治家現在正在去美國的路上！」新聞報導中也提到了「那件著名的黃馬褂」。

黃馬褂本身比李鴻章還要出鋒頭，所以，1896年8月28日，當李鴻章踏上

聖路易斯號郵輪：李鴻章於1896年8月23日乘美國輪船公司的聖路易斯號郵輪離開倫敦，於28日到達紐約。據說他在船上交了不少朋友。

李鴻章從紐約的輪船碼頭到華爾道夫飯店線路圖：
李鴻章是搭美國輪船公司的聖路易斯號郵船到達紐約的。《紐約時報》沒有說停靠哪個碼頭，但是經查美國輪船公司聖路易斯號通常停靠在布魯克林大橋旁的Fulton街碼頭。然後車隊經百老匯大街，過華盛頓廣場，入第五大道，最後到達公園大道上的華爾道夫飯店。

李鴻章乘坐的聖路易斯號在紐約市停靠的碼頭：這張照片是李鴻章到達紐約那年（1896年）拍的，地點就在李鴻章登上紐約市的Fulton街碼頭上。當時李鴻章應該抬頭遙望這宏偉壯觀的布魯克林大橋，心中無限感慨。代表美國政府先期上船歡迎的盧傑將軍一定會告訴中國客人，「這個橋我們已經造了三十年了，上面還跑輕軌呢！」

紐約時，成千上萬的美國人走上街頭歡迎他。紐約警方說當天歡迎人數在50萬左右。估計相當大一部分人是來看「那件著名的黃馬褂」。

美國國會圖書館編輯的《美國故事》中有這樣一段描寫：「當李鴻章1896年8月到美國訪問時，美國人列隊街頭，歡呼聲一片，大家都希望能一窺這個重要訪客和他那件著名的黃馬褂。兒童們用黃色絲帶將自己的自行車打扮得漂漂亮亮，以期引起這位貴客的注意。」

每當有客人到，孩子最激動，紐約街頭孩子激動的場面這裏沒有，費城的歡迎場面倒有一張。

李鴻章的黃馬褂《紐約時報》說得最仔細。《紐約時報》在1896年8月29日的報導中稱：「盧傑將軍與李總督通過翻譯在作寒暄的時間，是仔細研究總督外表服飾的絕好時機。李穿著著名的黃馬褂，這種馬褂有點像披肩，看不出有什麼實際的用途。馬褂裏面是深藍色的織錦軟綢外套，再裏面穿著深紅色的袍服，上面凹印著許多暗花的紋飾。他穿了一雙白色厚底靴，把人

李鴻章一行穿過紐約華盛頓廣場：1896年8月28日，李鴻章一行的車隊通過紐約市華盛頓廣場，這個廣場很小，面積最多相當於北京老式社區的小花園。地理位置偏西，平時鴿子喜歡到此聚會，所以地面上都是鴿子的排泄物。唯一的亮點是周圍為紐約大學所包圍，掛滿了紫色的紐約大學校旗，但是李鴻章去的那會兒，這裏一定很熱鬧，因為「世界大家庭中最年輕的國家」一定想安排一個最佳路線展示給「世界大家庭中最古老國家」的代表看。而且那會兒，美國把「門戶開放，利益均攤」天天掛在嘴上。說白了，就想不費一刀一槍在中國得好處。不想明搶就得暗奪，所以對中國的公關更不能馬虎。

的個子墊高了許多，戴的帽子是現已不再時興的滿清官帽，從上到下往裏收束，露出刮得光亮的頭皮，只剩下黑色的一小片，帽子後面垂吊著用絲帶束編至膝的長辮。帽檐是黑色的，帽冠鑲著金邊，用燈芯絨製作的軟織物從頂戴內向外披散出來。頂戴的正中有一個寶石鈕釦，頂戴上還斜插了一根三眼花翎，在他的右手小指上戴了一顆光彩耀眼的鑽戒。」

「其他成員由於官階不同，他們服飾的花色也不同，穿戴各異。有的人頂戴上斜插一眼花翎，有的則什麼也沒插。」

感謝《紐約時報》這種近似於小說的描寫。不說別的，這至少為我們留下了不少史料。按照咱們專家的話說：為清代紡織史、織造史、繡花史、印染史和服裝史留下了頗有價值的史料。再者，美國記者的觀察力不錯，細節處經得起歲月的推敲。而且視角獨特：看到李鴻章的黃馬褂首先想到的是實用性。另外，弱弱地問一句，中堂大人也不怕熱？8月下旬，紐約有時會達到

美國歡迎人群在紐約碼頭外等待李鴻章的出現：根據「美國客輪公司」1896年的航班表，李鴻章乘坐的聖路易斯號郵輪應該於1896年8月28日凌晨兩點到紐約港。但是《紐約時報》則報導李鴻章是下午2點到的紐約。就算表上記載的是英國時間，也只減掉4小時。如此看來，李鴻章到紐約港的時間比正點到達時間晚了12小時。再說，這是國際航線，船雖到了，一大堆的通關手續和衛生檢疫依然要做，碼頭上的美國人看來等得有點急了。

李鴻章一行訪問費城：照片中的人們等啊等啊，終於有人說：來啦，來啦！首先是美國騎兵護衛隊，然後是李鴻章的行李車，接著是李鴻章龐大的隨行團。估計拍照的人一見到穿黃色衣服的中國人，就聯想到黃馬褂的李鴻章，迫不及待地按下了快門，可惜照到的最多是兩個三四品的「處局級幹部」。但是就這樣已經讓人們目瞪口呆了。細細一看，你會發現，已經有不少人把眼神迅速地移到後面的馬車上去了。後面的馬車一定是體積更大，坐著的人年齡更老。說不定就穿著「那件著名的黃馬褂」。

華氏近百度（攝氏38—39度，大約相當於同時間的北京天氣）。老先生黃馬褂裏穿得不少，僅記者看到的就有兩套，而且是密不透風的長袍，裏面應該還有呢。總之，那會兒一沒有電風扇，二沒有空調，想來也沒有一個像埃及那樣扇扇子的侍從。否則，這位愛細節描寫的記者，一定會寫上。查了一下清朝黃馬褂的著裝規定，發現李鴻章的的這身穿著打扮和朝廷的要求，竟沒差多少！能不能這樣看，李鴻章怕不怕熱？怕熱，但是人家講職業道德。為了大清國的「風度」人家不要溫度。戰高溫鬥寒暑，心中只有一句話：「外事無小事，事事是大事」。難怪人家說他是「中國外交第一人」。

說到李鴻章是專業外交家，這話一點兒也不假。《紐約時報》說他是一位「面容慈祥的總督」：

「李總督臉上的表情，有一種引人注目的慈祥，目光明亮，閃爍著睿智的光芒，眼睛裏飽含了幽默和機智，鼻樑上架著一副老式的硬框眼鏡，顴骨高而不瘦，皮膚黝黑卻看上去顯得很健康，顯而易見，他過著悠閒和舒適的生活。」

「總督對正在舉行的水上表演彷彿視而不見，甚至沒透過舷窗向外看一看，一舉一動都是那樣怡然自得，使旁邊的人習慣於服從，而他本人又不顯

穿著黃馬褂的李鴻章漫畫：美國人天性比較樂觀，也比較主觀。這個畫家一定是沒見到過李鴻章，也根本不了解中國社區。畫面中的中國因素都有了，但是李鴻章根本不能穿龍袍，那是要殺頭的。不錯，李鴻章抽煙，但是抽的是水煙。後面的中國社區也不典型：在美國的中國人不去酒吧，如果是茶館也沒有這種高凳的茶座。四個白衣人掃地？注重環境衛生那是我們固有的美德嗎，那會兒我們還沒「接軌」吧。寶塔林立，中國哪有像建煉油廠那樣建塔的？這麼看來，這的確是張漫畫。

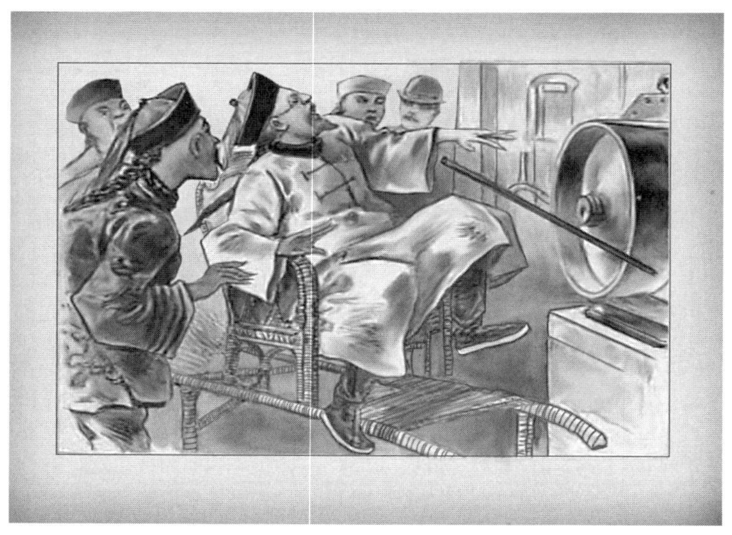

美國《國家員警憲報》登載的一張漫畫：1896年左右出版。畫面中穿著黃馬褂的李鴻章為科技的魅力所折服，在尼亞加拉大瀑布旁，見到一台發動機被轟然啟動的一霎那，驚訝得手杖都丟了。

著名的美國《國家員警憲報》《The National Police Gazette》，成立於1845年，專門登載兇殺和犯罪的文章，屬於「法制刊物」。瞧，這種雜誌都來湊「李鴻章熱」，可想李鴻章當年的明星效應絕不亞於眼下的章子怡。

得傲慢。他是那種從不向他人提出什麼要求，但又總能獲得滿足的人士。他很能輕鬆地與人交談，而不使對方感到緊張。」

《紐約時報》記者從郵輪進紐約海域的時候就上了船，郵船還要一個小時才能真正的靠上紐約港口的岸。這時候，美國政府代表已經先期上了船。記者站在旁邊，開始觀察「李總督」和美國代表的交談：「賓主之間的談話在漫不經心地進行，『聖路易斯』號郵輪拉響氣笛，慢慢駛進港口。談話主要以總督發問的方式進行，他提問的方式是如此的隨意，使人容易忘記他的身分和聲譽，就像是老熟人之間的聊天，而不是這個特殊人物在提問。他的問題在艙房內不時激起一陣溫文爾雅的歡笑，交談的氣氛平靜、融洽。」

老外也看上黃馬褂

黃馬褂在「文明社會」出了名，這裏有來自「半開化地區」李鴻章的功勞。黃馬褂享譽海內外，以至於後來老外到了中國，總想方設法要求賞賜件黃馬褂過過癮。瞧，這位著黃馬褂的「洋大人」多得意啊。

英國退役海軍少將貝思福爵士（Lord Charles Beresford）來中國，不知走了誰的後門，弄了件黃馬褂，還讓人給畫了張像。

他1898年9月30日抵達香港，到1899年1月9日離開上海，3個多月裏在中國走南闖北，不但訪問了包括北京、天津、漢口、廣州、廈門、上海等城市，也視察了一些中國軍隊，到過所有的主要海防要塞，去了7個主要兵工廠中的6個，並訪問了恭親王、李鴻章以及8個總督中的6個。回國後出版了他的報告《細述中國》。

貝思福通過考察發現，中國商務存在許多問題：中國政府極其腐敗、貧弱，朝令無常，不遵守條約稅則。各地稅務繁雜，內地關卡林立，關稅、子口稅、厘金等等，名目繁多，無章可循，外國商人盡受其累。他最精到的還是軍事。他說：「漢陽這個兵工廠由湖廣總督管轄。工廠的設備是第一流的各種德制機器。我特別注意到許多現代化的銑床。非常好的步槍廠，每年可以出產現代化毛瑟步槍8000支。還有一個很大的炮廠，現在每年可以生產前面提到過的1磅炮大約20尊。這個廠的生產情況，是又一個資源浪費在無用軍械的例子。在廠內我看到到處都是昂貴的重機械，打算用來製造12寸口徑50噸重的克虜伯大炮。可是沒有一部機器是裝設完整的。我又目睹了大量製造火藥的機器，也沒有裝設起來。」

這樣的言論在他的《細述中國》裏比比皆是。清國老打敗仗，怪東怪西就是不怪自己的腦子。這只是冰山的一角。貝思福把這個疤一下子揭開了。就憑這，貝思福應該被賞賜黃馬褂。

上圖 李鴻章搞外事工作的標準著裝像：李鴻章的這個形象幾乎在歐美成了他的標準像。其實他這身著裝也是一種「中西合璧」，綬帶和勳章是舶來品。這是他在英國時的照片。

下圖 穿黃馬褂的英國人貝思福爵士：貝思福爵士（Lord Charles Beresford），1898年受英國總商會的委託，考察中國。這件黃馬褂可能是見恭親王時，慈禧太后賞賜的。因為這位海軍少將提出了一個清廷關心的觀點。他鼓吹英、美、日、德建立商務同盟，實行門戶開放，共同保全中國，幫助清朝訓練軍隊，以保護英商利益。清國中央大員、地方督撫起初普遍對貝氏的練兵建議感興趣，中國商界也希望由英國人助華練兵和管理財政金融等。但是反對最激烈的是英國政府，因為這擺明了四國結成同盟公開把俄羅斯人從東北攆出去，英國政府恐怕俄國遷怒於英國。

第四章
驚心動魄賢良寺

上海樓多，香港錢多，北京寺多。據說，北京大大小小的寺，最多時有上千座。

賢良寺，一個名不見經傳的小寺，卻在晚清近代史上留下了重重的一筆。

賢良寺，因名人而出名

賢良寺的名聲在外，主要是因為它作為「驛站」，曾經迎來的大批名聲顯赫的寄住者。首位的就是曾國藩。

曾國藩和賢良寺

曾國藩同治七年12月13日從南京到京。當晚由吏部接到北京東安門外金魚胡同賢良寺寓居，並傳達諭旨：「賞曾國藩紫禁城騎馬，明日養心殿召見。」同治九年9月25日曾國藩又一次入京，他在日記中記下了當天的行程：「黎明起，早飯。飯後行12里至通州。喬鶴儕在東關外迎接，在廟內與之一談。旋至倉場總督署內拜喬鶴儕。出西門，走25里至定福莊，又走20里，至齊化門。進城，走7里許至金魚胡同賢良祠居住。」

左宗棠和賢良寺

1884年，年已70多的左宗棠為「中法的事」再一次來到了北京。於賢良寺住下後，他開始奔波於京師，分析中法戰爭的利弊，研究戰鬥方略，為再次出征做準備。這次，左宗棠在賢良寺住了3個月。

張之洞和賢良寺

張之洞早年進京時也在賢良寺住過，後來進了軍機處，在北京找了一個固定場所，地址在白米斜街11號。其宅面積很大，門外有照壁、上馬石、八字門牆，後臨什剎海前海。

Kang-Yu-Weï, le « Confucius moderne ».

康有為和賢良寺

康有為落腳賢良寺的時間不長，他後來在菜市口米市胡同置了房。從此他在米市口一住16年，一直到他戊戌變法失敗逃離北京。

劉坤一和賢良寺

劉坤一，湘軍首領，官至兩江總督，幾次進京，均帶著手下住在賢良寺。

袁世凱和賢良寺

袁世凱曾經在賢良寺裏碰了一鼻子的灰。吳永的《庚子西狩叢談》寫道：袁世凱曾去賢良寺對李鴻章說：「您不如暫且告老還鄉，像東晉的謝安養望於長林之下，等朝廷一旦有事，聞鼙鼓而思將帥，不能不倚重您老臣，到時候羽檄交征，安車上路，才足見您的身價非比尋常。」李鴻章怒道：「慰廷，你是來為翁叔平（翁同龢）當說客的吧？他就想協辦大學士，我開了缺，騰出一個位置，他就可安然頂替了。你去告訴他，教他休想，旁人要是開缺，他如了願，與我不相干。他想補我的缺，萬萬不可能。諸葛亮講『鞠躬盡瘁，死而後已』，這兩句話，我還配說。總之，只要我一息尚存，就絕不無故告退，絕不奏請開缺。」袁世凱只好顧左右言它……

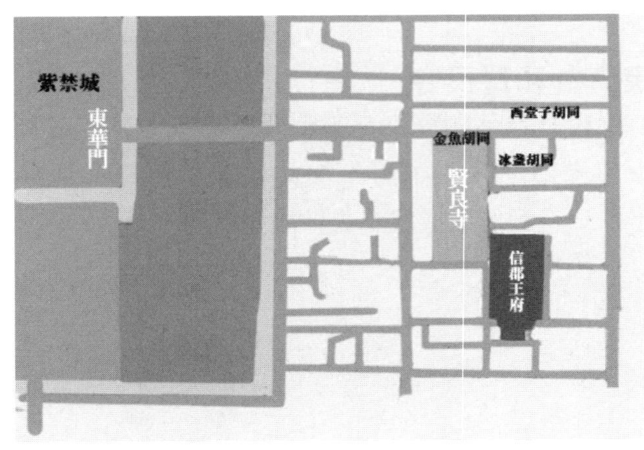

根據1750年《乾隆京城全圖》繪製的原賢良寺方位圖：瞧，賢良寺的確離皇城東華門不遠。這叫近水樓臺先得月。

賢良寺一不算京城首廟，二沒有千年沉澱，同時周圍還有十多處寺廟道觀相鄰，為什麼眾官皆選它？

因為賢良寺離皇宮近，又採開放迎客之勢。無意中因為客人而使其清史留名。

它就坐落在王府井東邊的金魚胡同和冰盞胡同之間。後門去紫禁城東面的東華門只有里把地的路程，連個彎都不用拐。這路近有什麼好的？那會兒上早朝，路遠的大臣凌晨兩點就得起來梳洗準備了。外省地方上來京覲見，隨時都得「候著」。所以地理位置好點兒、近點兒對這些做臣子，特別是外官進京的來說就是「硬道理」。

堂堂賢良寺為什麼當起「驛站」了？其實自古以來的寺廟並不是一個不食人間煙火的地方。人家也是精神文明和物質文明「兩手都硬」。也就是說寺廟一直在走「市場經濟」路線，依賴出租「廟寓」維持寺裏的日常開支便是方丈們生財之道的一條重要途徑。這種「留客」好處多多：一來拿到了住宿費，二來有了香火錢，這三還能找個「上層的」當靠山。

早期賢良寺比後來的大三倍

說到賢良寺，歷史不算久遠，卻來頭不小。原北平市政府秘書處編的《舊都文物略》中介紹得比較到位。原來，賢良寺是康熙皇帝第十三子胤祥

愛新覺羅・胤祥（1686—1729），清康熙帝第十三子，敬敏皇貴妃章佳氏所生。與雍親王胤禛關係最密。胤禛繼位，即封其為和碩怡親王，總理朝政，又出任議政大臣，處理重大政務。胤祥府於雍正十二年（1734）改建賢良寺。乾隆十二年（1747），遷建賢良寺於冰盞胡同。

《乾隆京城全圖》原稿影印件的賢良寺部分：這張地圖於1750年完成。5年以後乾隆將賢良寺由南朝北簡縮了三分之二。從這張圖上，我們還能看到原來的大賢良寺。大門開在帥府胡同上。1940年7月，日本「興亞院華北連絡部政務局調查所」曾將該圖縮印出版，以《乾隆京城全圖》為名，訂成17本，附解説及索引。本圖從中摘出。

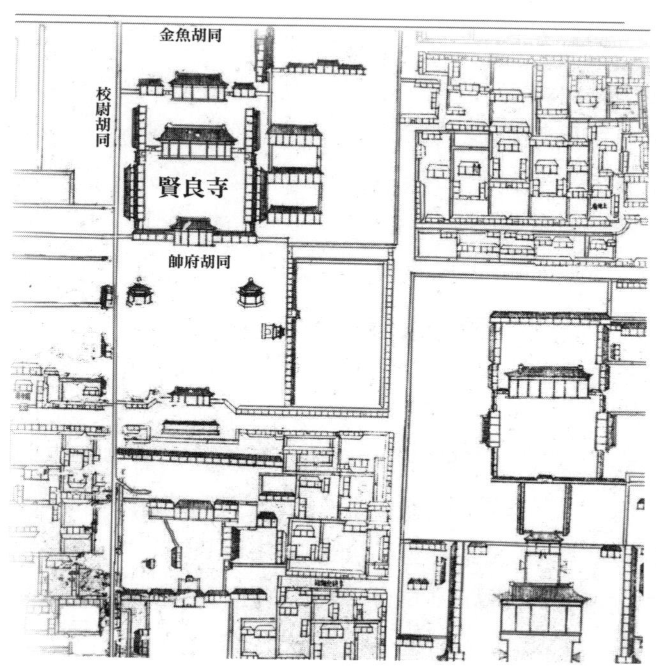

的住宅。胤祥於雍正即位後被封為怡親王，怡王府原在王府井東邊的帥府園，面積很大，因胤祥生前表示，死後將宅改為寺廟，故雍正八年（1730）他死後，雍正在此首建賢良寺。第二代怡親王就又在朝陽門內建新府。

賢良寺原來占地面積特別大，山門開在帥府胡同，後身也到金魚胡同。這個最早的「大賢良寺」被1750年完成的《乾隆京城全圖》忠實地繪入圖中。

乾隆二十年（1755）乾隆又將該寺移建冰盞胡同（後稱冰渣胡同），即今所在之地。移建後的賢良寺面積減少，但仍規模不小，主要建築有山門、碑亭、前殿、正殿、經樓、東西配殿、寮房等。正殿面闊五間，為綠琉璃瓦歇山頂，懸木額「賢良寺」。其餘建築均為大式硬山灰筒瓦頂，還有乾隆皇帝御書心經塔碑。

民國時在寺配殿內附設有民眾小學校。解放初期，賢良寺內還有僧眾。後來僧眾被遣散，部分房屋被作為校尉小學的校舍。

1965年整頓地名時將冰渣胡同（前冰盞胡同）、二十四間房、西夾道併入，統稱校尉胡同。冰渣胡同原先有兩個出口，西口在校尉胡同，北口在金魚胡同，賢良寺位於胡同路北。後來賢良寺四周的環境發生巨大變化，先是冰渣胡同向北拐處改建，北邊的出口處被堵，變成東西走向的死胡同。

賢良寺還有塊賜地在城外虎頭峰下。塔院原有兩處，當地俗稱東、西塔院。現只存東塔院。東塔院有兩塔，民國元年秋落成。塔院以東，有座完整的四合院，名曰賢良堂。

李鴻章故事最多

賢良寺眾多「留客」裏數李鴻章的故事最多。他剛在京城做官那會兒就住在賢良寺，前前後後，斷斷續續住了四十多年，最後還終老於賢良寺。

甲午戰爭後，李鴻章有半年時間閒居在賢良寺西三跨院。這在他忙忙碌碌的職業為官生涯中，是從沒有過的事，也是他一生中最投閒置散的一段時間。面對門庭冷落車馬稀，他索性關起大門講究起了「養生之術」。看書、

李鴻章居賢良寺時期的金魚胡同：賢良寺的前門開在冰盞胡同，後門就在金魚胡同上。由於賢良寺達官貴人進進出出，故而帶動了北京「駱駝祥子」的生意。

練字、鍛鍊、吃飯和睡覺成了他一天的功課。「早間六七鐘起，稍進餐點，即檢閱公事，或隨意看《通鑒》數頁，臨王《聖教》一紙。午間飯量頗佳，飯後更進濃粥一碗，雞汁一杯。少停，更服鐵水一盅。即脫去長袍，短衣負手，出廊下散步，非嚴寒冰雪不禦長衣。予即於屋內伺之，看其沿廊下從彼端到此端，往復約數十次。一家人伺門外，大聲報曰：『夠矣！』即牽簾而入，瞑坐皮椅上，更進鐵酒一盅，一伺者為之撲捏兩腿……凡歷數十百日，皆一無更變。」

這些李鴻章閒居賢良寺的細節都是由曾國藩孫女婿吳永一條條記下來的。吳永這時正在李幕，被李鴻章「以通家子弟相待」，「晨夕左右，幾逾一載」。李鴻章經常與吳永枯坐庭院，「隨意談論」。閒聊時，李鴻章曾經深有感觸地對吳說：我辦了一輩子的事，練兵也，海軍也，都是紙糊的老虎，何嘗能實在放手辦理？不過勉強塗飾，虛有其表，不揭破猶可敷衍一時。如一間破屋，由裱糊匠東補西貼，居然成一淨室，雖明知為紙片糊裱，

中年時期的李鴻章像：李鴻章曾自豪地說：「予少年科第，壯年戎馬，中年封疆，晚年洋務。一路扶搖，遭遇不為不幸。」是啊，這時期的李鴻章傲著呢，瞧這眼神！「中年封疆」的李鴻章，開始是兩江總督，接著為直隸總督，後來又兼了北洋通商大臣，最後授文華殿大學士（相當於內閣首相）。直隸總督府在保定，北洋通商府在天津，文華殿在紫禁城東華門南。這樣李鴻章就得經常在北京、保定和天津來回地跑。他每次進京辦事總住在賢良寺。

然究竟決不定裏面是何等材料，即有小小風雨，打成幾個窟窿，隨時補葺，亦可支吾對付。乃必欲爽手扯破，又未預備何種修葺材料，何種改造方式，自然真相破露，不可收拾，但裱糊匠又何術能負其責？

看來李鴻章並不糊塗，中國的事情，有時候想和做完全是兩回事。牽掣太多，澇澇罐罐太多，公公婆婆太多，一個人的力量又實在太小。有些事情李鴻章也沒辦法。

賢良寺最驚心動魄的故事無疑由李鴻章寫就。1900年，義和團大鬧華北平原，當八國聯軍打進北京城的時候，慈禧太后和光緒皇帝帶著一大幫人「西狩」了。大臣投降的投降，戰死的戰死，自殺的自殺。當時乾枯的護城河裏到處都躺著頂戴花翎的屍首。這時候，在兩廣總督任上的77歲李鴻章卻在俄羅斯衛隊的護送下回到了賢良寺。

李鴻章是10月5日由百人俄軍護送，自天津乘船北上，於11日到達北京賢良寺西跨三院的。整個談判期間，這裏就是李鴻章辦公的處所。當時佔領者宣佈除承認李鴻章住的賢良寺和慶親王奕劻的住處是「由清國政府管轄的兩個小院」外，其他均為佔領軍所有。慶親王奕劻住宅外有日本兵持槍護著，

李鴻章的衛隊（四張照片）：李鴻章的護衛隊成員是從他手創的淮軍中選拔出來的。李鴻章居住賢良寺西三跨院時，這一百名「身穿灰呢窄袖衣」，肩扛洋槍的淮軍衛隊就住在西二跨院。據說李鴻章每當外出時，他一坐進綠呢大轎，領隊的就一聲吆喝，隊伍浩浩蕩蕩出發了，好不威風！

李鴻章住所有荷槍實彈俄國兵把守，外國報紙評論云：奕劻「如一囚徒」，李鴻章「實際上是受到禮遇的俘虜」。

李鴻章到北京的當天，也就是10月11日，就會同慶親王奕劻開始與德、奧、比、西、美、法、英、意、日、荷、俄多達11個國家的談判代表同桌進行艱難的談判。

談判前後進行了九個月。由於早年馬關遇刺失血過多，李鴻章一累就有眩暈的頑疾。近八十的人了，他還親自過問每一個細節。一天，李鴻章在拜會英、德公使後回賢良寺的路上受了風寒，於是舊病復發。那會兒，洋人要價太高，他正好藉著這病和聯軍打拖延戰和消耗戰。

1901年1月15日，李鴻章和慶親王代表大清國在「議和大綱」上簽字。簽字後，李鴻章吐血不止，「紫黑色，有大塊」，「痰咳不支，飲食不進」。

7月，李鴻章病情加劇，不能視事。9月，又患上傷風，「鼻塞聲重，精

神困」。

9月26日，相隨李鴻章三十餘年，負責「辦理京畿教案」的周馥在保定直隸藩司接「相國病危，囑速入京」的急電後，匆忙趕往賢良寺探望李鴻章。他記錄李鴻章生命一步一步走到盡頭的過程。

10月30日，李鴻章死前8天，他還到俄國使館議事，據說俄使對他竭盡恫嚇脅迫之能事，歸來後「嘔血碗許」，經西醫診斷，係「胃家小血管掙破」。

11月1日，李鴻章胃部感覺漸舒，能靠床坐，睡眠也安靜。

11月5日，病情似乎有好轉。早上起床後，幕僚感到病人精神清爽。白天所談，皆是公事時事。話多了，吐字有點不太清楚，精神也有些恍惚。事後想來，這正是迴光返照的表徵。晚間，李鴻章吃了少量梨汁、藕汁。半夜中感到他喉中有痰，呼吸帶喘。

11月6日，李鴻章雖然已經不能說話了。但是，家人輕聲的呼喚，他還能答應。這一天，清廷發佈諭旨，說李鴻章「為國宣勞，憂勤致疾，著賞假十日，安心調理，以期早日就痊，俟大局全定，榮膺懋賞，有厚望焉」。周馥說：「相國已著殮衣，呼之猶應，不能語，延至次日午刻，目猶瞠視不瞑。我撫之哭曰：『老夫子，有何心思放不下，不忍去耶？公所經手未了事，我輩可以辦了，請放心去罷。』忽目張口動，欲語淚流。余以手抹其目，且抹且呼，遂瞑，須臾氣絕。余哭之久，不能具疏稿。」

實際上李鴻章臨終前，守在身邊的還有馬玉昆。他倆目睹了李鴻章逝世

俄國軍官歡迎李鴻章（1901年）：李鴻章從上海坐船一到塘沽，碼頭上就受到俄國軍官的歡迎。有人描寫一位當時在場的德國中尉的憤憤不平：「穿上禮服歡迎這麼個人物，（中尉）非常粗魯地表示莫名其妙。」當俄國人保護李鴻章登岸時，各國官兵對俄國人大發牢騷：「為什麼對中國人如此尊重?!」

1901年俄軍進北京：李鴻章住在賢良寺裏，門外由俄軍護衛隊守衛。外國報紙評論云：李鴻章「實際上是受到禮遇的俘虜」。俄軍這次一共來了15570人，亡160人。

俄羅斯衛隊護送李鴻章去談判：這是八國聯軍攻佔北京期間，法國《Le Petit Journal》雜誌上刊登的水彩畫。李鴻章在俄軍護送下經過天津到北京。從這時起李鴻章的賢良寺住所就由俄國人擔任門崗。「俄國衛隊建立了很嚴格的制度，出入必須有出入證，以防止閒雜人接近他。」俄人「保護」李鴻章，一是為了叫他在談判桌上「讓利」給俄國。二是俄人一直認為李鴻章是親俄的。三是尼古拉二世在《中俄密約》後，對清幹了很多壞事，沙皇想以此達到心理平衡。（此結論得自於《維特回憶錄》）

1901年日軍在北京：慶親王奕劻的住所是有日軍護衛隊守衛的。外國報紙評論云：奕劻「如一囚徒」。日本這次派來21634人，亡349人。

前的一個多小時，俄國公使還拿著文件來到李鴻章的病榻前，逼迫李鴻章在中俄交收條約上簽字，甚至想強迫李鴻章的助手拿出李鴻章的官印。李鴻章聽了，閉上眼睛不答話。周馥大哭，哭聲驚醒了李鴻章，他突然又睜開眼睛，把周圍的人都嚇了一跳。周馥只好安慰他說：「俄國人說了，中堂走了以後，絕不與中國為難！還有，兩宮不久就能抵京了！」

慶親王奕劻坐像：慶親王奕劻是最後一位被封為世襲罔替世爵的親王。光緒十年命其管理總理衙門，封慶郡王。慈禧60大壽封親王，深得慈禧信任，曾與李鴻章共同主持辛丑議和。慈禧死後載灃掌政，為緩和親貴之爭賜其王爵世襲。辛亥革命爆發後奏啟用袁世凱，清廷退位後被清朝親貴遺老目為「賊子」。後寓居天津，1918年病死。其王爵只有一代，沒來得及世襲。

說到這段，我們以前均取周馥這一說，似乎有點孤證的味道。其實《紐約時報》記者在李鴻章逝世後的第二天就從北京發回一個報導，題目就叫《李的逝世是因為和外交官的爭論》，小標題：在和俄國公使的激烈爭論後吐血。現在轉譯如下：「北京11月9日電：和俄國駐華公使雷薩爾為滿洲條約問題激烈爭論，直接導致李鴻章的逝世。」

這個外交悲劇事件使日本找到理由來阻止俄國人的計畫。兩星期前，日本公使館對這個條約內容已經大致了解了。日本一直關注滿洲現狀改變的問題，根據公使館的要求，日本請中國全權談判代表不要讓其成文。中國全權代表拒絕了這個要求。由此東京的日本政府聯絡了中國南方的總督們，誘導他們利用自己的影響力去說服慈禧太后反對這個條約。其後，太后要李鴻章在修改條約後，徵求列強們對其內容是否滿意。

李鴻章去見了雷薩爾（俄國公使），解釋太后的這個懿旨，結果公使強烈反對透露條約內容給其他列強們，一個暴風驟雨的會見發生了。李鴻章回到家後，吐血不止，醫生把這歸咎於久病後虛弱身體的過度透支。

這事發生後，南方總督們上了一個奏摺給太后反對這個條約。太后電告李鴻章取消簽字。

賢良寺西三跨院裏的李鴻章：這是一張不可多得的照片。久病的李鴻章坐在賢良寺西三跨院裏享受著北國的陽光，從周圍的下人著裝看，這應該是春秋季節，李鴻章邊曬太陽邊接待外國訪客。這個訪客不應該是公使一類的貴客，否則清國的外交第一人不會不懂得「賜座」。這客也不可能是跟隨他的「洋員」，因為跟隨他幾十年的十幾位「洋員」都不需要翻譯就能和李鴻章對話。也可能是來推銷軍火之類的「洋行經理」。連翻譯都下意識地把手插在褲兜裏，端起了架子充當「買方市場」的「爺」。

這個懿旨到時，李鴻章已經不省人事了，接著雷薩爾先生要求在條約上用印。先期從保定府來的周馥此時已經臨時地接了直隸總督的位子。

美國公使館已經降了半旗。致哀者和李鴻章家屬將根據中國傳統為李伯爵燒紙錢，供他在另一個世界裡用。大街上掛起了致哀的旗子。所有衙門裡的隨從人員都穿著喪服，很多人的衣著呈傳統風俗化。鼓手們在房子周圍敲打著鼓。

李鴻章的不動產將由他的大兒子繼續使用，而他也將負責供養家庭中的其他成員的生活。

看來，俄使氣死李鴻章的傳聞確有此事。李鴻章在久病虛弱的狀況下，還以79歲之軀親自前往俄國公使館商談，確實有點「生命不息，衝鋒不止」的意思。

一位馳騁大清國政壇40多年，顯赫時能呼風喚雨的「傅相」，一位學生弟子上百，手上掌握著帝國最重要經濟命脈，被西人稱之為「東方俾斯麥」的老人，卻客死在暫住地賢良寺。難道他沒有錢在北京買一個永久居住的宅子？當然不是，李鴻章的錢雖然沒有後人想像的那麼多，但是絕對可以稱之

賢良寺裏的晚年李鴻章：這是德國報刊登載的晚年閒居在賢良寺裏的李鴻章。這時的李鴻章臉上出現了老人斑，但是精神尚佳。這張照片最珍貴的是李鴻章坐在一把藤靠椅上。這藤靠椅可以當轎子用。以前看美國人畫的李鴻章坐藤靠椅參觀尼亞加拉瀑布的漫畫，笑美國畫家想當然，現在才知道，李鴻章真有這麼把藤靠椅，而且帶著它滿世界轉。

為「李合肥」。他在全國多處地方均有不動產。恰恰在北京沒有。西單北大街西側的一處「李家老宅」應該是李瀚章所置。崇文門外西總布胡同是李鴻章京師表忠祠。

李鴻章將自己的生命交付給賢良寺，是因為自他住進這裡，他的事業飛黃騰達，仕途一帆風順。他將它看成一塊風水寶地，情願自掏腰包，也要在這裡善始善終。

1902年，由袁世凱的武衛軍護送兩宮回鑾時的情景：周馥的話沒説錯。兩宮抵京是在李鴻章死後的兩個月零一天，也就是1902年1月8日由袁世凱的武衛軍護送回鑾。這是武衛軍護送兩宮時在路上的照片。武衛軍行色匆匆，步履豪邁，果然如英國海軍少將所講：訓練有素。

賢良寺三說法

為寫這段，2008年4月筆者去了回賢良寺原址。聽到了三種說法，一說賢良寺「大門開在金魚胡同」，「大殿就在現教育局的位置上」，這一說非同小可，因為被人們認為是東一跨院的地方，就應該是李鴻章住的西三跨院。「西三跨院還在！」

第一種賢良寺說法的想像圖：「大門開在金魚胡同」，「大殿就在現教育局的位置上」，因為位置比一般人認為的原址偏東，所以和校尉胡同沒有關係。最讓人興奮的是，以前被人們認為是東一跨院的地方，根據這一說法應該是李鴻章住的西三跨院。「西三跨院還在」！？不大可能。

但是原址上的包裝公司老門房說：他1989年就在這兒工作，他見到的大殿就在校尉小學位置上，「寺門開在南口」。這一說，「西三跨院」又成了東一跨院。這是第二種說法。不過聽說李鴻章年輕時在現在東一跨院住過，所以馬上拍了很多照片，特別是「西面廂房上的瓦片」，聽說是「原貨」，趕緊又拍了一些。最寶貴的是他說：「《那五》這個片子就是在賢良寺裏拍的。」「電還是從我這裏拉過去的呢。」電視劇《那五》是1989年播

賢良寺現僅存的只有東一跨院和東二跨院：這就是東一跨院的北房。據説李鴻章剛到北京時在這裏住過。很多人拍到的大多是東一跨院，其實，只要走過東一跨院，還有一個東二跨院。

的，應該是1988年拍的。這樣，至少到目前為止，我們可以找到賢良寺拆掉前的影像資料了。第三種說法肯定了第二種說法，加入了「賢良寺北邊只到學校後門為止」，也就是說，只有半個街區，和金魚胡同沒有任何關係。

拍了照，走出以前的冰盞胡同，看到賢良寺原址上的校尉小學，正在感喟「100年的時間，這裏就變得面目全非」時，見到了1975年進校尉小學教「五大班」的謝老師。謝老師的描述很到位。根據他的描述我畫了張賢良寺想像圖。

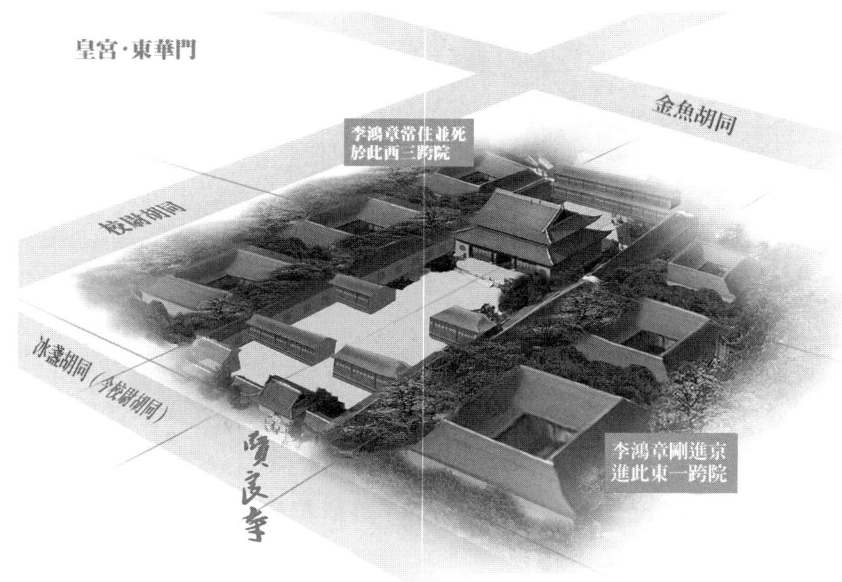

賢良寺想像圖

李鴻章居住的賢良寺西三跨院想像圖

關於寺廟，謝老師說：「1975年進校的時候，什麼都在，就是東西都沒了。大門朝南開在冰渣胡同（原冰盞胡同），是個拱形的木門，後來換了鐵的，幾次撞在上面好疼！一進去就是一排平房，有十來間。中間是條道，後面又有幾間耳房，聽說做過殯儀館。再後面才是八米高的大殿，綠瓦，當時做校辦工廠。最後是兩層的藏經樓，據說藏經樓的『東西』都搬到北京房山雲居寺了。賢良寺裏的地都是大花青磚。主持方丈叫吳金鼎，當時是校長，人瘦小不高，挺和氣的。當時院子裏還住著100多戶人家。」

西三跨院是李鴻章自己出錢翻修的。現在已經拆除，改建為校尉小學後門。據說李鴻章住在北房（想像圖上右側的房子）。李鴻章晚年居於此。謝老師說，「李鴻章居住的這排，主間有50多平米，還有兩間各15平米的配間。」請特別注意院中的一口井，這井為青磚砌成，「很深，扔進去的石頭半天到不了底。」前面的西二跨院住有百人的淮軍「洋槍隊」。西三跨院東廊和賢良寺連著。李鴻章進出須走賢良寺正門的冰盞胡同，當時此胡同只有3米左右寬，李鴻章的綠呢八人大轎不知道是如何通過的。李鴻章死後，西三跨院送給廟裏，算作廟產。謝老師說：「李鴻章住的院子，就在現在學校後門的這個位置上。『三產』高潮那會兒（大約1988年左右），學校讓我們辦三產，我們還在他的院子裏開了個『壽海餐廳』。」

李鴻章死後兩個月，曾經想暗殺他的梁啟超就寫出傳世之作《李鴻章傳》說：「自李鴻章之名出現於世界以來，五洲萬國人士，幾於見有李鴻

章，不見有中國。一言蔽之，則以李鴻章為中國獨一無二之代表人也。」又說，「讀中國近世史者，勢不得不曰李鴻章，而讀李鴻章傳者，亦勢不得不手中國近世史，此有識者所同認也。故吾今此書，雖名之為『同光以來大事記』可也。」

時代的一頁翻過去了。

慈禧為其也流涕

李鴻章死後，各國公使「聞其薨，咸集弔唁，曰：公所定約不敢渝」。從英國人畫的畫上，我們知道李鴻章家人專門設了靈堂接待中外人士弔唁。靈堂似乎就設在賢良寺裏。

參加李鴻章葬禮的各國公使們絡繹不絕。《紐約時報》在李鴻章逝世後的第二天為此還發了一篇報導，標題為《李鴻章的葬禮》：「北京11月9日，各國公使前往弔唁，他的兒子們披麻戴孝。」（小標題）

「各國公使今天下午穿著黑禮服，按中國習俗親自前往李鴻章最後辦公

歐美等國公使前往賢良寺弔唁：李鴻章是1901年11月7日去世的。他死後，各國公使都來賢良寺弔唁。這個場景像是在四合院裏。果然《紐約時報》的報導證實，這是在庭院中搭建的臨時涼棚。當時，中外人士前來弔唁的當不下千人。

地點弔唁。中國士兵們正在街道附近排成行站著崗，周圍聚集著有秩序的一大群人。這城市所有的官員大多站在院外迎接公使們。

靈柩被放在寬敞庭院（注：應該是賢良寺西三跨院）裏一個臨時搭建的涼棚裏。涼棚裏幕幔後的靈壇上敬放著靈柩，並且覆蓋著來自皇家的柩衣。眾多和尚在現場。

一排貢桌上放著食物祭品，總共有好幾噸重。靈柩的四周點著香和蠟燭。

李鴻章的兩個兒子（注：李鴻章此時一共有三個兒子），披麻戴孝站在香案旁，幕幔前有幾隻軟墊子供中國官員使用。公使館的人走向前，盡量低著頭深深地鞠躬。弔唁團的成員向逝者家屬念慰問弔唁信。已故政治家的大兒子用中文答謝，小兒子在旁翻譯成英文。

這裏的場面是令人難忘的，數百官員穿著官服長袍，各省趕來弔唁的人絡繹不絕。」

李鴻章的死，有些人是真難過。第一個就是賢良寺方丈，因為這位老方丈和李鴻章「甚為投契」，據說「許多人通過方丈走李的門路，帶攜的方丈也顯赫一時」。

接著是周馥。他跟著李鴻章，「諸多洋務實業依為臂助，深信不疑。」這位官至兩廣總督的封疆大吏，從頭到尾的從政經歷都和李鴻章有關。周馥的「起家」頗為傳奇：李鴻章那會兒給曾國藩做幕府，每月領薪水6兩銀子。一次，曾看了周馥的文章，讓李去找周來。李鴻章因為太愛周的才，竟然將自己的銀子分出一半給周，將周馥私自收在「帳下」。那年周馥只有26歲。從此他一跟就是三十多年。李鴻章死後，直隸總督遺缺，清廷即命周馥護理，直至袁世凱到任接篆，才回直隸布政使本任。

再者就是慈禧太后。李鴻章病危和逝世之時，慈禧正在回鑾道經河南的途中。據隨駕的吳永記述，慈禧在得到李鴻章病危的奏報後，「為之流涕」。她傷感地說：「大局未定，倘有不測，這如此重荷，更有何人分擔。」第二天，慈禧聽說李鴻章逝世，「震悼失次」。隨扈人員，「無不擁顧錯愕，如樑傾棟折，驟失倚恃者」。是啊，慈禧太后的命都是李鴻章「保」下的。聯軍立太后為「首禍」，李鴻章在談判中使出渾身的勁，不但慈禧沒事，就是「該懲罰的大臣將軍」也大大縮水，甚至李鴻章還用監獄裏

上圖　中年周馥照片：周馥，安徽建德（今東至）人，字玉山。初為李鴻章文牘。協助李鴻章辦理洋務長達三十多年。中日甲午戰爭中，任前敵營務處，辦理軍需。後任四川布政使。次年入京協助李鴻章參加辛丑議和談判，任直隸布政使。次年署理直隸總督兼北洋通商大臣。光緒二十八年任山東巡撫，後歷任兩江總督、兩廣總督。1917年張勳復辟，被任為協辦大學士。

《泰晤士報》駐華特派記者莫理循1910年4月於新疆烏魯木齊拍攝的輔國公載瀾的照片。載瀾等就是李鴻章談判中極力「保下來」的「罪臣」。載瀾，光緒帝堂兄，封輔國將軍，晉輔國公。戊戌政變後，慈禧太后和載瀾等圖謀廢黜載湉，於二十六年（1900年）元旦扶植傅夏登極，但遭到了國內外各種勢力的強烈反對。載瀾則乘機鼓動慈禧太后利用高舉滅洋旗幟的義和團去攻打洋人。

八國聯軍侵佔北京，聯軍指定載瀾為「首禍」之一。清廷迫於無奈，奪爵嚴懲，定為斬監候罪。為念皇親骨肉，特加恩發往新疆，永遠監禁。辛亥革命後，載瀾攜眷假道西伯利亞回東北老家，最後病死於瀋陽。

的死囚犯把「罪大臣」掉包下來。現在這樣的能人死了，慈禧能不難過嗎？

李鴻章死後100多年，賢良寺周圍的六個跨院裏住進了100多戶人家。這些人可不是過客，他們長住不走了。大殿裏開了校辦工廠，「洋務實業」辦到了菩薩座基旁。周圍配房就是教室，誦經聲為朗讀聲代替。1990年賢良寺的「劫難」開始了，這一帶被圈進了商業發展的「藍圖」。賢良寺金魚胡同一帶賣給了大連的一家房地產公司蓋起了Lee Garden大樓。拍完《那五》後，賢良寺大殿等建築也拆了，蓋了校尉小學的新樓。100多戶居民大多搬遷到勁松社區。金魚胡同放寬了，成了車水馬龍的大路。校尉胡同變雙向車道，周圍都是新大樓，珠光寶氣的顯擺。

想想也怪，賢良寺當時因為地段好、離皇宮近，曾經香客如雲。如今也因為地段好，離王府井近而遭蠶食。說起前朝的李鴻章，這裏的人一臉茫然，搖搖頭然後繼續吆喝著自家的商品。也好，李鴻章提倡的「辦實業」精神至少被人保留下來了。

八國聯軍斬首中國官員：這是法國《Le Petit Journal》雜誌上刊登的水彩畫，八國聯軍中的日軍正在斬首中國官員。談判中，李鴻章沒能全部「保下罪臣」。但是李鴻章也有辦法，他從監獄找來一些「秋後斬」的死囚去掉包。看來薑還是老的辣。

第五章
「李鴻章雜碎」

雜碎被冠以一個異國他鄉的人名，並能紅遍一個國家，此乃美國傳奇也。奇怪的是一個戰爭失敗者的名字也能啟動一個市場，這美國葫蘆裏到底裝的什麼藥？

名畫訴說一段歷史

這張水彩畫頗為有名，每每說到「李鴻章雜碎」這道菜時，它一定要出現。作品叫《雜碎》。它是美國著名畫家、雕塑家愛德華・霍珀（1882—1967）的作品。瞧，餐館的牌子也是「雜碎」的英文名字Chop Suey（窗外的牌子上）。

注意，這裏沒有說中餐館，只說餐館。因為關於雜碎（Chop Suey）是中國菜還是美國菜，美國人自己都分兩派。乾脆，大多數人採折中主義，叫中美混合菜。這幅畫畫於1929年，那會兒正是「李鴻章雜碎」大紅大紫的日子，全美少說也有三四千家雜碎店。據說，二戰時，美國大兵在重慶穿街走巷，要找「道地三藩市雜碎」呢。上世紀40年代後的上海，還有一家飯館的霓虹燈招牌是：本店供應正宗美國雜碎。

水彩畫《雜碎》：作者是美國著名畫家愛德華・霍伯。這個餐館呈現完全的美國風格，顧客也是美國白人。從畫中得到佐證，至少在上世紀20年代左右，中國雜碎已經在美國主流社會流行開來。

「李鴻章雜碎」多打著中國菜的招牌：左圖是1938年用「雜碎」霓虹燈攬客的美國一家中餐館外景。這種現象在上世紀二三〇年代極其普遍。就像這家中餐館，「雜碎」的牌子大而醒目，真正的店名卻可以很小，而且處於次要地位。右圖是現在的一家以老北京咖啡為名的「雜碎」店。奇怪，北京幾百年來就是少咖啡店，為何人家拿這個做賣點？

三藩市唐人街上的中餐館：中餐在美國白人中流行始於19世紀末。華僑王清福在1888年已經看到，「至少有五百名美國（白）人經常在中國餐館用餐，欣賞中國風味，使用筷子」。這以後，全美各處遍開中餐館。這是19世紀末三藩市一家中餐館的內景。

「李鴻章雜碎」的誕生

「李鴻章雜碎」的產生據說完全出自偶然。但是就是這個偶然的即興創作也產生了中美兩個版本。

中國人的版本是這樣的：李鴻章到了紐約，吃膩了美國菜，一天，他在住處招待美國客人吃晚飯，大概是中國的飯菜香吧，客人很快就把桌子上的菜一掃而空。廚師急了，準備的菜都上完了，而客人根本就沒有走的意思。李鴻章急中生智，便如此如此、這般這般地和廚師咬了一陣耳朵。不一會兒，廚師端上了一盆五顏六色、五花八門的什錦大燴菜來。客人一嘗，高興得開起了玩笑：總督大人，你這個時候才上這麼美味的菜，是不是不想讓我們吃得舒服啊？李鴻章笑著說：「哈哈，咱們中國人喜歡將最好的東西放在

李鴻章雜碎的誕生：美國記者在李鴻章的廚師身上沒少著墨。這些人一經過他們的手就成了帶著「專業設備」十幾箱和帶來很多「特殊材料」的神祕人物。這也不奇怪。由於早年「賣豬仔」去了很多中國人，中國菜已經在美國出了大名。這是美國報刊上登載的水粉畫：李鴻章雜碎的誕生。

最後。」客人問叫什麼菜，李鴻章大概沒有聽明白，說了一句牛頭不對馬嘴的話：好吃，好吃！沒想歪打正著，這「好吃，好吃！」和英語「雜碎」的「Hotch-potch」發音差不多。李鴻章就在這一刻獲得了「李鴻章雜碎」的冠名權。正在門後的廚師聽了，不禁啞然失笑。只有他知道，剛才中堂大人吩咐他將廚房裏的下腳料「亂燉」了一大盆，權當解燃眉之急，沒想到……

這些美國客人吃飽了，喝足了，打著飽嗝千謝萬謝地告別回家，誰料到，一出李鴻章下榻的華爾道夫飯店就被等在門外的「娛記」們逮個正著。這些免費的「中華文化傳播使者們」便添油加醋地海吹了一番。就這麼著，「李鴻章雜碎」便一鳴驚人地唱響美國，成了一道海外創研、市場在外的「兩頭在外」中國產品，完全知識產權當然應該歸我們的中堂大人。但是李鴻章卻沒拿到一分錢的專利權費，而且利潤100%留在了美國。最可氣的是，「李鴻章雜碎」還外轉內銷，搶佔了中國市場。嘿，不說也罷！

美國人的「李鴻章雜碎．創世紀篇」簡單多了：「李鴻章到了紐約後，8月29日晚上，他宴請美國客人，李鴻章試圖創造良好的中美關係，他知道我們美國有一句名言『要想獲取一個人的心，最好的方式就是先獲取他的胃』。席間李鴻章上了道由芹菜、豆芽、肉和美味中國醬組成的菜，以滿足中國主人和美國客人的雙重口味。但這個傳說是否屬實？我們就不得而知了。」（譯自《美國故事》雜誌）

佩戴勳章綬帶的李鴻章，這是他在外交場合的標準著裝。這張照片應該是在他訪問歐美的1896年前後拍攝的。看著李大架子的這架勢，我們能想像得出李鴻章雜碎走紅美國的一些原因。

中美版本各有各的優點，中國版發揚了《史記》的優良傳統，以春秋筆法弘揚了中華飲食文化，而且還帶點「演義」的「戲說」成分。美國版的地點、時間和人物「三要素」俱全，而且也知道從「中美友誼」的大處著筆，值得讚許。

李鴻章的廚師成了神秘人物

這個傳說的後面真正吊起美國人胃口的是「李總督龐大的廚師團」。李鴻章還沒有下船，關於李鴻章廚師的故事已經赫然登在《紐約時報》上了。《紐約時報》1896年8月29日的報導是這樣寫的：「代表團裏有十幾個廚師，首席廚師是個高個子、年紀不詳、毫無表情的男子。身穿深色長袍，一舉一動就像是總督的下級正式官員。大概是因為主人身居要職吧，這位廚師長也一本正經地不和飯店的人說話……然後上樓，等候著他主人的吩咐。」

寥寥數筆就把個中華飲食文化代表人物的專業面孔勾勒出來了：「沉著」、「冷靜」以及「做好自己的本職工作」。

接著這些老記們又寫道：「廚師的廚具和總督的專用座椅也很快到了（華爾道夫飯店）……總督回房歇息。大家都走了，除了廚師們，他們得留下來加緊安裝廚具並馬上著手為總督準備晚餐。」

「昨晚當李總督準備進晚餐時，清國大廚走進華爾道夫飯店的廚房，他帶了兩名助手和許多廚具，還有很多從天津帶來的奇特食物。廚師們準備著晚餐，並把做好的飯菜送進李的臥房。晚餐有燕窩湯、烤雞、魚翅和米飯，還有一杯淡葡萄酒。李的私人醫生總建議他要少吃正餐。他在美國第一個晚上做的事使人感到怪異，這也使他的名聲大增。」

讀了這段報導，美國讀者會想：一個74歲的「糟老頭」要「十幾個廚

正宗的「美國李鴻章雜碎」原料：芹菜、豆芽、蘑菇、胡蘿蔔、豆子、筍和肉。關鍵是中國調料。據實地觀察，醬油是中國所有菜獲得美國主流社會認可的關鍵。這一點真要感謝我們的老祖宗，怎麼就發明了這麼一種能征服所有民族胃的調料！

師」伺候，而且帶來了大量的專業廚房用具！更加吊胃口的是那些天津帶來的「奇特食物」。這對一個每晚面對一個烤馬鈴薯，兩勺煮豌豆，三片硬麵包的美國讀者來說，有了點神祕「異國貴族」的感覺。

當細心的美國讀者讀到燕窩和魚翅時納悶了：燕窩？燕窩是什麼？燕窩就是燕子唾液的凝固物體。魚翅？魚翅為何物？魚翅就是美國人處理生魚時一扔了之的那些魚脊樑上的划水軟組織。當美國人了解了這些天方夜譚式的吃法時，不禁好奇心大發。

上圖 李鴻章訪問紐約期間，紐約唐人街張燈結綵：李鴻章來紐約，紐約華僑最高興，因為李鴻章是華人文化的超級推銷員。歷史學家考據說：其實紐約唐人街的雜碎早就有了，只是利用李鴻章作雜碎的形象代言人而已。說紐約唐人街發明了雜碎，三藩市唐人街不愛聽。上世紀80年代中期，有一三藩市華人將這件事告到三藩市法院。審理此案的法官最後鄭重其事地判決：雜碎發明於三藩市。

左圖 紐約唐人街為李鴻章訪紐約燃放鞭炮：這是美國主流報紙上的一張水粉畫，再現了紐約華人在李鴻章訪紐約期間燃放鞭炮表達喜慶之情的場景。紐約唐人街是19世紀80年代後逐漸建立起來的，比李鴻章訪紐約只早了十多年。

這就是美式新聞的寫作法，叫「農村包圍城市」：以廚師為敷料來陪襯李鴻章這個「火鍋底料」的主料。這樣，「李鴻章飲食將是什麼」便成了讀者興趣進一步的自然延伸。

關於李鴻章的飲食，《紐約時報》的八卦文章不厭其煩地細節描寫：「……昨晚，李吃了些燕窩、魚翅、烤雞和炒飯後又喝了點酒，然後上床休息。」

當李鴻章的發言人被問及：「你稱的適量飲食對一位清國的政治家意味著什麼呢？」

他說：「是指魚翅、燕窩、烤雞和米飯，這也是今晚總督所吃的。他每頓飯幾乎都這麼吃，他的生活極為簡單。」

「他喝什麼呢？」

「他只在飯後飲一點葡萄酒，是產於法國的紅葡萄酒。」

老記者們在「長他人的威風」時，不忘照顧一下美國讀者的「愛國主義情操」。《紐約時報》在報導中繼續寫道：「華商們將在『多米尼科』酒店為總督舉行盛大的晚宴。準備的菜肴將是美國風味的，但如果他需要，也可請他的隨身家廚來為他準備特殊飯菜。商人們說，如今李鴻章無疑已習慣了

李鴻章推銷《星期天新聞報》：瞧明白了嗎？李鴻章煞有其事地在閱讀英文報紙，雖然一個字都看不懂。旁邊的文字是：李鴻章從來不會錯過《星期天新聞報》。言下之意是：你還不快買咱們的報紙。人說新聞界的嗅覺最敏感，美國報人居然很早就挖掘了咱們李老的廣告潛力。畫面的細節都做到了：三眼花翎、黃馬褂、眼鏡、山羊鬍子，但就是這事本身屬子虛烏有。據說，李鴻章發明雜碎的故事就是由這家報紙報導出來的。

西式烹調，而且懂得怎樣欣賞。李將由他的清國和英國醫生一起陪同出席晚宴。」

李鴻章去美國訪問的那個時代，也就是112年前，美國人吃飯是講規矩的。基督教徒要在飯前做「感謝上帝恩賜」的禱告。特別是晚餐，在美國這可是正經八百的「正餐」啊，來不得半點「隨隨便便」！

李鴻章不然。《紐約時報》說到李總督海上旅行趣聞時有這麼一段描寫：「李鴻章在輪船二層有一個四間房的豪華客艙，兩間艙房面向前方，另兩間朝後。他的一些隨從住在下層。他在自己的艙房內吃飯，由他帶的廚師準備飯菜。這些廚子們在輪船的廚房大艙內自由進出。魚翅、燕窩是美味佳肴，他從清國帶了許多。他的一個兒子與他共同進餐，而其他隨從則在輪船的餐廳內分桌用餐。總督到甲板上來得不多，僅有一天晚上出現在餐廳裏，那是觀看星期三小週末進行的娛樂表演。」

「其他乘客吃飯時他四處溜達，他一天要吃好幾頓，有四個廚師為他準備飯食。廚師們凌晨2點就得起床，要使他們的主人早晨8點能吃上早飯，他們不到晚上9點或9點半不能歇息，因為總督總是會要一些『熱菜熱飯』什麼的。」

「……史迪威・貝爾在航行中曾與總督交談。當問及為什麼隨從為他提供在自己艙房內進餐的服務時，總督答道：『我高興在哪裏吃就在哪裏吃。』」

瞧，李鴻章發火了，是啊，你問什麼都可以，為什麼問人家在哪兒吃飯？這是李鴻章痞子腔的又一表現。恰恰是這種「自然流露」的「痞子腔」，成了紐約記者追蹤的「熱點新聞」。美國人骨子裏喜歡「壞男人」由來已久了，君不見，小布希戰勝高爾的那次選舉，就是因為小布希有點「痞子腔」，說話幹事不按常理出牌，撩撥起美國選民的「興奮點」。反觀高爾，一本正經的，哈佛大學科班出身，為官一身清廉，壞事「不黏鍋」，環保理念無可挑剔，但是就是不可愛。100多年來美國人沒有變。真正應了那句——「江山易改，稟性難移」。

李鴻章成了當時國際流行色

說到現在，「李鴻章雜碎」是什麼內容還沒有涉及到呢？其實這個誰也說不清，一百個人有一百個「李鴻章雜碎」菜譜，印度人、菲律賓人都有一個「李鴻章雜碎」的自己的版本。「李鴻章雜碎」大抵是什麼？只能泛泛地說，應該是什錦的，燉燴的，肉啊蛋啊這些高蛋白的原料全往裏扔。可謂「雜七雜八的大總匯」是也。

高蛋白三字從上世紀80年代以後就成了一個貶義詞，所以「李鴻章雜碎」如今在美國已經銷聲匿跡了。

「李鴻章雜碎」走紅應該在李鴻章走後。美國主流社會文學中最早說到「李鴻章雜碎」這個詞是在美國作家路易斯的作品裏。在這位諾貝爾和平獎得主的1914年小說裏這樣寫道：「對，到七花王國李鴻章雜碎店和美國點心店去，那裏有5美元一位的茶座。」

「李鴻章雜碎」盛行美國時，《雜碎》還成了一個重金屬樂隊的當紅歌曲，連百老匯都有一部音樂劇叫《雜碎》，是為了慶祝美國大熔爐文化而寫的。

電影也沒落下。2001年美國出了部電影就叫《雜碎》，是電影攝影師布魯斯韋伯根據其1999年的《雜碎俱樂部》一書改編而成的。2005年奧斯卡最佳影片《撞車》裏還有一個情節，安東尼給街上一個中國人40美元，要他去給大家「買一些李鴻章雜碎來」。

「李鴻章雜碎」的一種：有一千家做「李鴻章雜碎」的，就有一千個「李鴻章雜碎」的菜譜。這是李鴻章老家，合肥人做的「李鴻章雜碎」。

說李鴻章雜碎在美國銷聲匿跡也是過頭話。瞧，就是現在，在加州洛杉磯小東京地區還有一家遠東雜碎館呢！

這是說的美國主流社會，對咱們中國人來說，「李鴻章雜碎」不管怎麼著都是「為國爭光」的好事。就連曾經想暗殺李鴻章的「康黨要員」梁啟超也免不了俗。李鴻章離開美國七年

INTRODUCTION

Three publishers originally produced the works of Emile Grimshaw (1880 - 1943). These were Emile Grimshaw & Son of Piccadilly, London, John Alvey Turner Limited of London W.1., and the Clifford Essex Music Company Limited, also of London W.1.

As the demand for banjo music has declined in the last 50 - 75 years, reprinting these compositions has not been a viable proposition to these large and well established publishing houses. The Clifford Essex copyright was taken over by Music Sales of London, W.1., who mention that the original Grimshaw plates were sold as scrap, the lead content being more valuable.

John Alvey Turner is still in existence but no longer publishes Emile Grimshaw's music. This therefore, is probably the first time that the compositions have been collected and bound in a single volume, certainly the first time they have been available for many years, most of the music having been deleted long ago.

Emile Grimshaw's output was vast and included three excellent tutor books for the banjo and many arrangements and selections. The tutor books were titled :

The Banjo and How To Play It.
Plectrum Banjo for Modern Banjoists
How To Excel on the Banjo

The latter consisted of nearly 120 progressive exercises which explored all the techniques required for his compositions. It is remarkable just how melodious and well constructed these exercises are. In fact each excercise is little short of a miniature composition which offers the otherwise starved student a bulk of material in the "easy to intermediate" range, thus giving him an enjoyable and playable repertoire. The 70-odd titles here also offer a wealth of concert material for both students and concert artistes. Items like "Speedwell" and "Tune Tonic" are relatively easy to finger but if played with articulation, tone colour variation, dynamics and good musical thought, are tasteful and exciting.

Emile Grimshaw arranged most of his work for finger-style banjo and plectrum banjo and many are equally effective in both styles; e.g. "Mr Jolly Boy" Emile Grimshaw was fairly consistent in converting his works from finger-style to plectrum or visa-versa. In collecting these titles, the finger-style seemed more readily available and indeed the plectrum versions were quite rare. Therefore, where plectrum editions were available, preference has been given in this collection. Conversion is quite a simple matter and a few examples are included below. In most cases, the plectrum player will be able to play from a finger-style edition instantly often with little change to the written score, for example:-

「雜碎」歌曲的樂譜封面和第一頁：這就是美國人，這就是美國的流行藝術。他們天性樂觀，多幽默細胞，流行藝術愛搞怪。其實藝術説得好聽是神聖的，説得白一點就是娛樂，笑是硬道理。

後，梁啟超也來到了紐約。他兩隻眼睛一下子被紐約街上的「李鴻章雜碎」招牌吸引住了。他在《新大陸遊記·由加拿大至紐約》中寫道：「雜碎館自李合肥遊美後始發生。前此西人足跡不履唐人埠，自合肥至後一到遊歷，此後來者如鯽……合肥在美思中國飲食，屬唐人埠之酒食店進饌數次。西人問其名，華人難於具對，統名之曰雜碎。自此雜碎之名大噪，僅紐約一隅，雜碎館三四百家，遍於全市。」

哈哈，原來「李鴻章雜碎」傳奇故事的中國版知識產權還得歸這位對李鴻章愛恨交加的梁啟超所有。不過梁啟超慕名吃了一碗後，對美國「李鴻章雜碎」不敢恭

音樂劇「雜碎」劇照：「雜碎」已經從一盤普通的中國菜昇華為貴婦人的頭飾。想想也怪，李鴻章情急之下的產物怎麼就成了人家百老匯的一朵藝術奇葩。

加州洛杉磯小東京地區到現在還有一家遠東雜碎館：1987年12月的《美國傳統》雜誌（American Heritage）說中國餐館之所以能遍佈全美，成為美國人文景觀的一部分，原因之一是，對美國人來說，中國菜是「如此的富有異國情調，同時又如此熟悉、親切」。

維。他說：「其所謂雜碎者烹飪殊劣，中國人從無就食者。」其實梁啟超只說對一半，因為給「李鴻章雜碎」買單的是美國人，這道菜已經是「具有美國特色的」菜了，當然不合我們這位來自於美食之鄉廣東的老小先生口味。

梁啟超文章寫得好，但是如果說辦中餐館，我看他一定辦不過那些普普通通的老華僑。人家知道把美國的中餐分成了三個市場。在猶太人多的紐約，一些中餐是用羊油燒的。這個猶太中餐市場大約只占1%左右。在羊油中餐館梁啟超一定聞「味」而逃。

另外一種是針對美國普通人的口味，這個市場大約占整個中餐市場的90%以上。所謂美國普通人的口味就是咱們眼下中國孩子喜歡的那種口味：酸酸的、辣辣的、蒜蒜的，最好是油炸的，還要帶點脆脆的。這麼一來「左宗棠將軍雞」就大行其道。「左宗棠將軍雞」說白了就是中國人的「古老雞」。這又是一個藉「異國皇家品味」提升品牌的實例。美國人叫它「左將

54歲的梁啟超在寫作：梁啟超是戊戌維新運動領袖之一，廣東人。「百日維新」受光緒帝召見，賞六品銜，負責辦理京師大學堂譯書局事務。變法失敗逃日，先後創辦《清議報》和《新民叢報》，鼓吹改良，反對革命。同時也大量介紹西方社會政治學說，民初支持袁世凱，任司法總長，後任北洋政府財政總長兼鹽務總署督辦。1903年梁啟超去美國，對「李鴻章雜碎」感慨萬千並親自嘗試了一碗，感到味道實在不敢恭維。1929年病逝。

LI HUNG CHANG VISITS HOGAN'S ALLEY.

《黃孩子》和李鴻章：「黃孩子」是當時一個系列漫畫中的中心人物，其英文名稱為Yellow Kid。李訪美期間，正值「黃孩子」炙手可熱之時。這幅畫刊登在1896年9月6日的《紐約世界報》上。

畫面上，在中式的燈籠、爆竹和鼓樂聲中，李鴻章頭戴三眼花翎，身穿黃馬褂，手執月亮形絲扇，面容清癯慈祥、儀態萬方地端坐在由一隻白山羊拉的四輪轎子上，牽羊的人正是「黃孩子」。他的睡衣上寫道：「嗨！他認為我是中國人——卻一言不發。」樓房的牆壁上有則廣告寫道：「女士們！趕快討要李鴻章式緊身衣吧。假如商販向你兜售別的什麼，你就告訴他，他不過是個撒謊大王罷了。」

對於自己被人家卡通化，有記者曾問李鴻章：「您對自己的畫像出現在本市有何評論？」李鴻章嘴上說：「不怎麼樣，他們畫得不像。」但「臉上出現了非常特別的表情，顯示出了美國式的幽默，好像樂意成為卡通和漫畫中的人物」。

軍雞」，80％的美國中餐愛好者好這口。梁啟超嘗了，一定會嗤之以鼻。

第三種中餐才是咱們中國人想吃的那種。美國人稱之為「real Chinese」，即地道中國菜。說這話的時候，他們一定是一臉茫然，潛臺詞是：「放著這麼好吃的中國菜不吃，他們卻原來偏偏愛吃那種……！」

休斯頓姚餐館：中國菜在美國是味道好、價格便宜的代名詞，現在又加上了名人效應。籃球明星姚明在火箭隊的老家休斯頓開的中餐館生意火爆。**上圖左：**姚餐館外景，攝於白天。**上圖右：**姚餐館外景，攝於夜晚。**下圖左：**開張當天，姚明和火箭隊的教練親自在姚餐館門口接客。**下圖右：**姚餐館內景。

美國人愛吃「李鴻章雜碎」，按照美國人自己的說法是因為：「美國人迷戀這個來自亞洲的皇家遊客和他的團隊。」其實說句良心話公道話，在世界上所有的菜肴中，中國菜的確是最合人類所有人的口味。這話不是我總結的，旁觀者清，我至少問了百多位老外，大家都這麼認為。

「美食中國」好的地方我就不說了，一個顯而易見的劣勢是我們的「恩格爾指數」老是低不下來，食品消費占整個消費的比例就是比歐美國家高。都是「中華美食」闖的禍。

第六章
庚子年李鴻章

庚子年的事兒於李鴻章何干？他攪和進去了，還義無反顧。

一天兩場談判，一人和兩方對談，他搭上了名，還搭上了命。

十張「洋片」說庚子

1900年，農曆庚子年，在京城北京周圍的華北地區，興起了義和團運動。

自打義和團起事，慈禧的名字經常上西人的報紙雜誌，遺憾的是，就是沒有這位「痛恨基督教世界」的老婦人的真容見報。唯利是圖的出版商一拍腦門，憑想像畫出了一個慈禧太后。瞧，他們畫了一個年齡在三四十歲，模樣像典型嶺南女性的慈禧像，其實1900年，慈禧老佛爺貴庚65，是個如假保換的滿州貴族老婦。由此可以看到，西人對我們的了解少得可憐。而我們自己呢？義和團那種黑白兩分法不也是一種愚昧？這麼說哈佛大學亨廷頓教授的「文明衝突論」似乎還有一定的道理。

晚清那會兒，真正震撼了西方社會的就是1900年大清國的這場疾風暴雨的義和團運動。西方國家直至今天仍然以「拳亂」（Boxer Rebellion）稱呼整個庚子事變。他們當時出了很多印刷品：報紙天天上頭版，雜誌月月有專題。西人從他們的立場和思維邏輯出發，有意無意地「妖魔化」義和團。關於義和團，我們無意評判先人，但從換位思考的角度，不妨看看人家是怎麼「糟蹋」我們的。這裏編排出的是一組德國人的「拳亂明信片」，是一套西人演義式的「系列年畫」。

慈禧與義和團：原文：「德國海軍士兵在北京的防禦戰」。這可能說的是八國聯軍還沒進北京時的巷戰。左上角的畫像是慈禧。

義和團殺洋人滅洋教：義和團在北京東交民巷追殺外國人，焚燒外國領事館。義和團的亂刀的確殺了不少人，除了洋人洋教徒外，死在他們刀下的還有朝廷官員，比如安徽提督姚氏和他的家人因為呵斥拳匪狂言妄語，被燃香一炷，焚表紙一張，灰燼不飛，定為「二毛子」給殺的。清廷二品高官，清軍副都統，神機營翼長慶恒一家大小十三口也無一倖免，是被義和團尋私仇而殺的。這樣的事連載勳、載漪和剛毅也不敢過問。

端郡王載漪與義和團：端郡王載漪，其妻為慈禧太后之侄女。1900年初，慈禧太后欲廢光緒帝，立其子溥儁為大阿哥，遭到列強的反對。於是載漪主持總理各國事務衙門後，與莊親王載勳等利用義和團排外，力主慈禧對外宣戰。八國聯軍攻陷北京時，隨慈禧逃往西安，被任命為軍機大臣，不久被罷免。1901年與聯軍議和時被指為「首禍」要求懲辦，後被發往新疆。

馮·赫普夫納與義和團：「殺洋人，滅洋教」的消息傳回歐洲，「基督世界震怒了」。德國遠征軍從本土出發遠征中國。德皇臨行前訓導說，「你們知道，你們面對的是一個狡猾的、勇敢的、武備良好的和殘忍的敵人。假如你們遇到他，記住：不要同情他，不要接收戰俘。你們要勇敢地作戰，讓中國人在一千年後還不敢窺視德國人。」左上頭像為馮·赫普夫納少將。

蘭斯中校與義和團：德國軍隊這次總共來了8401人，最後亡60人。這是德海軍軍艦攻打大沽口炮臺。左上頭像為老「伊爾提斯」號艦長蘭斯中校。

義大利軍人與義和團：義大利派了2545人來華參戰，最後亡18人。這是義大利軍隊將軍旗插上大沽口炮臺的畫面。左上頭像為義軍在華最高指揮官。

瓦德西與義和團：德國陸軍元帥瓦德西於1900年8月被任命為八國聯軍總司令。但是他從歐洲出發之前，北京就已經被佔領。瓦德西在日記中表達了對李鴻章的不信任，他認為列強應該一起對華交涉，不能單獨談判。而李鴻章則盡量想與各國單獨接觸，以利用列強互不信任的心理，減少中國的賠償。瓦德西的日記記載，清廷最初提出賠款最高的承受能力是10億帝國馬克，而瓦德西的態度相當強硬，要價在15到20億馬克之間。最終達成的賠款額是12億馬克。

西摩爾與義和團：英軍西摩爾將軍參加過英法侵華的第二次鴉片戰爭。1862年在上海與太平軍作過戰。1900年6月10日，各國以保護北京使館為名，由他率領一支英、俄、德、法、美、日、意、奧八國軍隊組成的聯軍二千餘人，從天津出發，進犯北京，在楊村、廊坊等地受到義和團和清軍的狙擊，被迫後撤，退回天津。

日軍與義和團：這時候的日本急著要「脫亞入歐」，而且還想順帶著從島國變為大陸國家。所以日本派兵最多，21634人。當時日軍想和俄軍爭頭功，日軍司令山口素成（右上角頭像）調動大部隊攻打齊化門（朝陽門）、東直門。最後傷亡最重，死349人。畫面中的門應該是天安門前的大清門。

李鴻章與八國聯軍：李鴻章開始堅決反對利用「拳匪」反洋人。最後，撞進瓷器店闖了大禍的慈禧一跑了之，李鴻章這才粉墨登場，從兩廣總督的任上趕回北京和八國聯軍周旋。畫面是八國聯軍攻打北塘炮臺的情景，右上頭像為李鴻章。

「拳匪」乎？「團民」乎？

1900年北方發生義和團反洋人是有背景的。隨著基督教傳教士和外國商人在中國活動的日益頻繁，據清廷統計，八國聯軍侵華前，天主教、基督教、東正教在華的外籍傳教士已有3200多人，入教的中國人達80餘萬，教堂遍佈全國城鄉。

「洋教」進入中國，一直遭到民間的抵抗，華北、山東一帶最甚。當時，教案頻發，遇有民教涉訟事件，「洋教」人員往往出面干預，脅迫地方官「袒教抑民」，作出不公正的判決。人們的情緒從不滿漸漸上升到反抗，加之北方的山東、天津一帶民間早已活動著一些義和拳組織，形勢如薪上澆油，迅速蔓延開來。

牧師上街傳教：經過明清兩朝幾百年的發展，各種「洋教」教堂遍佈全國城鄉。這是「洋教」牧師在傳教。

義和團旗幟

右圖 手抄的一則義和團揭帖：「反洋教」運動愈演愈烈，到1900年，義和拳等組織逐漸有了統一的名稱「義和團」，並提出了「扶清滅洋」的統一口號。4月5日，京城出現了義和團壇口和大量揭帖，聲稱「消滅洋鬼子之日，便是風調雨順之時」。

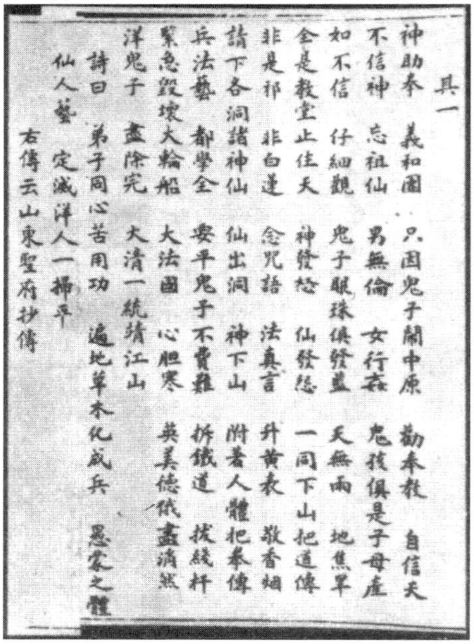

其一
神助拳 義和團 只因鬼子鬧中原 勸奉教 自信天
不信神 忘祖仙 男無倫 女行姦 鬼孩俱是子母產
如不信 仔細觀 鬼子眼珠俱發藍 天無雨 地焦旱
全是教堂止住天 神發怒 仙發怨 一同下山把道傳
非是邪 非白蓮 念咒語 法真言 升黃表 敬香烟
請下各洞諸神仙 仙出洞 神下山 附著人體把拳傳
兵法藝 都學全 要平鬼子不費難 拆鐵道 拔線杆
緊急毀壞大輪船 大法國 心膽寒 英美德俄盡消然
洋鬼子 盡除完 大清一統靖江山
詩曰 弟子同心苦用功 遍地草木化成兵 愚蒙之體
仙人藝 定滅洋人一掃平
右傳云山東聖府抄傳

右圖 行進中的義和團團民：義和團成員大多為華北地區的農民和中下層人士。義和團的很多「神功」是建立在「信則有」基礎上的。那時有個自稱「沙鍋照」的組織，其成員挾一大鍋，形如巨缽，碰到團民作戰時，就劈柴做飯，給團民做後勤。其鍋不大，卻自稱做出來的飯可以供應上百人。他們帶著炊具沿街索要糧食，沿街的人不敢拒絕。

以義和拳、大刀會為首的諸多民間組織開始在山東、直隸等地率領百姓攻打教堂，驅逐傳教士和懲處不法教民。這一類活動被清政府稱為「教案」，八國聯軍侵華前的40年間，全國共發生了各類教案800多起。

1900年春開始，「滅洋」的活動在慈禧等一幫「后黨」在「兩害相權取其輕」的考量下被利用來反外。義和團從直隸、天津一帶陸續進入北京。他

左圖 義和團團民：義和團西人叫「Patriotic Peace Fists」，直譯為「愛國和平拳頭」。其有何神功？聽說他們什麼都信，只要是家喻戶曉的「神」就行。其咒歌念道：「天靈靈，地靈靈，奉請祖師來顯靈。一請唐僧豬八戒，二請沙僧孫悟空，三請二郎來顯聖，四請馬超黃漢升，五請濟顛我佛祖，六請江湖柳樹精，七請飛標黃三太，八請前朝冷于冰，九請華佗來治病，十請托塔天王、金吒木吒哪吒三太子，率領天上十萬神兵。」

《殺洋人》：1900年7月15日《Le Petit Parisien》上登載的一幅畫，題目是「殺洋人」。從6月11日開始，大批的義和團團民湧進北京，很快就達到了數萬人。默許義和團進京的並不是慈禧，而是朝中的主戰派王公大臣，正是他們打開了京城九門，造成了義和團蜂擁入京的事實。

Huit pages : CINQ centimes

Le Petit Parisien

SUPPLÉMENT LITTÉRAIRE ILLUSTRÉ

DIRECTION: 18, rue d'Enghien, PARIS

Le Petit Parisien

LES BOXEURS CHINOIS

義和團拆毀鐵路：1900年5月27日，當英國將軍西摩爾統率聯軍自天津出動時，義和團於北京盧溝橋、琉璃河、長辛店、豐台站等處拆毀鐵路，拔出電線杆，以阻擋侵略軍前進。聯軍兩天只前進四十多英里。

義和團殺洋人：法國雜誌上當時刊登的義和團殺洋人的水彩畫。

義和團衝擊教堂：1900年6月12日北京出現了義和團焚燒教堂和部分洋行的情況後，外國人才開始受到攻擊。

義和團衝擊外國駐華公使館：到了後期，義和團運動在慈禧的支持下已經呈現「官民結合」的局面。衝擊各國公使館的人也有「甘軍」的「功勞」。1900年，董福祥部的士兵紛紛加入義和團。他們殺死日本駐華使館書記官杉山彬，並參與圍攻東交民巷使館。

義和團滅「洋教」：義和團當時不僅僅殺洋人，其實他們也殺了不少中國人。中國人加入「洋教」大約有80萬，其中絕大部分是為「信仰」而加入，但是也有一些中國人「教徒」仗著洋人的勢欺負自己的同胞。這為日後的衝突埋下了導火線。

董福祥：（1839—1908）回族，寧夏人。1897年，奉調防衛京師，所部編為榮祿所轄武衛後軍。1900年，參與圍攻東交民巷使館。後率軍護衛慈禧太后和光緒帝西逃。八國聯軍要求處死董福祥，清廷不允，旋被解職，禁錮家中。1908年病死於金積堡。

義和團有騎兵嗎？這張照片的原注寫的是「中國騎兵1900」。應該是對的。因為1900年，董福祥「甘軍」中的很多士兵加入義和團，這些來自於寧夏的回族戰士，大多善騎馬射箭。

1900年6月16日，前門在燃燒：這六張照片前所未有。都說前門那會兒燒了，從沒有看到照片。這些前門正在燃燒時不同時段拍攝的照片，雖然為業餘人士所攝，但是史料價值很高，所以原樣呈現給大家。1900年6月16日，義和團團民在前門前的大柵欄焚燒「老德記」西藥房（義和團見「西」就燒，見「洋」就滅）。一時火勢失控，延燒居民，被焚之戶以千數，正陽門樓洞亦為烈焰撲及。火起後，「南燒至小齊家胡同，西至觀音寺街，東至前門大街，北至西河沿西月牆」。此次大火，共計焚毀店鋪4000餘家，火至天明未熄，左右前後，烈火延燒三日不滅。正陽門樓亦被燒塌，京師24家鑄銀爐廠亦全被焚毀。北京市所有錢莊銀行因之被迫歇業。通貨既不流通，市場交易全停，一夕之間，北京就不是北京了。

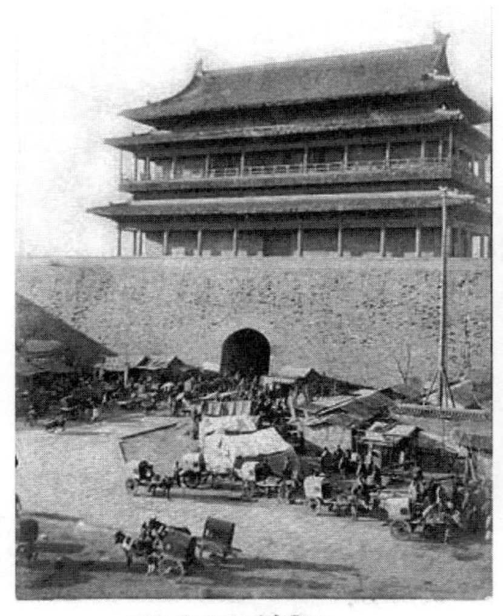

上圖 1900年前門被燒前後的照片：左圖是前門沒燒之前兩個月拍的正陽門照片。原注：1900年感恩節。（筆者注：感恩節的日子相當於中國清明節左右，但會變動。）中圖是燒毀後的箭樓殘留部分。右圖是燒毀後的正陽門殘留部分。三張照片就是一個的故事，應該為同一人所拍。拍攝者前後來前門三次，這看來不是一次隨便拍拍的攝影，一定是英國公使館交給他的任務。否則一個洋人怎麼會冒著被殺的危險三次來一個地方拍著玩。

中圖 1901年拍攝的被燒毀的前門正陽門樓子

下圖 被燒後的前門箭樓是1903年重建的。這是1910年拍攝的重建後的前門箭樓。

們焚燒教堂，打殺教民，衝擊東交民巷的外國公使館。中外矛盾十分尖銳。

4月5日京城出現了義和團壇口和大量揭帖，聲稱「消滅洋鬼子之日，便是風調雨順之時」。

4月10日袁世凱鎮壓山東義和團。

5月19日天主教大主教樊國梁致書法國公使，速召海軍入京防衛。

5月24日各國公使照會清廷，將在使館駐軍。

6月6日慈禧決定利用義和團抵禦洋人。

6月7日義和團紛紛湧入京城。

以下的一組圖片均採自1900年至1901年法國《Le Petit Parisien》雜誌。

「聯合起來打到清國去」

再回顧一下1900年6月以後的形勢發展：

6月10日，西摩爾率英、美、奧、意、俄、法、德、日八國聯軍2000人，向北京進發。

6月13日，八國聯軍在廊坊遭義和團襲擊。

6月16日，慈禧向列強各國宣戰。

6月17日，八國聯軍攻陷大沽炮臺。

6月20日，德國公使克林德被清軍開槍打死。

7月6日，清廷重用義和團，慈禧賞天津義和團白銀10萬兩。

7月6日，聶士成軍在天津小西門擊退聯軍。

7月7日—13日，清兵日夜炮擊京使館。

「基督世界聯合起來，打到清國去，拯救基督徒！」這是當時法國這家雜誌給這幅畫命名的標題。骨子裏西人還是相信武力解決問題，最後的確靠武力「解決了問題」。

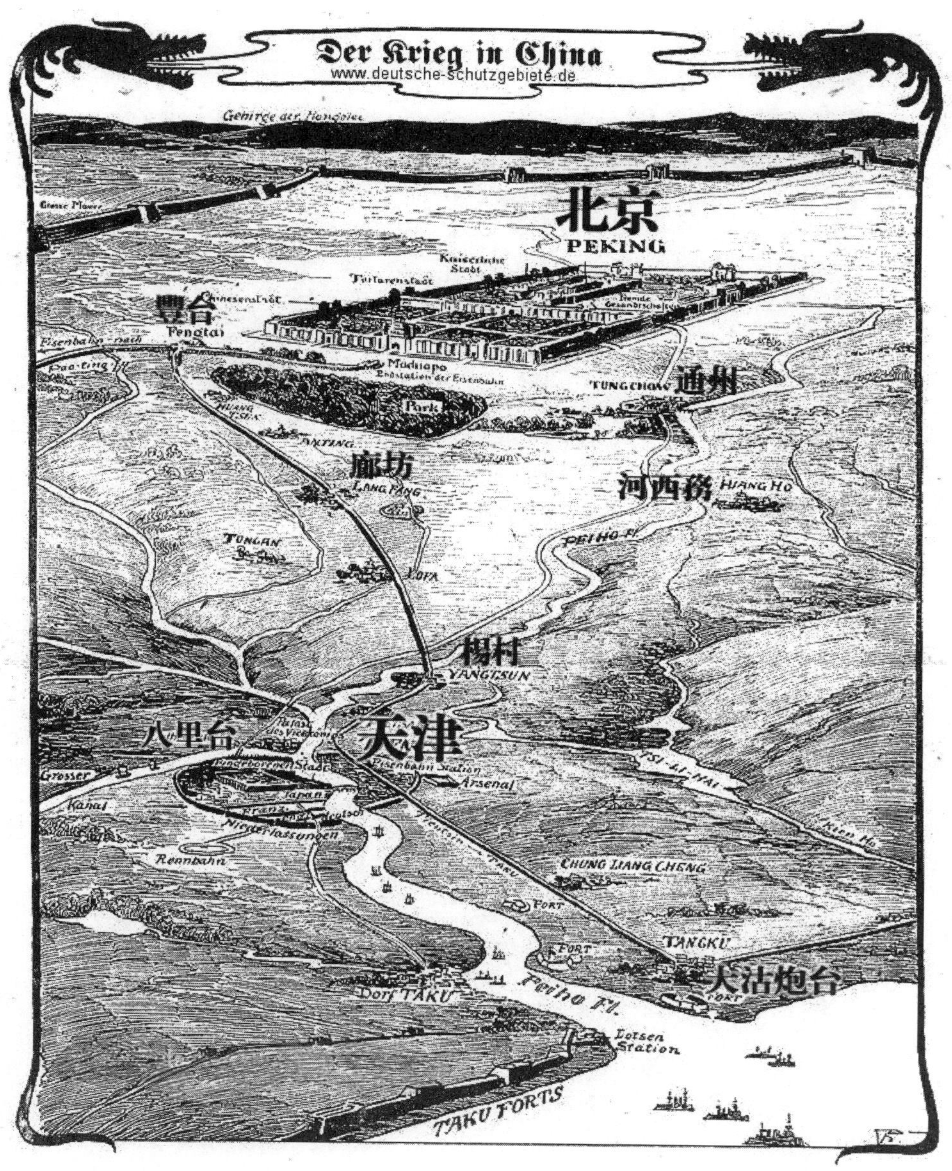

八國聯軍進攻北京路線圖說明：這是當時西人報紙上的聯軍進軍圖。為了閱讀方便，筆者加了少許中文地名。1900年6月10日，天津、廊坊成功擊退了西摩爾中將率領的2053名聯軍的進犯。17日大沽口外海面上的22艘聯軍軍艦開始向大沽炮臺開炮，清軍立即還擊。炮臺守軍在抵抗了6個小時後，南北炮臺相繼陷落，守軍大部陣亡。8月4日下午，八國聯軍從天津沿運河兩岸向北京挺進。6日楊村阻擊戰只進行了90分鐘，清軍的防線就全面崩潰。12日，聯軍不費一槍一炮佔領了北京的門戶通州！14日凌晨，聯軍總攻北京城，到晚上9點，相繼攻入北京的週邊城牆，開始向東交民巷推進。15日，聯軍逼近紫禁城。16日，清軍在京城各處與聯軍展開巷戰，清軍死傷慘重，戰至晚間，聯軍佔領了北京全城。

1900年，英國海軍士兵站在英國公使館外的「防禦陣地」上。1900年5月20日到31日各國公使提出如果中國政府不立即採取行動，各國使節應馬上調來衛隊。慈禧5月31日同意各國派兵進京，但規定每個國家來京軍事人員不得超過30名，一旦京都恢復平靜，應馬上撤退。這些士兵就是這麼進的北京城。

1900年，俄羅斯海軍士兵站在俄羅斯公使館外的「防禦陣地」上。在慈禧的默許下，從5月31日晚到6月8日，攜帶新式武器的各國軍隊已有接近1000人進入了北京，其人數遠遠超過了規定的限制。

上圖 1900年英國公使館大院裏的「防禦陣地」：很多外國人逃入英國公使館。天主教傳教士丁韙良進入公使館，脫去道袍，領了毛瑟槍，參與巡邏和「防禦」事宜。當他們聽到西摩爾率聯軍二千餘人從天津出發進犯北京時，這些來自於公使館的炮火猛烈地射向大街。但是，不久他們聽到了壞消息：聯軍退了。「防禦戰」又進入了防禦戰。

下圖 八國聯軍從海上進入華北：1900年5月以後，八國聯軍加緊調兵遣將，這支新加入戰鬥的軍隊在天津附近的海面上登陸，準備進攻大沽炮臺。

上圖　八國聯軍中的日軍：這是日軍正在休息。

中圖　八國聯軍中的英國軍隊：英軍派來10653人，亡64人。

下圖　八國聯軍中的德國軍隊：海軍士兵在操練。

八國聯軍中的美國軍隊：這是美國藍色夾克部隊在北京市區。美國派了5608人，亡48人。

八國聯軍中的法國軍隊：法軍士兵下車後正在集合。法軍來了7080人，亡50人。

7月8日，清軍與聯軍戰於天津八里台，聶士成陣亡。

7月14日，八國聯軍從大沽口進攻天津後，血洗天津。

1900年八國聯軍入侵中國的兵力人數：

日本21634人，亡349人，占1.61%；俄國15570人，亡160人，占1.03%；
英國10653人，亡64人，占0.6%；法國7080人，亡50人，占0.71%；
德國8401人，亡60人，占0.71%；美國5608人，亡48人，占0.86%；
奧地利429人，亡8人，占1.86%；義大利2545人，亡18人，占0.71%。
合計71920人，亡757人，占1.05%。

北京遭殃了

利用義和團洩私憤，而且還得到身邊王公近臣的叫好，說明慈禧多恨光緒，多恨洋人，多麼愛權又多麼無知！當聯軍的炮聲傳進宮的時候，慈禧這才急了，她一日之內連續五次召見軍機大臣開「御前會議」。慈禧在大殿上哭著問那些「慷慨激昂」的「剛毅」之輩：「我們母子怎麼辦？」「剛毅」們沒有一個說得出話來，大家只能相顧愕然。1900年8月14日，慈禧召見大學士六部九卿，大家早已作鳥獸散，無一人應召。天安門和西長安門已相繼失守，慈禧只好對載瀾說：「事已至此，惟有走了，你們還能為我護衛嗎？」曾經「神勇」的載瀾自知無兵，不敢應承。

15日凌晨，載瀾飛奔入宮，告東華門已被攻陷，慈禧竟要跳水自殺。載

慈禧太后離開北京城：這是西方報紙上刊登的慈禧太后外逃漫畫。1900年8月15日凌晨，東華門被攻陷。慈禧慌忙換上農婦的裝束，頭髮都來不及梳，簪子也忘了帶，急慌慌如喪家之犬登上載漪的車子，脅持光緒「西狩」去了。

八國聯軍進北京：美國《HARPER'S》週刊1900年刊登的八國聯軍列隊進京圖。列強的軍隊無論從訓練、裝備和軍事思想上均和清國軍隊拉開很大的距離。其實何止軍隊，清國那時幾乎在一切方面都還處在中古時期的水準。就像民國時期外交家、歷史學家蔣廷黻在《中國近代史》中說的：「我們的軍器和軍隊是中古的軍隊，我們的政府是中古的政府，我們的人民，連士大夫階級在內，是中古的人民。」

北京城遭摧毀：1900年8月16日，進入北京的各國軍隊的指揮官下令「特許軍隊公開搶劫三日」，北京城陷入了空前的劫難之中，昔日繁忙的大街成了一片廢墟。法國記者說：經過炮彈、機關槍光臨過的北京，留下的僅有頹垣敗瓦而已……一切皆頹坍了，但歐洲人的國旗，飄揚在各處牆上。

大清門附近的斷垣殘壁：瓦德西在1900年10月22日給德國皇帝威廉二世的報告中說：「最近的戰鬥使北京許多街區毀滅。北京被佔領之後頭3天公開允許的搶劫造成不可估量的破壞。英軍的搶劫是相當有制度的，強搶來的東西必須集中放在外交使團的一個地方，以便日後拍賣。拍賣的收入再按照計畫在軍官中間分配。而且英國軍官告訴我，印度士兵（英軍幾乎完全由印度士兵組成）根本不能理解沒有劫掠的勝利有什麼意義。日本軍的戰利品必須上交國家，國家肯定收穫了可觀的數目。在美軍，搶劫是被官方禁止的，但是美國官兵都是些冒險家，禁令被最徹底地置之不理。俄軍的搶劫以最原始的方式進行，東西被扔得亂七八糟。法國在搶劫方面也不落人後。」「在（德國）國內如果人們想像這場戰爭是為傳播基督教文明和生活方式的話，他們肯定要感到幻滅了。自從三十年戰爭和路易十四時代的劫掠以來，還沒有像這樣的。」

1901年2月2日，侵華英軍在午門前為前一天在倫敦過世的維多利亞女王舉行追思儀式：瞧，他們就像在自己家裏一樣自在，紅白事兒都在人家的地盤上辦。每天的吃喝拉撒都有當地人解決，總費用還等著李鴻章來「報銷」呢。

日軍繳獲的義和團武器彈藥：從這些老式的槍可以看到義和團的武器非常落後。就是這樣的武器還打敗了英國將軍西摩爾的軍隊，取得廊坊大捷，西摩爾事後回憶說：「如果義和團所用武器是近代槍炮，那麼，我率領的聯軍必定會全軍覆滅。」

日軍抓捕義和團團民：北京陷落，聯軍進行了殘暴的報復，他們包圍各義和團壇口，搜捕屠殺義和團團民。這是日軍士兵正在押解一名義和團團民。

瀾拉著她的衣服說：「不如先避一陣，再圖。」慈禧慌忙換上農婦的裝束，頭髮都來不及梳，簪子也忘了帶，急慌慌如喪家之犬登上載漪的車子，脅持光緒「西狩」去了。

1900年8月20日，八國聯軍基本佔領了整個北京城，北京人遭殃了。俄國《新邊疆報》記者揚契維茲基描述了他所看見的情景：「傍晚，萬籟俱寂，槍聲早已停止，我重新登上城牆，眺望城市。在這個古城的上空，曾經從夜裏兩點到下午兩點，到處紛飛著令人生畏的彈藥：燃紅的鉛彈，鋼鑄的榴彈，甚至還有中國人民用生鐵製成的古老的炮彈。在這寂靜的古老城牆上和在這神聖京都的城牆下，人們的鮮血一直流淌了十二個小時」。

法國《費加羅報》特派記者羅蒂到北京。雖然，在北京淪陷兩個月後來這裏，但是出現在他眼前的仍是一片廢墟。他在文章中寫道：幾個襤褸的乞丐，戰慄在藍色的破衣之下；幾條瘦狗，食著死屍，如我們在路上領教過的一樣……經炮彈、機關槍光臨過的北京，留下的僅有頹垣敗瓦而已……一切皆頹坍了，但歐洲人的國旗，飄揚在各處牆上。

他來到天壇，看到：這個往昔莊嚴肅穆的地方，現在任由野蠻人的馬隊馳騁。英國人派來的攻打中國的上萬名印度兵，在那裏紮營。他們的馬蹂躪著一切，草地上全是馬糞。一個大理石的香爐，往昔是祭神時燒香用的，現在被英國人當作燒瘟牛之處……

令人困惑的一些照片

1900年8月，英軍從北京沙窩門的下水道偷偷攻進城內，引來了一群京城百姓圍觀看熱鬧。

1900年8月，美軍在天津用銀子雇傭一些人組成臨時運輸車隊「支前」。中間兩黑衣者為美軍藍衣隊後勤官。

1900年8月，由直隸當地民船組成的美軍運輸船隊正通過白河向北京運送作戰物資。

鬧義和團，很重要的一條就是教民的「狐假虎威」。平時我們很少能見到這些教民的真容，從書上讀到的大多是他們「仗勢欺人」的故事。這是一張天津白河岸邊，得到洋人保護的難民照片。這些難民大多為教民。

這是被八國聯軍繳獲的清軍大炮。看來清軍的戰鬥力不佳不一定是武器的低劣。

這是被八國聯軍繳獲的部分清軍彈藥。這些炮彈讓我們了解了當時清軍防衛的裝備情況。

老狐狸悲壯出山

當義和團在北方如火如荼時，東南地區的封疆大吏們卻正在和各國共同醞釀一個互相保護的條約。這次是由兩江總督劉坤一、湖廣總督張之洞挑頭，李鴻章的親信盛宣懷具體聯絡，他分別致電東南各省督撫，請他們參加。

兩廣總督李鴻章，在廣州也有自己的一手。坊間傳說他的幕僚劉學詢及英國駐香港總督卜力爵士穿針引線，企圖討論讓李鴻章和孫中山宣佈「兩廣獨立」。

李鴻章在對義和團是招撫還是圍剿的選擇中一直是旗幟鮮明的圍剿派。美國1913年出了本《李鴻章回憶錄》裏面有一段李鴻章的話，翻譯在這裏，供參考：「據李鴻章說，他當時是兩廣總督，1900年初他已經預見到中國將有一段時期因為義和團同外國的矛盾而成為社會主要問題，或者說北方將主要以拳頭來對話。1900年2月在他的手記中記載：『我記憶中這已經是第三次朝廷讓義和團來踐踏國家，但是沒有採取任何行動去制止這個無法無天的組織。由於沒有採取任何行動去結束這一組織的無法無天，我預期朝廷會很少關注我後來寫的那些奏摺。義和團反對的所謂洋鬼子，這種行為對中國無一利而有百害，我的這個觀點幾乎沒有給太后留下多少深刻印象。趕洋人出去是不可能的，但最重要的是我們的國家因為洋人撤資卻在許多方面更加貧窮。我最後一次在北京時，一直努力地對朝廷說這些觀點。太后顯然有時傾向這些。」李鴻章雖然人在廣州，卻對千里之外朝廷裏的事，知道得一清二

張之洞像：張之洞（1837—1909），清朝洋務派代表人物之一。1900年義和團運動爆發後，在湖廣總督的任上，他多次上書清廷，要求對義和團嚴加鎮壓。並與兩江總督劉坤一、兩廣總督李鴻章聯絡東南各省督撫，同外國駐上海領事訂立《東南互保章程》九條，規定上海租界由各國共同「保護」，長江及蘇杭內地治安秩序由各省督撫負責。

盛宣懷像：盛宣懷（1844年11月4日—1916年4月27日）江蘇常州府武進縣龍溪人。清末的一個政治家、企業家和福利事業家。其父盛康是清朝的官員，與李鴻章有交。後盛宣懷被李鴻章招入其幕府，受到李的賞識，1900年，盛命令各地電報局將清廷召集團民的詔旨扣壓，只給各地總督看，他同時電告各總督讓他們不要服從這個命令。在他的聯繫下，長江流域和蘇杭的督撫們與列強簽訂了《東南互保條約》。

楚。他有他自己的耳目。美國作家曼勒克斯寫的《李鴻章回憶錄》中進一步引用李鴻章手記裏的話說：

「我私底下知道端郡王暗地裏支持義和團，他會利用各種手段去說服太后：如果洋人不干預，反洋人不會出事。端王有一大批有權有勢的追隨者，我最擔心慈禧太后相信他們的好鬥言行。」

李鴻章認為這是「群小把持，慈意回護，必釀大變」。他在兩廣的任上曾經多次冒死電奏朝廷，反對慈禧的「聯拳滅洋」政策，當朝廷向洋人宣戰的消息傳到廣東，李鴻章立即公開了「粵不奉詔」的立場。由此義和團明確

大阿哥溥儁：端郡王愛新覺羅．載漪的兒子。1899年3月18日封為大阿哥，但外國公使並不承認這位大阿哥，理由是他的父親愛新覺羅．載漪是義和團領袖。慈禧太后不顧反對，讓溥儁於4月即位，改元保慶，廢黜光緒皇帝，並且由她垂簾聽政。這引起朝野上下一片軒然大波。慈禧被迫停止廢除光緒的計畫，以「縱容義和團、獲罪祖宗」之名廢除溥儁大阿哥之位，命其仍歸宗載漪；1902年清政府下令將載漪父子均流放新疆，載漪父子逃到蒙古。1908年宦官李蓮英受慈禧之託派人刺殺溥儁，溥儁終年24歲。

端郡王載漪：1900年6月25日，端郡王載漪和莊親王載勳帶著60多名義和團團民衝進了紫禁城，聲稱要殺掉和洋人一條心的光緒皇帝。慈禧揭穿了這兩位王爺趁機作亂的企圖，殺掉了為首的團民。此事給慈禧的刺激很大，她開始擔心對義和團失去控制。事後她馬上傳令榮祿停止進攻使館，還派榮祿在使館外樹立了「奉旨保護」牌子。

提出要殺「一龍二虎三百羊」。「一龍」光緒皇帝，「二虎」即李鴻章和慶親王奕劻，「三百羊」是朝廷中支持對洋人主和的官員。

這要是在平時，慈禧一定要「辦」了李鴻章了，但當時形勢一天不如一天，自身都難保的她還想著嶺南那邊？而且，留著李鴻章就像利用義和團一樣，是軟硬兩手中軟的一面。

形勢比人強，當各國擺出架勢要進京保護「僑民」時，朝廷不得不起用軟的一面——李鴻章。清廷在6月15日先命令李鴻章「迅速來京」。這時，李鴻章滿腹狐疑。朝廷催他迅速進京，卻未言何事，更未授新職。

朝廷的電報一封急似一封：

7月3日，電報到：「懍尊前旨，迅速來京，毋稍刻延。」

7月7日，電報又到：「前迭經諭令李鴻章迅速來京，尚未奏報啟程。如海道難行，即由陸路兼程北上，並將啟程日期先行電奏。」

7月8日，朝廷急電：「命直隸總督由李鴻章調補，兼充北洋大臣。」這是慈禧太后根據榮祿的建議調他為直隸總督、議和全權大臣，以期催促李鴻章上路。

7月9日，電報又到：「如能借到俄國信船由海道星夜北上，尤為殷盼，否則即由陸路兼程前來，勿稍刻延，是為至要。」

7月12日，朝廷的電報急了：「無分水陸兼程來京。」

這樣，李鴻章才匆匆上船，踏上了北上之路。

李鴻章有野心？

7月17日李鴻章乘招商局「安平」輪離廣州北上。李鴻章密友南海知縣裴景福和李鴻章在熙熙南風下有一場少有的「深入交談」。李倚在小藤榻上說：「廣東斗大城中，緩急可恃者幾人？爾能任事，取信於民，為地方弭患，督撫不若州縣也。能遏內亂，何至招外侮，勉之！」裴氏就目前的局勢請教李，他答：「百足之蟲死而不僵，我朝厚德，人心未失，京師難作，雖根本動搖，幸袁慰庭搘拄山東，香濤、峴莊向有定識，必能聯絡，保全上海，不至一蹶不振。」裴氏問：「萬一都城不守，公入京如何辦法？」答曰：「必有三大問題，剿拳匪以示威，糾首禍以洩忿，先以此要我而後索兵費賠款，勢所必至也。」裴氏問：「兵費賠款大約數目？」答曰：「我不能預料，惟有極力磋磨，展緩年分，尚不知做得到否？我能活幾年，當一日和

70多歲的李鴻章：慈禧數次電召他離開廣州北上，他雖然回覆「立刻遵旨北上」，但卻沒有離開廣州一步。《宣戰詔書》發佈後，李鴻章說：「此亂命也，粵不奉詔。」

1900年的兩廣總督府（水彩畫）

李鴻章離開廣州北上： 1900年7月17日，李鴻章離開兩廣總督府，坐馬車去招商局「安平」輪停靠的碼頭，登船北上。

尚撞一日鐘，鐘不鳴了，和尚亦死了。」

李鴻章遙望北方，心情久久不平，在場聽者無不動容。李鴻章藉此又開始發揮了：「事定後中外局面又一變，我國惟有專心財政，償款不清無以為國，若求治太急，反以自困。中國地大物博，歲入尚不及泰西大國之半，將來理財須另籌辦法。」話題由此轉到中國之根本問題究竟在哪兒。裴氏先說：「竊有一言為公陳之，中國之弱弱於人，非弱於法也。人有得失，法無新舊，果得其人，因時損益，法雖舊亦新也，不得其人，雖博採古今，組織中外，適以滋弊。」李鴻章聽了笑而譏之曰：「八股舊也，策論為新，策論得也，八股為失，我與爾皆八股匠，故說舊話。」這一番妙語，又讓眾人暫時忘記了天上的愁雲，眾聽者哄堂大笑起來。

海風瑟瑟，白浪漣漣，李鴻章踏上了他人生的不歸路。

這個躲在南國成一統，觀察局勢數月的老狐狸，終於悲壯地出洞了。直隸、北京，雖然眼下混沌不開，那畢竟是他這隻江淮老狐馳騁多年的疆場啊！

輪船經過香港時，李鴻章在盛大的儀仗隊和禮炮17響聲中登陸，拜會了香港總督及各國駐港領事。

香港總督卜力有自己的小算盤，他一直在觀察李鴻章，說李「正在向這個（兩廣獨立）運動賣弄風情，謠傳他想自立為王或是總統」。卜力給倫敦的建議是：為了保證「南方的安定」，「如果贊同孫中山和李總督締結一項盟約，對於英國的利益將是最好不過的。」孫中山早已經看穿李鴻章。他謂李鴻章「既無主義上的信念，又甚缺乏洞察大局的見識，並且年已老邁，對功名事業早已看透」。

果然如孫中山所言，當得知李鴻章決意遵旨北上的消息後，港督卜力勸告李鴻章重新考慮北上的決定，認為「李鴻章留在廣州，對和平事業最為相宜」，李鴻章客氣地拒絕了。

這次會見，李鴻章了解了英國人對未來中國最高級別人事安排的意見。他目的達到了，卜力給倫敦的報告說李鴻章「不是不樂意當皇帝」。

這次香港停留，李鴻章沒有見孫中山，也絕口不提「兩廣獨立」。他從沒有想把根紮在廣東，也不相信孫中山能成大事。他所有的履歷都建立在體制內運作的基礎上，歷來對「革命」二字深惡痛絕。他善於在各方勢力中尋找最大的公約數。對此，他有幾十年的「鬥爭經驗」。

結束會談時，李鴻章還請求聯軍佔領北京後一定要寬宏大量，不要採取報復措施。他告誡卜力說，報復只會激起中國人更普遍的仇外情緒。

7月18日，李鴻章自香港啟程北上，「平安」輪三天後到達上海。李鴻章要在這裏觀望再觀望，這些天形勢的變化是他始料未及的。

7月13日，八國聯軍分兩路向天津城內發起總攻。

7月14日，八國聯軍佔領天津。

7月17日，俄軍屠滅江東六十四屯居民。

香港總督府（水彩畫）　　1900年的香港

1900年7月13日凌晨，八國聯軍分兩路向天津城內發起總攻：7月14日淩晨，日軍渡過護城河，炸塌津城南面城牆一段，自此突入。英軍相繼跟進，6時許，大隊聯軍及武裝教民佔領南城。不久，俄軍亦從東面城廂攻入，城內清軍及團民奮力巷戰，持至下午，因犧牲過重，力不能敵，撤出戰鬥，天津陷落。

1900年法軍和義和團在天津進行巷戰

在上海，他的兒子李經述發來急電：載漪、榮祿之輩「黨拳煽亂」，慈禧「力不能制」，「圍城西幸勢所必然」，切勿「輕身赴召，自蹈危機。」「天津失守，北京將不保，萬勿冒險北上，切切。」7月21日李鴻章便以健康為由要慈禧賞假20日：「連日盛暑馳驅，感冒腹瀉，衰年孱軀，眠食俱廢，奮飛不能，徒增惶急。」朝廷的回電催他：「現在事機甚緊，著仍遵前旨迅速北來，毋再藉延。」但是，李鴻章在上海還是採取觀望態度。

上海這一個多月裏，前來拜訪的人，上帖子的人很多，各種觀點都有，每天的電報多得來不及翻譯。李鴻章的親信翻譯馬建忠還收到一封來自英國政府背景人士的來電，主張李鴻章不要失去此千載良機，擁兵自立。李鴻章置之不理，急忙讓馬建忠把那電文燒掉。

李鴻章對慈禧並沒有完全喪失信心。當荷蘭公使克羅伯來滬告知各國公

使擬讓慈禧歸政光緒時，李鴻章表示反對，說「太后訓政兩朝，削平大難，臣民愛戴，此次拳匪發難，只恐禍起腋肘，不得已徐圖挽救。」

北京那裏，慈禧太后完全亂了陣腳，她一方面急盼李鴻章和洋人求和交涉，另一方面又聽信載勳、載漪和剛毅等頑固派大臣的話擺出決戰的架勢。

7月28日，慈禧殺主和派大臣許景澄、袁昶。

8月3日，俄軍大舉入侵東北。

8月4日，八國聯軍由天津向北京進犯。

8月7日，朝廷正式任命李鴻章為全權大臣，負責與各國外交部門電商「停戰」。

8月11日，慈禧又處死反對開戰的徐用儀、立山、聯元等五大臣。

李鴻章在上海看到這血淋淋的一幕，大表不滿。榮祿說「其苦口力諫之言，竟不能勝太后一念報復之心！」李鴻章在給慈禧的信裏傷心地說：「每

清軍阻擊八國聯軍：8月4日下午，聯軍部隊從天津開拔，沿運河兩岸向北京挺進。為了阻止聯軍北進，清軍在京津之間構築了兩道防線，並派遣了裝備精良的武衛軍在兩處駐防。此時還沒有卸任的直隸總督裕祿領銜京郊防禦戰的總指揮，親自到前沿坐鎮督戰。

許景澄：（1845—1900）浙江嘉興人。曾出使法、德、義、荷、奧和比利時公使。聯軍攻陷大沽炮臺後，許景澄與徐用儀、袁昶等反對對外宣戰，被以「任意妄奏」、「語多離間」等罪名殺於北京。相傳許景澄被判時，猶以京師大學堂經費為念，取來存於俄國銀行的四十萬兩辦學經費銀子的存摺，交給朝廷，囑咐防止外國人賴賬，然後就刑。宣統元年（1909）追諡文肅，與袁昶、徐用儀並稱「三忠」，在杭州西湖建有三忠祠。

西方刊物上刊登的慈禧太后時事插圖：插圖說，中國恐怖分子向他們的皇帝和太后炫耀人頭。

讀詔書，則國是未定，認賊作子，則人心未安。而臣客寄江南，手無一兵一旅，即使奔命赴闕，道途險阻，徒為亂臣賊子作菹醢之資，是以小作盤桓。」

8月15日，八國聯軍攻佔北京，慈禧太后偕光緒帝等離京西逃。

8月16日，八國聯軍在北京公開搶劫三日。

8月19日，俄軍搶先佔領頤和園，將珍寶竊擄殆盡。

8月20日，朝廷以光緒皇帝名義發佈「罪己詔」，向列強政府賠禮致歉。

這個時候，列強們以勝利者的姿態根本不考慮李鴻章暗中發出的和談請求。甚至 除俄國外，大家都不考慮由李鴻章出面進行和談。

赫德是個關鍵人物

正當這個時候，一位躲在幕後的關鍵人物出場了，他就是海關總稅務司赫德爵士。赫德說：「瓜分、改朝換代或修補滿洲人的統治——在這三種行動方針之間要有所選擇」。赫德反對瓜分。

至於「改朝換代」，赫德認為：「建立一個新朝代——卻沒有一個全中國願意接受的有名望的人。這個計畫會把中國投入多年的無政府狀態中，並且由外國列強一致同意所設立起來的朝代，以後將永遠帶有軟弱和恥辱的標

清國海關總稅務司赫德：赫德，北愛爾蘭人，於1854年來華，1908年休假離職回國。曾擔任中國海關總稅務司有三十七年以上。赫德不僅在海關建立了總稅務司的絕對統治，而且其活動涉及中國的軍事、政治、經濟、外交以至文化、教育各個方面。清廷常常是通過他和西方國家取得聯繫。1911年9月20日卒於英國。清王朝追授他為太子太保。

左圖　赫德家被燒毀：北京台基廠附近有個胡同，叫「台基廠頭條」，這條路過去叫「赫德路」。1894年，赫德寫道：「經過（洋務運動）二十年頭腦的訓練，中國人的熱血已經相當冷靜了，但是我覺得，很可能有一天那種絕望會以最野蠻的形式爆發，我們所在的外國人都會被逐一掃出北京。」果然，1900年6月，他的家被燒，書信日記付之一炬。66歲的赫德逃進使館區避難。

記」。

赫德贊成「修補滿洲人的統治」，他把「現存的朝代當作一個開著的商店或公司接受下來，簡而言之，就是盡量利用它」。因為「它的命令通行於全中國，承認它會是所有的列強都默許的最容易的解決辦法，支持它比起任何其他的行動來都會更迅速、更有效地恢復普遍的平靜」。

赫德的話，列強是要聽的。他被認為「在關於中國的一切事情上，沒有一個活著的人比赫德爵士更有權威，他擔任中國海關總稅務司已經有三十七年以上」。實際上，寫這段歷史時是不能不說出赫德這個名字的。因為他掌握了中外議和的全局。是的，他沒有親自參加議和，因為「那樣將造成一種英國在談判裏操縱的氣氛，而且容易引起反對，不過會議進行的一切情況，和中國所採取的每一步驟，……都應讓我知道」。

赫德出來說話，加上俄國準備「堅決把賭注下在李鴻章身上」，列強的態度開始有所鬆動。鑒於以往的經驗，李鴻章8月25日電請在和談中加派奕劻、榮祿、劉坤一、張之洞為全權大臣。讓大家共同承擔「誤國」罵名。8月27日，清廷讓慶親王奕劻回京，會同李鴻章妥商辦理談判事宜。

9月7日朝廷發佈剿滅義和團的諭旨：義和團「實為肇禍之由」，「非痛加剷除不可」。

9月8日朝廷再次表示「罪在朕躬，悔何可及」，要求李鴻章「即日進京，會商各使，迅速開議」，說什麼「不特安危繫之，抑且存亡繫之，旋乾轉坤，匪異人任。勉為其難，所厚望焉。」從中可以看出朝廷已經在求李鴻章了。

9月15日李鴻章在上海逗留50天後，又上了船，離開上海北上了。

旗人罵李鴻章，現在又盼他來！

旗人以前悠閒的生活：以前旗人每個月有錢糧，也專靠錢糧吃飯，悠閒著呢。八國聯軍一來，慈禧跑了，沒人發銀子了，這日子怎麼過啊。這是倫敦新聞圖片報1875年刊登的北京大街上悠閒的旗人。

李鴻章北上的消息傳到北京，全城轟動。那會兒不但慈禧急，留京的官員急，就連旗人和百姓也急。與梅蘭芳合作的戲曲作家齊如山曾講到那會兒北京人的心緒：「當義和團正盛、西后最得意的時候，合肥（李鴻章）正在廣東，旗人們有的說他能勾結外國人，太監們說得更厲害，所以想著把他調進京來殺了他。……各國軍隊進京後，……從前雖罵他，但現在已知道非他不可，所以大家都盼他來，因他來得慢，大家又怨恨他。……他來的那兩天，北京所有的人，可以說是狂歡。尤其旗人，自西后光緒走後，他們每月的錢糧，誰也得不到。可是旗人又

旗人的職責：旗人大多為世襲武職，「武」香門第，職業軍人。但是大清這三百年來，「尚武」成了擺設，只限於每年節慶的一種表演，十八般冷兵器一成不變走過場。殊不知外面的世界早已炮聲隆隆，此八旗已經非彼八旗了。

專靠錢糧吃飯，所以幾個月以來，都跟沒有娘的孩子一樣。聽說李鴻章要來，總以為他是跟外國人有勾手的，他來了一定有辦法。……東四牌樓一帶，旗人吃飯的很多，正喝著酒，忽提李鴻章來了，便高興地說，再來一壺，盼他來的程度，就如是之高。我問他們，你們向來很討厭李鴻章，為什麼現在這樣歡迎呢？他們的回答是：說人家是漢奸，沒人家又不成，就是裏勾外聯的這麼個人。……彼時許多人對李鴻章都是這樣的批評。」

9月29日，李鴻章到達天津。天津已經被戰爭破壞得不成樣子。李鴻章還特地去了一下他住了二十多年的北洋通商大臣衙門。此時此刻辦公地已是破敗不堪。

千呼萬喚後，李鴻章進京了。這時的他已經不是「千刀萬剮」的「二虎」了，輿論已經發生了變化，北京人希望他來「拯救」他們。

聯軍搶夠了，被圍的人也解救了，他們的後勤給養還指著「地方」解決呢。萬眾都指著李鴻章。

10月11日，李鴻章由俄軍百人護衛隊開道到達北京。「全權大臣」住進了北京賢良寺，外面日夜有俄軍士兵守衛著。聯軍立刻宣佈賢良寺為聯軍承認的清國之地。

這時的李鴻章雖然是人近黃昏，卻感到夕陽無限好：正式場合，慶親王奕劻以親王之尊，名字排在李鴻章的前面。私下親王卻對李言聽計從，甚至有點學生看老師的味道。細節都由李鴻章敲定，而且慈禧已經說過：「朝廷

李鴻章下轎子進西班牙公使館：絕對珍貴的李鴻章參加庚子賠款談判的照片！第一張是李鴻章下轎時的瞬間照。第二張：在西班牙公使館禮賓官的引導下去談判大廳簽字。這是英國公使館工作人員搶拍的鏡頭，品質不好，但是非常珍貴。這天是1901年9月7日。李鴻章下轎以後進入公使館大廳，在《辛丑合約》上簽字畫押，然後脱下官帽，換上西瓜皮小帽，和11國代表一起留下了後面那張著名的「全家福」照片。兩個月後（11月7日）李鴻章就過世了。

不為遙制」，就是說這回幹事兒少了很多牽絆。

李鴻章這個人一生最擔心一個「權」字旁落，因為「有權」就「有事」，就可以讓他忙碌起來，他信奉忙碌是美麗的。他也永遠不會忘記5年前在賢良寺裏，那180天坐以待斃的感覺。他的忙碌哲學是這樣的徹底，他不但自己忙碌，而且還要後繼有人，讓大兒子李經方從小習三國語言，和他在談判桌上共同忙碌。這要特別加以突出，因為在他那個時代，「搞夷務」是下三濫，為人所不齒。李鴻章辦了一個同文館，幾次招聘都沒幾個人來。李鴻章後來給考生一個政策，讓其以後享受「進士」同等待遇，這才勉勉強強有些報名的。他能讓兒子搞夷務，沒有點兒愚公移山、「子子孫孫挖山不止」的精神是不可能的。

他不是思想家，甚至有點守舊，他不屬於開天闢地的人物，卻能將每件事情盡量做好。他的談判技巧是一流的，而且總知道運用人家的短處，各個擊破，這點瓦德西最恨他。天津教案，他一鳴驚人，他的老師曾國藩去處理，結果外人和國人都不滿意。李鴻章用了點兒「痞子手段」就順利化解危機，讓老師自歎不如，他也一下子成為有清一朝外交第一人。馬關談判，他挨了一槍，卻為慈禧省下了一萬萬兩銀子並換來了列強的干預。這就是他的本錢，慈禧知道，光緒知道，恭親王奕訢、醇親王奕譞以及馬上就要和他同桌的慶親王奕劻都對此讚歎不已。局外人最納悶的就是這點：為什麼每次

慶親王奕劻參加和議：清廷讓慶親王奕劻回京，會同李鴻章妥商辦理談判事宜。這是兩張奕劻下轎子進談判地點——西班牙公使館時的快照，由英國公使館工作人員所拍。比較業餘，但是，非常珍貴。第一張是轎子到，第二張是下轎以後。

「大清國欽命全權大臣便宜行事．總理外務部事務和碩慶親王到——！」1901年9月7日，慶親王的轎子來到了西班牙公使館，法國衛隊當時充當儀仗隊歡迎親王到來。慶親王坐的是不是傳說中的八抬大轎？左圖法國儀仗隊正在整裝待「接」。中圖一聲令下，法國儀仗隊挺胸收腹，歡迎貴賓到來。右圖：慶親王奕劻的轎子到了！

談判，李鴻章總談出一大堆「賠款」，而老佛爺卻非他莫屬？這就是慈禧的高明處：輸了的一方總能談出一個「意外」的價格，還幫她擔著罵名。而具體執行者李鴻章卻只要一個做事的機會。為了做事，李鴻章進京給太監送紅包，每每出手大方，曾國藩送小紅包，左宗棠不但不送紅包而且還到慈禧那裏告狀。正應了小品中的一句話：我就納悶了，同樣是人，這差距咋就這麼大呢？

這就是李鴻章。

瓦德西最恨李鴻章

9月底，在英、法、美、俄承認由奕劻、李鴻章來擔任中方的議和人選後，其他國家也先後表示了認可。談判開場比較順利，當時誰也沒有想到這場談判會曠日持久地持續了一年。

法國出面代表11個參加談判的國家提出6條意見包括：

大清國全權大使慶親王
大清國欽差全權大臣便宜行事 總理外務部事務和碩慶親王

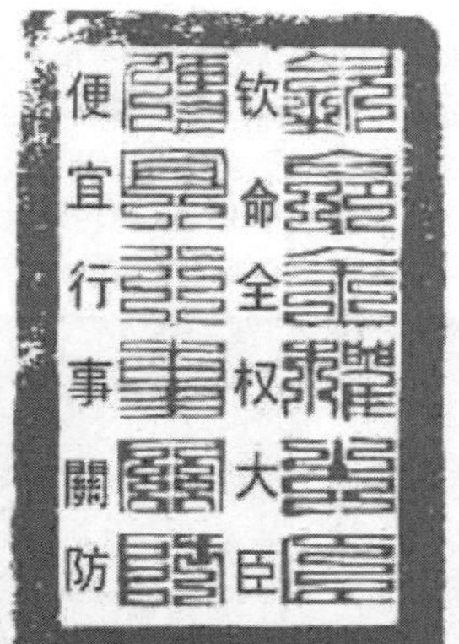

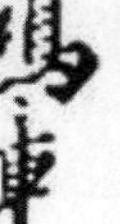

大清國全權大使李鴻章
大清國欽差全權大臣便宜行事
太子太傅．文華殿大學士．北洋大臣．直隸總督部堂一等肅毅伯

1. 懲處各國公使指定的罪犯；

2. 禁止軍火進口；

3. 賠款；

4. 建立永久性的使館衛隊；

5. 拆毀大沽炮臺；

6. 允許各國在大沽至北京一線駐兵。

幾天後，慶親王奕劻和李鴻章聯合照會各國，提出了5條議和綱領：

1. 承認圍攻使館違反國際公法，保證今後不再出現類似事件；

2. 願意協商賠款問題；

3. 同意修改有關條約，側重中外商務；

4. 收回被占衙署，與各國分別締約；

5. 先行停戰。

仔細琢磨這兩個談判綱領，一個要駐軍長留，一個想賠錢走人；一個妄想解除人家的武裝，一個希望商業上給對方些便宜；一個要治罪，一個避重就輕，王顧左右而言它。李鴻章甚至大剌剌地提出要一一個別對談，以期各個擊破。

中方提出議和大綱二天後，聯軍最高統帥瓦德西終於趕到北京，對李鴻章提出的議和大綱，這個武夫卻比什麼人都精明，瓦德西的態度是「不給予任何的理睬」。

下圖 11國和談代表從左到右：大荷國欽差駐大清國便宜行事全權大臣克羅伯，大日本國欽差全權大臣小村壽太郎，大義國欽差駐大清國大臣世襲侯爵薩爾瓦葛，大比國欽差駐大清國便宜行事全權大臣姚士登，大奧國欽差駐大清國便宜行事全權大臣齊干，大西國欽差駐大清國全權大臣葛絡干，大德國欽差駐大清國便宜行事大臣穆默，大俄國欽命全權大臣內廷大夫格爾思，大英國欽差便宜行事全權大臣薩道義，大美國欽差特辦議和事宜全權大臣柔克義，大法國欽差全權大臣駐大清國京都總理本國事務便宜行事鮑渥。

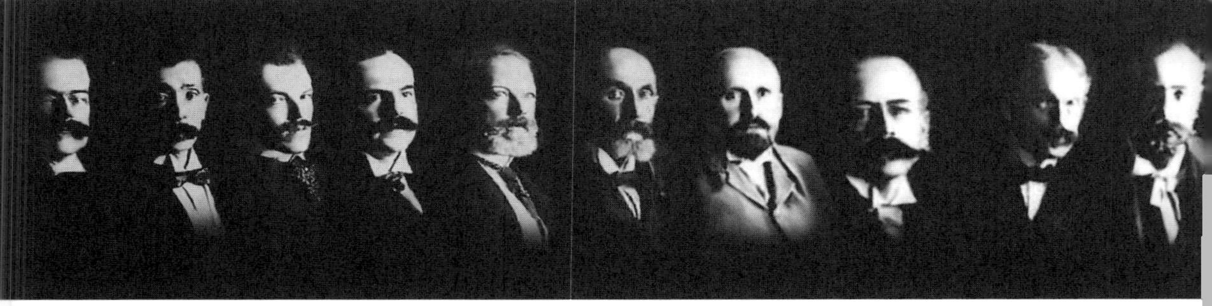

11國代表在開「協調會」：11個國家，各有自己的小算盤，都怕自己在中國這塊肥肉面前少吃一口。但是人家講「協調」，會前會後的「協調會」是在所難免的。這是談判期間無數次「協調會」中的一次。

慈禧的問題是繞不過去的，為了確保慈禧不被判罪，李鴻章堅持要在條款上寫明「懿親不加重刑」。這時候「中國國情」四個字起了作用。李鴻章讓對方明白，中國人以孝為本，以忠治國，太后為一國之母，千萬要尊重。

談判雙方幾乎在所有問題上都對不上眼。

李鴻章要先停火後議和，聯軍是先議和再停火。

聯軍開出一長串人名要求殺、關、流放和沒收財產。李鴻章認為應該嚴格區分，盡量按太后懿旨加以保護。

談判不歡而散，聯軍繼續西進，並派兵進犯了清西陵和東陵，直逼張家口，向慈禧施加壓力。聯軍司令瓦德西說，如果中國再不提出令各國滿意的決定，聯軍就要進攻陝西，去捉拿真正的禍首！

接下來就是打心理戰，慈禧在西安天天心驚肉跳等消息，「以首禍當議己，常悁慄不自安」。她「一日不見京電，便覺無措。然每一見電，喜少驚多，實令膽怯」。11月21日，她電問李鴻章：「列強所索各條是何端倪，曾否見詢，有無萬不能行之事，……應據實密奏」。她對和談的態度非常堅決：「大局攸關，款議可成不可敗，兩害取輕」。

李鴻章玩的是各個擊破，11個國家組成的談判方，看似陣容強大，其實這次搭的是「草頭班」，個個心裏都有小九九。俄國想的是東北的肥肉，

中方談判全體人員：以慶親王奕劻（前排最近者）和李鴻章領銜（前排中間者）。

八國聯軍統帥瓦德西：聯軍的最高統帥瓦德西趕到北京時，聯軍佔領北京已經超過了1個月。瓦德西總共在中國待了10個月的時間，回國後寫了本回憶錄《拳亂筆記》，其中最有價值的內容就是客觀地記錄了一些八國聯軍在北京製造的慘劇。

日、英、美等國對此心生嫉恨。法國關心的是天主教的順利傳播，德國想的是在中國插進一隻腳。李鴻章看出他們的同床異夢，在得到榮祿轉達的只要保住慈禧什麼都可以商量的「示意」後，便積極地賄賂俄國出面斡旋此事。不久，英首相索爾茲伯里就對首先提出懲凶作為議和先決條件的德國人說：「絕對不否認，如果把皇太后牽入這件事情以內，人們將冒著廢棄中國整個國家組織的危險，這也是對於歐洲不利的。」

這裏聯軍剛有一點鬆動，李鴻章趕快給慈禧去電，要求朝廷「丟車保帥，把載漪他們拋出去」。接著，各國公使一致要求，只有中國的皇帝和太后回到北京後才可以開始談判。而慈禧壓根就沒有此時回京的想法。

談判又陷入僵局後，李鴻章慣用的策略是「以拖待變」，這一招已經屢試不爽。首先就是「李鴻章病了」。李鴻章的確病了，78歲的老人，又在1895年受過槍擊，子彈殘留物至今還在眼睛下部留著，又加上連日的勞累，病是肯定的，但是還沒有到病倒的地步。

久拖以後，轉機來了。俄國人在東北準備監理東三省，這引起日、英、美等國極大的不安，他們不再堅持把「嚴懲禍首」和「兩宮回鑾」作為和談的先決條件，而是轉向急於開始討論議和的具體內容。

在1900年西方耶誕節的前一天，英國、美國、法國、俄國、德國、日本、義大利、奧地利、西班牙、比利時和荷蘭11國公使將《議和大綱》交給了慶親王奕劻，並且要求迅速答覆。

李鴻章像：這是李鴻章唯一一張穿裘皮大衣的照片。大約於1900年左右拍攝。這期間，他很怕冷，常常在夏天也穿得嚴嚴實實的。沒辦法，油燈將熬盡了。

這份《議和大綱》是《辛丑合約》的藍本：

1. 中國派親王專使就克林德被殺一事前往德國謝罪，並在遇害之處樹立銘志的牌坊；

2. 嚴懲禍首，殺害淩辱外國人的城鎮停止科考5年；

3. 中國必須用優榮之典就日本書記官被害一事向日本政府謝罪；

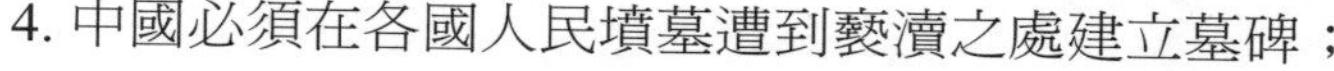

4. 中國必須在各國人民墳墓遭到褻瀆之處建立墓碑；

5. 軍火及製造軍火的器材不准運入中國；

6. 公平補償外國人身價財產損失；

7. 各國駐兵護衛使館並劃定使館區；

8. 削平大沽炮臺；

9. 京師至海邊由各國留兵駐守；

德國公使克林德被殺

1900年6月20日，克林德乘轎赴總理各國事務衙門，被清軍虎神營士兵擊斃。然而，最近又提出了一個全新的說法，翻譯柯士達說：這像是一場設計好的謀殺。另一種說法克林德是被誤殺了。第三種說法，他讓人難以忍受。總之，許多人——不論是英國人、俄國人，還是法國人，特別是中國人，都認為給他一點教訓是好事。可能俄國公使格爾斯告訴端郡王，建議殺了他。還有一點始終讓人無法解釋。為什麼英國報紙4天前就報導了克林德被殺的消息？有一種可能，那就是這條消息早就通過電報從北京祕密地發回，準備在某一天見報，但是因為某種失誤被提前登了出來。實際情況如何仍然是個祕密。這讓人們相信，克林德死於一個有組織、有預謀的謀殺。

10. 永遠禁止軍民等加入仇視各國的團體；
11. 修改通商行船各條約；
12. 改革總理衙門和各國公使覲見禮節。

克林德坊建成典禮：清廷被迫在克林德被害的東單建立牌坊，這是牌坊建成後的典禮現場。

克林德坊：最早立於東單。1918年德國在一戰中戰敗，北京人將牌坊拆除，遷至中央公園（今中山公園），改名「公理戰勝」牌坊。1949年後，又改名「保衛和平」牌坊。

上圖 醇親王載灃親去德國謝罪：清國派醇親王載灃為頭等專使大臣，代表清廷就克林德被殺一事親赴德國謝罪致歉。

左圖 德國駐華公使克林德墓地，北京東城某組織送來的輓聯。

看過條款後的　李鴻章連連歎息，他吩咐立即原文電奏西安，並告訴發電報的人叮囑對方，一定要用重筆寫成電報稿呈送慈禧。

電文傳到西安後，引起大譁。所有人都感到條件極端苛刻，無法接受。

與此同時，瓦德西也向李鴻章施加壓力。

最終，由於《大綱》中既沒有將慈禧列為禍首，又沒有讓她交出權力，所以慈禧還是批准了《議和大綱》。

1901年1月15日，李鴻章和奕劻遵旨在《議和大綱》上簽字畫押。

累死乎？氣死乎？

知道自己已經時日不多的李鴻章想盡快結束談判。他代表清廷要求各國早日撤軍，但各國的態度是，必須親眼看到禍首被懲辦，必須把賠款的數額

LI-HUNG-CHANG CRITICALLY ILL

LONDON, Nov. 27.—Li-Hung-Chang, according to the Shanghai correspondent of The Morning Post, is seriously ill and has telegraphed for his adopted son, Li-Ching-Fang.

《紐約時報》報導「李鴻章病情嚴重」：美國《紐約時報》最關心李鴻章的病情，它於1900年11月27日從倫敦發回一條消息：《李鴻章病情嚴重》。報導說，據倫敦早報駐上海通訊員的消息，李鴻章生了重病，並且已經發電報給他的大兒子李經方。

載勳：莊親王載勳，義和團興起時，他力主藉助義和團的力量排外，以達廢黜光緒帝之目的。慈禧命其與剛毅為統率京津義和團的團練王大臣，並在王府中設立拳壇。後繼任京師步軍統領，發佈捕殺外國人的獎賞令等。後又隨慈禧西逃，任行在查營大臣。被指為「禍首」之一，1901年被革職，奉賜在山西蒲州（今永濟）自盡。

定下來，否則絕不撤兵。

1901年2月21日又接到了各國要求處死的12人名單，即：瑞郡王載漪、輔國公載瀾、莊親王、都察院左都御史英年、刑部尚書趙舒翹、山西巡撫毓賢、禮部尚書啟秀、刑部左侍郎徐承煜、大學士徐桐、協辦大學士吏部尚書剛毅、四川總督李秉衡、陝甘提督董福祥。其中除剛毅、徐桐、李秉衡三人已死，載漪、載瀾「定以斬監候罪名，如以為應行貸其一死，則遣戍新疆，永遠監禁」，董福祥「事緩辦」外，其餘的人都令自盡或正法。

4月，清廷又收到列強要求嚴懲的地方官員名單，「牽涉百四十二人之多」，大部分是根據「風聞的證據」列出來的。清廷於4月29日和8月19日先後發佈上諭，懲辦了96名官員：其中「四人死刑，十一人判死刑，減為永遠流放，十三人終身流放，四人監禁終身，二人長期監禁，五十八人永不敘用，二人譴責，二人追奪官職」。

慈禧一口氣像切瓜一樣地殺了自己120多個大臣後，各國關於懲辦禍首的風波才逐步平息。

接下來，賠款的問題便成了中外議和的關鍵，這才是各國關心的最終核心。俄國率先提出要求賠償白銀1.3億兩。

聯軍統帥瓦德西在來華前夕，德皇威廉二世於1900年8月18日告訴他要「謹記在心，要求中國賠款，務到最高限度，且必徹底貫徹主張。因為皇上急需此款，以製造戰艦故也」。德國提出的賠款大概是4億馬克。

此外，法國要求的賠款也多達7千多萬兩。他們均要求賠款以現金的方式一次付清。

右圖 毓賢 上圖 巡撫衙門西轅門殺46教士等人處：毓賢任山東巡撫時就認為義和拳「民心可用」，對其採招撫的辦法，將其招安納入團。於是義和拳成了合法組織義和團，並授「毓」字旗。毓賢縱容拳民燒教堂，殺教士；教士求保護，毓賢置之不理。後清廷受外國壓力將毓賢撤職。

1900年毓賢被重新起用為山西巡撫。他排外更加激烈，設計於1900年7月9日在巡撫衙門西轅門前，將46名教士盡數殺害，婦孺皆不免。山西全省共殺傳教士191人，殺死中國教民及其家屬子女1萬多人，焚毀教堂、醫院225所，燒拆房屋兩萬餘間，是各省中死人最多的一個省。事後為此付出的撫恤金和喪葬費等賠款計400餘萬兩白銀，並被停止山西人士參加科舉考試的資格若干年。1901年2月13日，清廷受八國聯軍之壓下令將毓賢即行正法。詔書在甘肅追上了毓賢。22日，毓賢被斬於蘭州。

英、美、日等國則害怕過多的賠款壓力會削弱中國市場的購買力，從而損害自己的商業利益，因此他們首先需要了解「中國究竟能夠償付多少。」英國的態度是基於赫德的意見進行的。

赫德認為「中國沒有準備金」，所以賠款「不能支付現金」。中國是一個入不敷出的國家，「歲入共約八千八百萬兩，而支出據說需要一億零一百萬兩。歲入的四分之一以上用於支付現有借款的利息；至於虧空或所需用與收入之間的差額，仍然是欠債，因為沒有資金償付它」。他還認為：「最合

適的償付方法」是「各國政府同意接受中國政府保證在若干年內每年分期攤付」。

英國人為什麼如此仗義？因為賠款要靠增稅，中國的海關稅如赫德所說：「增加到「值百抽五」，那麼賠款問題根本不用增加其他的稅，就可以得到解決」。這些增加的海關稅到頭來還是由列強們，特別是對華第一貿易國——英國的國民來支付的。

終日的忙碌和勞心，李鴻章終於病倒了，他在拜會英、德公使後回賢良寺的路上受了風寒，一病不起。這次李鴻章真的病了，特別是和俄國的談判幾乎熬盡了他太多的心血。

1900年，八國聯軍出兵中國，俄國沙皇以鎮壓東北義和團為名，大舉入侵東北地區。沙皇尼古拉二世親任總司令，以庫羅巴特金為參謀長，調集了17萬大軍和各種作戰物資，分五路向中國東北進軍。

在俄五路大軍大舉入侵之下，東北清軍一潰千里，俄軍僅用兩個月的時間便佔領了整個東北。

從1900年10月俄國對東三省實行軍事佔領開始，到1902年4月中俄《交收東三省條約》之簽訂，中間經歷了一年半的時間。在這一年半的時間中，中俄雙方在聖彼德堡，在北京進行了一系列非常曲折、極端複雜的談判。

只因俄國決意要佔據東三省，堅持要同清廷進行單獨的交涉。俄軍在1900年10月1日佔據奉天，然後誘逼盛京將軍增棋簽字批准明顯破壞了「清國的『獨立』與中國中央政府的主權」的章程。這個章程內容被倫敦《泰晤士報》駐北京記者莫理循揭露，引起了其他列強的強烈迴響和責難。英、德

「懲辦禍首」：1901年，根據八國聯軍佔領者開出的名單，最後有120多位大臣被作為懲辦的「禍首」給殺了。

上圖 沙皇尼古拉二世1898年照片：1900年，八國聯軍出兵中國，俄國沙皇以鎮壓東北義和團為名，大舉入侵東北地區。沙皇尼古拉二世親任總司令。

右圖 庫羅巴特金參謀長油畫像：1900年，八國聯軍出兵中國，沙皇尼古拉二世親任總司令，以庫羅巴特金為參謀長。

侵略中國東北的沙俄軍隊中的哥薩克人士兵：哥薩克人士兵勇猛善戰，多次充當了沙皇侵略擴張的馬前卒，成了沙皇對中國東北進行侵略擴張的急先鋒，所到之處，燒殺搶掠，聲名狼藉。

1900年俄國軍隊分五路侵佔了東三省，立意要把東北變成俄國的「黃俄羅斯」。

《辛丑合約》簽字儀式「全家福」：11國談判代表坐左邊，清國代表坐右邊，後面是各國代表的隨從人員。地點在西班牙大使館。這天是1901年9月7日。這是根據《議和大綱》的「最後議定書」簽字儀式的照片繪製的現場圖。

兩國經過緊急磋商達成了一個原則協議：第一，各國不得瓜分中國的領土；第二，中國的沿海、沿岸全部向各國的貿易和經濟活動自由開放。由於感到自己不具備瓜分中國的實力，法國、日本、美國等國均附和了英、德兩國的建議。俄國一方面公開否認，當面撒謊；一方面則脅迫清廷全權大臣楊儒簽字，以便造成既成事實。楊儒拒絕後，俄國就向李鴻章施壓：如果中國「聽各國讒言，不願立約，則東三省必永為俄有」。

《辛丑合約》簽字儀式「全家福」照片左半部分原始照片

《辛丑合約》簽字儀式「全家福」照片右半部分原始照片

Un exemplaire sera remis à chacun des Plénipotentiaires étrangers et un exemplaire sera remis aux Plénipotentiaires chinois.

Pékin, le 7 Septembre, 1901

Joostens

W. W. Rockhill

Ernest Satow

Jutaro Komura

F. M. Knobel

一千九百零一年九月初七日

光緒二十七年七月二十五日

在北京定立

李鴻章在《辛丑合約》上的簽字像一個「肅」字：李鴻章這時的爵位是一等肅毅伯。

最後時日的李鴻章：李鴻章的生命走到了盡頭。李鴻章老矣！生命就要走到了盡頭。就是這個時候，李鴻章還在賢良寺的病榻上上奏朝廷：「臣等伏查近數十年內，每有一次構釁，必多一次吃虧。上年事變之來尤為倉促，創深痛巨，薄海驚心。今議和已成，大局稍定，仍希朝廷堅持定見，外修和好，內圖富強，或可漸有轉機，譬如多病之人，善自醫調，猶恐或傷元氣，若再好勇鬥狠，必有性命之憂矣。」

李鴻章已經開始咳血了。他吐血已經吐到了「瀕危」的程度，在生命的最後時間裏，李鴻章已沒有精力面對面與洋人再論短長了。李鴻章躺在病榻之上，指揮著下級官員把損失降到最低點——從一開始提出的10億兩白銀降到4億5000萬兩，分39年還清，年息4厘；4億5000萬兩，是對4億5000萬中國人所定的數字，「人均一兩，以示侮辱」。李鴻章接受了這個侮辱。

5月1日，列強們發表了一個報告，各國要求的賠款總數為「六千七百五十萬鎊，或四億五千萬兩左右的銀子」。所有國家的最終報價都遠遠超過了他們實際的花費和損失。5月11日，奕劻、李鴻章「接受四億五千萬兩為賠款總額」。5月26日，清廷電告奕、李二人說：「各國賠款共四百五十兆，四厘息，著即照准，以便迅速撤兵。」

1901年9月7日，李鴻章、奕劻代表清廷與11國代表正式簽訂了《議和大綱》的「最後議定書」，簡稱《辛丑合約》。

在9月7日《辛丑和約》簽訂前後，李鴻章與俄使及維特代表波茲德涅耶夫進行了頻繁的接觸。11月7日，李鴻章在俄人的「恫嚇催促」下病死，「聞薨之前一點鐘，俄使尚來催促畫押」。李的病逝，對俄國財政大臣，負責俄國遠東鐵路建設的維特來說，頗有兔死狐悲之感。他「這時才發現，一切都需要從頭開始，因為隨著失掉了李鴻章與許景澄，不僅我們一派已經完全沒有臺柱子了，而且在中央的最高當局中，看來沒有一個人能夠勇敢地負責與外國人辦理交涉」。

大清重臣李鴻章油盡燈枯，走了。這一天是1901年11月7日。

北京就像沒事兒了一般

兩個月後，從保定開來的列車車廂裏充滿了笑聲，久違的喜慶終於來了。逃離紫禁城600天左右的慈禧太后和光緒皇帝帶著太監宮女們回鑾了。新任直隸總督袁世凱一路上盡心地護著駕，不敢有絲毫的馬虎。

這以前，為迎接喜事，北京精心地裝扮粉刷了一番，被燒毀的前門樓子很快被整修如新。

去年此時的景象已經成為歷史。北京人該幹什麼幹什麼，市場又熱鬧起

上圖 兩宮回鑾的隊伍從西安一路千山萬水地趕回來，不容易。走到半道，得報李鴻章死了。慈禧太后大哭道：這和議的事兒還沒辦完，他就走了，這往後怎麼辦啊！這是1902年1月，兩宮回鑾途中的情景。

來，吆喝聲嘎嘣嘣脆，還帶著些許二簧的長調。

這一次，中國人長記性了嗎？

鴉片戰爭到現在60年了，洋人的炮聲就沒斷過，可是大炮聽多了也不覺得炸耳。倒是隔壁的鄰居——日本嚇了一身汗。他們以「支那」為鑒，迅速行動起來：該改的改，該換的換，沒幾年，人家也人模人樣地混在隊伍裏進城了。

60年的光陰換來的只是一聲長歎：唉——！

60年的時光，卻讓外人知道：龍看起來挺可怕的，實際上也挺老態龍鍾的！

上圖 到啦！隊伍的行進開始緩慢下來，武衛軍也乘此機會稍事休息一下。袁世凱的武衛軍是清國的一支王牌軍隊，打八國聯軍時 袁世凱沒讓動用，現在為兩宮護駕挺用心的。

被義和團燒毀的前門正在喬裝打扮，以便屆時歡迎太后和皇上的回鑾。前門前的市場已經漸漸地熱鬧起來了。

1901年底，北京似乎恢復了平靜，但是被炮彈削去半截的前門箭樓還在述説著庚子年的痛。

兩宮的大轎在武衛軍的護衛下終於進了北京城，瞧！各國軍人還站在城樓上看這種少有的大排場。

兩個月前的大清門還是一片狼藉。

兩宮的大轎已經到了大清門。大清門也被打掃得乾乾淨淨。

左圖 經過600天飽一頓，餓一頓的「西狩」，想家的慈禧太后又住進了紫禁城，儲秀宮的燈又亮了，一切都成為過去。

下圖 平頭百姓早就適應了「華洋雜居」的時代了。在兩宮還未回鑾前，東交民巷一帶的集市已經恢復到「戰前水準」。

經過庚子這一事變，中國人長記性了嗎？長了！瞧，戰鬥在對敵鬥爭第一線的外事人員已經知道有理有節的鬥爭方式。西人的節日，我們也知道文明禮待，友好往來。這是八國聯軍在京時，醇親王等去德國公使館恭賀耶誕節。

「華洋雜居」時代，尚武的孩子找到了崇拜對象，「軍迷」們開始追起了星。北京爺兒們和俄羅斯爺兒們拍下了這張合歡照。

「華洋雜居」時代，京城百姓又多了一種娛樂——圍觀「外賓」。

西人漫畫：八強降龍圖

第七章
最後的歸宿

李鴻章是1901年11月7日在北京賢良寺死於欽差大臣任上的，這天正好離他簽訂《辛丑合約》兩個月。

李鴻章的死代表著「同光中興」時代的過去。哪有什麼「同光中興」？這是大臣為老佛爺慈禧貼金。

死後的榮耀

李鴻章的死，慈禧最傷心。一是他們同為「同光中興」的核心人物，屬於「同志」。二是李鴻章是「后黨」，而且「黨性強」，經過實踐的檢驗。三是李鴻章會做事：軍事上創淮軍，敗太平軍，剿捻軍；實業上開辦一系列新式工廠；外交上，以弱國之身搞起了「以夷制夷」。最後可能還有感情上，《紐約時報》曾經煞有其事地問：太后已經和李鴻章秘密結婚了嗎。這顯然是假新聞，但是當時的確流傳著一句為官之道：不要和李鴻章作對，「今上甚從其言也」。

慈禧太后對李鴻章好，這是路人皆知的事。《清史稿》說：李鴻章死後，「事聞，兩宮震悼，賜祭葬；贈太傅，晉封一等侯，謚『文忠』；入祀賢良祠，安徽、浙江、江蘇、上海、江寧、天津各建祠以祀，並命於京師特建專祠。漢臣祀京師，蓋異數也。」最後一句話的意思是：漢族大臣入祀京師，是少有的。

「賜祭葬」，朝廷當時賞銀五千兩為李鴻章治喪。慈禧太后派恭親王溥

這是1899年慈禧太后和光緒皇帝接見各國駐華公使及其夫人的畫。李鴻章和各國總理衙門的大臣們在一旁陪著。「洋務」上的事，太后、皇上、恭親王、醇親王以及慶親王基本採納李鴻章的意見。當時國外評論家說李鴻章實際上統治著幾億人口的一個國家。

這是一次高規格的出殯儀式，從中可以看出李鴻章出殯的大概情況。

THE SPHERE

LI HUNG CHANG—BURIED SIX MONTHS AFTER DEATH.

His Spirit Worshipped

Carrying the Body Ten Miles

The Funeral Procession

The Catafalque

李鴻章的「祭葬」：《The Sphere》雜誌於1902年刊登了這幅李鴻章出殯圖。這張圖片堪稱，因為至今沒有人知道朝廷「祭葬」李鴻章的細節，這張圖片彌補了目前史料的空白。從畫面看，李鴻章的葬禮佇列綿延近一里，規格相當於親王級。圖上的文字說明：「李鴻章死後六個月舉行葬禮。」

偉前往祭奠，還派專使護送靈柩運回合肥老家安葬，這是有據可查的。但是現在沒有找到相關祭葬的資料，只找到了李鴻章「祭葬」的一張畫。可以看到「祭葬」的場面很大。

左圖 上海徐家匯李公祠：1912年，復旦的教育總長蔡元培等協助，借徐家匯李鴻章公祠作校舍。這是李鴻章祠堂裏的荷亭。

右下圖 天津李鴻章像，位於李公祠裏：天津是李鴻章真正幹事業的地方。

左下圖 上海李公祠裏的李鴻章銅像

濟南李公祠：位於大明湖畔，1961年改為辛棄疾紀念祠。

右圖 天津李公祠：天津李公祠坐落於今天津三岔河口河北區一側的子牙河畔，是李鴻章專祠，1905年由袁世凱建。占地兩萬餘平方米，前院正中安放李鴻章銅像。李公祠修建後，當地出現了李公祠大街、李公祠西箭道和東箭道等道路。在當時國內各地為李鴻章興建的10餘處李鴻章專祠中，天津李公祠的規格和規模都堪稱之最。清末民初，它曾是天津文物景觀的重要標誌。

謚「文忠」，謚號，是朝廷對一個人死後的終生評語，「文」，是經緯天地的褒揚，「忠」是一生品德高尚的褒揚。按制，這個「文忠」低於曾國藩的「文正」卻高於左宗棠的「文襄」謚號。

「安徽、浙江、江蘇、上海、江寧、天津各建祠以祀，並命於京師特建專祠。」這個待遇比他的老師曾國藩還高，也是漢臣中第一人。這些專祠一共建了十所。北洋完全的統計如下：

保定李公祠：淮軍公所街

南京李公祠：白下區四條巷77號、五福巷

北京李公祠：東城區西總布胡同27號

上海李公祠：華山路1626號復旦中學內

天津李公祠：河北區天緯路李公祠東箭道，西箭道。現為五十七中校址，主體建築已被拆毀，僅存附屬兩個小四合院

李鴻章為「大躍進」做貢獻

李鴻章的墓地在安徽合肥東鄉夏小影，也就是現在的合肥大興集。這個墓整整修了十六個月。據傳，其墓地的墓道用從英國進口的耐火磚砌成。1903年初春，李鴻章的靈柩被運回合肥，葬於東郊大興集。

李鴻章享堂原占地面積1萬餘平方米，共建有大大小小房屋99間。取久久

李鴻章墓：這是1947年拍攝的李鴻章墓的照片。1958年的大躍進，李鴻章墓遭到徹底破壞。據掘墓者追憶，李鴻章屍體因為層層絮棉包紮，保存尚屬完好，他所枕的金元寶下還有一本冊子，是他親筆所寫的自傳；陪葬品中有一把寶劍，還被省某劇團借去充當道具。墳墓就此夷為平地，屍骨揚灰了。

之意，碑額中間刻有「清故文華殿大學士直隸總督太傅一等侯李文忠公神道碑」24個字。

李鴻章墓地在合肥城東十五里的大興集。當時大興集只是附近幾座小村落的商品集散地，據說早先還是太平天國設在合肥城外的買賣街。看來李鴻章真是生生世世和太平軍對上了。

合肥大興集不是李鴻章出生的地方，也不是他家祖墳所在地。李鴻章將自己的墓地選在這裏，是因為他平生崇仰包拯。1882年他還解囊白銀二千八百兩建包拯祠，且自撰碑記。當時包拯葬地就是在大興集，所以李鴻章墓址就在離包拯墓約300米的小夏郢村。由此，本地民眾通稱它、包拯墓以及貼近的朱元璋開國功臣蔡國公張德勝墓（1950年代初，修築鐵路被毀）為「一里三公」。而李鴻章的墓因興修年代未久，又官位最高，規模更為宏大。

李鴻章下葬後的1955年，1958年，當地人民為了迎接「一天等於二十年」的到來，興辦鋼鐵廠，他的遺骸被從墓地掘出。「賣國賊」李鴻章的墳墓，很多人對他早已窺覷已久，聽到指示後，

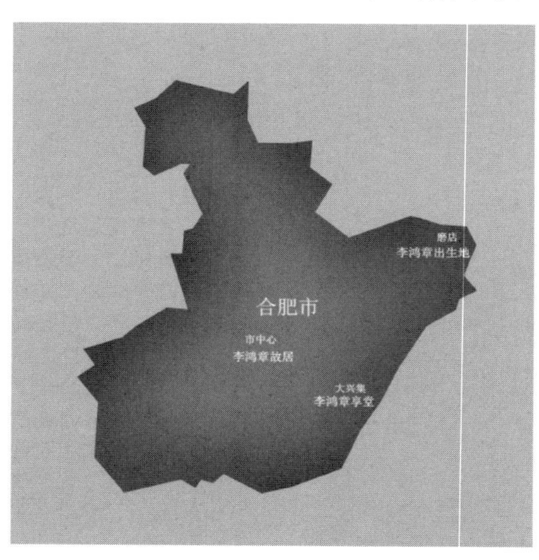

合肥市李鴻章享堂地圖。

李鴻章享堂正門和墓地：大躍進年代，這裏被挖掘後建鋼鐵廠。2003年5月重建以後開放。李鴻章墓前立有神道碑，還有皇太后、皇帝的御賜碑刻。墓道兩側除有石人石馬外，還有三對整塊青石雕刻成背負石碑，這已經超過一般王公大臣的規格。墓為合葬，墓旁是家廟、宗祠和享堂。這一切都是按照死後追贈的太傅和晉封一等侯的官爵標準建造的。

左圖 合肥包拯墓：原址在大興集的包拯墓和李鴻章墓距約300米。西元1062年，龍圖大學士包拯病歿於開封，翌年歸葬故里大興集。1973年，合肥第二鋼鐵廠要建石灰窯，發掘清理了包公墓遺骨外還發現了包公長子、次子夫婦合葬墓以及包公正妻董氏墓等三代十多位包氏後裔遺骨。1986年，重建合肥包公墓時，包公遺骨從肥東縣大包村龍山的荒崗野嶺遷到合肥市區。

右圖 盛裝的李鴻章夫人趙小蓮：李鴻章元配夫人姓周。死後繼娶趙小蓮為妻。趙小蓮體弱多病，生次子李經述，係嫡出。李鴻章去世後由他承襲了肅毅侯的爵位。趙小蓮還有一個女兒李經璹（菊耦），後來嫁給張佩綸，也就是張愛玲的祖父。

李鴻章夫人趙小蓮墓裏挖出的花錢

合肥鋼鐵廠是在包公墓、李鴻章墓和張德勝墓「一里三公」的地方建立起來的，至今已經有50年了。

當地高級生產合作社抽調了32個生產隊的隊長對李鴻章墓進行發掘。墓室非常堅固，一鐵錘砸下去，沒有絲毫反應。人們想用炸藥將墓室炸開，但是炸藥對墓室也不起作用。最後，有人想出了一個辦法，從幾十米以外的地方，挖了一條地道，從下面鑽進了墓室，才把棺材給拖了出來。

墓室裏並排著兩口棺材，分別是李鴻章和夫人趙小蓮的。趙夫人的遺體依然保存完好，她身著華貴的衣服，就像睡著了一樣。棺材裏的那條慈禧太后特賜陪葬的陀羅經被還是好好的，被人拿回去洗洗後蓋了。趙夫人棺柩旁的一個小箱子裏還有一個精緻的木盒子。打開木盒，裏面放著兩塊金燦燦的「金磚」，有人用秤稱了一下，近30斤重。大家都認為這兩塊「金磚」一定是金子做成的，但經過銀行鑒定，卻發現是銅製成的。

李鴻章屍體因為層層棉絮包紮，保存尚屬完好，他所枕的金元寶下還有一本冊子，是他親筆所寫的自傳。這是不是美國人1913年發表的那本《李鴻章回憶錄》就不得而知了。李鴻章的身旁放著一副眼鏡、一塊懷錶、一個拐杖，身下墊著七枚金幣，按照北斗七星的形狀擺放著。陪葬品中有一把寶劍，最後被省劇團借去充當道具。

當時挖墓的人如今回憶說：「李鴻章穿著黃馬褂的遺體保存完好。狂熱的人們用繩子拴著遺體，掛在拖拉機後面遊街，直到屍骨散盡。」

李鴻章墓被挖以後，上面幾乎成了一片廢墟，只有享堂的幾間房子，面積大約900平米，因為做了鋼廠的倉庫才得以保存下來。

現在，旅遊熱了，人家又想到了李鴻章。家鄉的人還指著李鴻章「致富」呢。於是一個嶄新的李鴻章享堂在重金打造下誕生了。

100年，只有100年。人的變化咋就這麼大呢。

時間，只有時間將一切怪誕漸變成合理，將一切合理漸變成怪誕。這點，李鴻章也只有認了。

絕版李鴻章 / 張社生著. -- 一版.-- 臺北市：大地,
2011.1
面： 公分. --（經典書架：15）

ISBN 978-986-6451-24-9（平裝）

1.（清）李鴻章 2.傳記

782.878 99025356

絕版李鴻章

經典書架015

作　　者	張社生
發 行 人	吳錫清
主　　編	陳玟玟
出 版 者	大地出版社
社　　址	114台北市內湖區瑞光路358巷38弄36號4樓之2
劃撥帳號	50031946（戶名　大地出版社有限公司）
電　　話	02-26277749
傳　　眞	02-26270895
E - mail	vastplai@ms45.hinet.net
網　　址	www.vasplain.com.tw
美術設計	普林特斯資訊股份有限公司
印 刷 者	普林特斯資訊股份有限公司
一版一刷	2011年1月

大地

定　　價：280元